研究叢書50

アフロ・ユーラシア大陸の都市と宗教

中央大学人文科学研究所 編

中央大学出版部

序文

――ユーラシア・アフリカ大陸における都市と宗教の比較史的研究を目指して――

本書の目的

ユーラシア大陸とアフリカ大陸の都市と宗教の歴史という、巨大な課題をかかげた共同研究の成果の一端が本書である。

本書のもととなった研究チーム「ユーラシア・アフリカ大陸における都市と宗教の比較史的研究」は、アフロ・ユーラシア大陸という大きな地域枠組みのなかで、都市と宗教がからみあう歴史を、比較史の観点から分析することを目的に発足した。都市と宗教の歴史を論じる本書は、アフロ・ユーラシア大陸に住む人々の暮らしと信仰、慣習、社会制度の変遷を論じる点において、広い意味での社会史の試みともいえるだろう。

ユーラシア大陸とアフリカ大陸の都市と宗教の歴史を探るという、誇大妄想的ともいえる本研究課題を設定し、粘り強く数年間におよぶ研究活動を続けてきたのは、二十一世紀をむかえ、人類史上初めて地球人口の半分以上が都市にすむ時代が訪れるとともに、宗教が現実の政治を動かす情勢が続いているからである。現代社会において、都市と宗教の歴史という課題はますます重みを増している。

都市と宗教が密接にむすびつきながら人類の歴史をつくってきたことは、あらためて述べるまでもない。都市への人口の移動と集積は、人々を既存の共同体の一員から引き離し、人間同士の新たな連帯を模索させる。超自然界の存在とのつながりを共有することで、人間同士の新たな連帯をうながす宗教は、とりわけ、都市の人々の心に浸透しやすい。異なる人々をむすびつける共通言語となる宗教は、異なる人々の集住地で必要とされるとともに、商人等の異なる都市間を移動する人々にとっても必要であり、移動する人々によって、宗教は都市と農村に伝播していった。とくに、七世紀以後のアフロ・ユーラシア大陸において、広域の都市網と世界宗教圏（キリスト教・イスラーム教・仏教圏）が生まれたことの意義は大きい。

古今東西の国家は、都と地方都市をむすぶ都市網の上に存在しており、前近代国家の為政者は、支配の正統化のために超自然界とのつながりをもつことが不可欠であった。為政者が、都市と宗教を保護し統御、支配するのも、権力の生成と存続のために、都市と宗教の存在が欠かせなかったからである。人類の歴史をかえりみる時、都市と宗教をめぐる問題が鍵の一つとなるのもうなずけよう。

共同研究の必要性と本研究チームの特色

都市と宗教の問題は複雑をきわめており、空間と時間、人々の階層や社会状況の違いによって、異なる形態をとるために、研究の進展のためには、多角的な分析と質量に富む事例研究をふまえた柔軟な仮説をいくつも設定する必要がある。都市と宗教の機能と形態は、時期と地域によって多様性に富んでおり、宗教の場合、啓典の有無（啓典宗教か否か）や救済対象の違い（集団救済か個人救済か）、信仰の広がり（世界宗教か民族宗教か）、信じる神の種類（一神教か多神教か）等によっても大きな違いがある。ここに、専門を異にする研究者が集い、比較史を前提とする共同研究が必要とされる理由がある。

この点において、ユーラシア大陸とアフリカ大陸の各地域の都市史や宗教史を専門とする研究者が、地域的に偏ることなく中央大学にまんべんなく存在していたことが、本研究を始めるに際して決定的に作用した。一つの地域の歴史ではなく、地球全体を視野に入れた比較研究を試みるためには、その試みにふさわしい人材と恵まれた人間関係が不可欠である。この点で、中央大学は、申し分のない環境をそなえている。

本書の構成のように、本研究チームは、中国大陸・中央アジア・西アジア・北アフリカ・ヨーロッパという、アフロ・ユーラシア大陸の異なる地域の専門研究者を幅広く擁している。この人的構成は、中央大学が規模の大きな総合大学として多様な分野の研究者が集う場となっており、共通の研究課題の追究を後押しする人文科学研究所のような研究機関が存在することによってのみ可能である。この前提なくして、本研究チームの発足は不可能であった。その意味において、本研究チームは、多彩な専門分野の研究者を擁する中央大学の特色をよく映しだしており、人文科学研究所の研究活動の趣旨を体現しているといえよう。

また、種々の事情によって、今回の論文集に論文を掲載していただくことは叶わなかったものの、本研究チームには、本論集の執筆者の他に、中国大陸北方、中近東、地中海世界、北ヨーロッパを研究対象とする研究者にも研究員として加わっていただき、大きな研究課題に立ち向かうことの出来る研究組織を目指した。その意味において、本論文集は、本研究チームに所属し、またゲスト・スピーカーとして研究会で報告していただいた、すべての方々の研究成果をふまえて成ったことを、ここに記しておきたい。

あらためて、本書に充実した論考をお寄せいただいた執筆者の先生方に、心から御礼を申し上げるとともに、一人でも多くのかたが本書を繙き、本書で明らかにされている、都市と宗教をめぐる人類の歩みのあとを追経験していただければ、と願っている。

本書の構成と内容

本書は、第一部で中国大陸、第二部でイスラーム圏とキリスト教圏の都市と宗教の歴史を分析することで、アフロ・ユーラシア大陸の全域におよぶ都市と宗教の歴史を論じようとしている。第一部「中国大陸の都市と地域社会」の内容を簡潔にまとめると、以下のようになる。

川越泰博「倭寇の都市襲撃と姦細」は、中国大陸の主要都市網が沿海地帯に拡大していく十六世紀の明代を対象に、倭寇による中国沿海部の都市・村落や製塩場、船舶等への襲撃・略奪が、明の政府に深刻な打撃をあたえたことを明らかにする。とくに、倭寇の襲撃に際し、倭寇を手助けして、情報収集や攻撃の先導、攪乱作業等を行った人々（官人によって「姦細」とよばれる）の存在に注目し、各種の文献を精査して姦細の実態を分析する。倭寇が、明の都城南京をはじめ、沿海地帯を広く襲撃出来た背景には、倭寇の攻撃を助ける姦細とよばれる人々の存在があったのである。

川越論文は、第一節「鄭若曾の姦細観」において、十六世紀後半に出版された明代の沿海防衛（海防）の専門書『籌海図編』の撰者鄭若曾の目を通して、倭寇の城郭攻撃を先導する姦細の動きを描写する。第二節「倭寇の都市襲撃とその連鎖の様相」では、一五五五年における倭寇の南京攻撃のルートと南京城の攻防を復原する。第三節「倭寇の都市襲撃と姦細」では、一五五四年における倭寇の蘇州府崑山県攻撃の事例や、捕らえられた姦細の供述をもとに、姦細の行動を詳細に明らかにする。

川越論文は、姦細という今まであまり注目されなかった存在の重要性を明らかにすることで、倭寇研究を前進させるとともに、倭寇の都市襲撃とそれを手助けする姦細の行動にもとづき、十六世紀の中国沿海地帯の都市の建築構造や攻防の実態、住民構成や行動のあり方等を明らかにした。中国都市史研究に、新たな視角と情報を提供した成果といえよう。

妹尾達彦「都市の千年紀をむかえて――中国近代都市史研究の現在――」は、人類の過半数が都市に暮らす時代が訪れた現在に起点を置き、中国大陸の都市史研究をふりかえる試みである。中国大陸の都市史研究が、世界における都市史研究の重要な一分野をなしている点にあらためて注意をうながし、とくに、中国大陸沿海部の都市網が歴史の表舞台に登場する十六世紀以後の都市史を、近代都市の形成史としてとらえ、近年における近代都市史研究の回顧と展望を行った。

妹尾論文は、第一節「研究の始まりと研究回顧の盛行」において、近年における爆発的な中国都市史研究の盛行を整理する。第二節「近代都市の形成――十六世紀以後における都市の変貌――」では、十六世紀以後に顕著となる中国沿海地帯の港湾都市網の拡大に重点を置き、近代都市の形成に関する近年の研究をまとめる。第三節「中国都市史の構造――内陸都市網から沿海都市網へ――」は、十六世紀以前の都市史の展開をふりかえる。

中国大陸の都市史の大きな流れは、都市と都市間をむすぶ交通路がつくる都市網の主要部が、ユーラシア大陸の内陸につながる内陸都市網から、ユーラシア大陸の沿海につながる沿海都市網に移動していくことである。この内陸都市網から沿海都市網への転換は、中国大陸の空間構成の変遷をもたらすとともに、政治・軍事・経済・社会・文化各側面において構造的な転換をうながした。

そして、この転換は、一人中国大陸のみならず、アフロ・ユーラシア大陸に広く見ることのできる現象ではないかと指摘する。上記の川越論文が明らかにしたように、倭寇の中国沿海都市へのたび重なる襲撃も、中国大陸の主要都市網が沿海地帯に比重を移し、東シナ海を媒介に、中国大陸の沿海港湾都市と朝鮮半島や日本列島、東南アジアの沿海港湾都市が、海と海港を通して密接に連結し始める、十六世紀以後の新たな歴史的展開を背景にしている。

第二部「イスラーム教圏・キリスト教圏の都市と宗教」では、ユーラシア大陸の中央部からアフリカ大陸にかけて広がるイスラーム圏と、ヨーロッパ亜大陸からロシアにかけてひろがるキリスト教圏の都市と宗教を論じる。

新免康「オアシス都市ヤルカンドとイスラーム聖者廟」は、現在の中国・新疆ウイグル自治区に位置するオアシス都市ヤルカンドの市内にある、聖者廟「ハフト・ムハンマダーン Haft Muhammadān」(「七人の聖者の廟」を意味する)を対象に、オアシス都市と宗教の関係を、精緻な文献批判と実地調査を融合して分析する。都市の守護神ともいえる聖者廟(マザール)を分析する新免論文は、都市と宗教の歴史という、本書の意図に直接のっとる成果といえよう。

新免論文は、第一節「ヤルカンドのまちの歴史的展開」において、タリム盆地周縁オアシス地域の主要都市の一つとして発展したヤルカンドの歴史を、簡潔に整理する。ヤルカンドは、十六世紀にはモンゴル帝国の流れをくむ中央アジア出身の遊牧系政権の都となったが、十八世紀に清朝に征服されたことを機に、都市の歴史は北京に政府を置く政治権力によって大きく変化し始める。第二節「ハフト・ムハンマダーンのマザールをめぐる歴史的状況」では、ヤルカンド城内外の住民と聖者廟とが密接な関係を築く、十六世紀以来の歴史を、関連文献を活用して明らかにする。第三節「聖者伝説とヤルカンド住民」では、聖者廟にまつわる聖者伝説が、ヤルカンドという固有の街の記憶と普遍的なムスリム意識を、ともに人々の心に訴えるはたらきをもつことを指摘する。ヤルカンドの複雑な政治情勢がうみだす聖者伝説の本分析は、物語分析のおもしろさを読者に堪能させてくれる。

新免論文が明らかにするように、十八世紀以前のヤルカンドは、中央アジアから西アジアにかけてひろがるオアシス都市網の東方に位置しており、パミール高原をはさむ中央アジアのイスラーム文化圏のなかに位置していた。しかし、十八世紀半ばにおける清朝の征服を契機に、ヤルカンドは、北京を中核とする中国大陸の都市網の西端に強制的に組みこまれていき、中華人民共和国建国後、この流れがさらに加速して現在に至る。ヤルカンドが、もともと中央アジアや北アジア・インドとつながる東西・南北の都市網の上に形成されたことを考える時、北京を核とする都市網の西端となることで、中央アジアや北アジアとのつながりを相対的に弱めざるをえなくなったヤルカンドの困難に、思いをはせるのである。

松田俊道「マムルーク朝によるナスル朝の救援」は、カイロに都を置き、イスラーム世界の中核をなしたマムルーク朝が、十五世紀後半に、イベリア半島東南のグラナダに都を置きアルハンブラ宮殿で名高い、同じイスラーム王朝ナスル朝に対して行った外交を分析する。キリスト教徒によるイベリア半島の再征服が進み、窮地におちいったイベリア半島最後のイスラーム国家ナスル朝が、たび重なる援軍をマムルーク朝に要請するなか、当時の国際情勢のもとでマムルーク朝のとった外交政策が明らかにされる。

松田論文は、第一節「写本の解説」において、本論文の分析のもととなるパリ国立図書館蔵の写本「ヒジュラ暦九世紀におけるマムルーク朝スルターンとイスラーム世界のアミールたちとの間で取り交わされた書簡集」四種の内容を簡単に紹介する。第二節「外交使節の派遣」では、ナスル朝からマムルーク朝に派遣された三回の使節の内容を述べる。第三節「マムルーク朝のナスル朝救出の政策」では、ナスル朝の援助要請にこたえて、マムルーク朝のスルターンがとった政策を述べる。

ナスル朝の援助の要請をうけたカイロのスルターンは、キリスト教世界で力をもつローマ教皇とナポリ王に親書をおくり、イベリア半島のキリスト教勢力によるナスル朝への攻撃をやめるようにはたらきかけ、攻撃をやめない場合は、当時マムルーク朝の統治下にあったキリスト教の聖地エルサレムへの巡礼を禁止すると記している。ただ、この外交が実を結ばなかったことは史実のしめす通りである。

この誠に臨場感にみちたやりとりから、十五世紀後半の地中海をかこむ諸地域が、宗教と国家の違いにもかかわらずたがいに交流しあい、武力によらない紛争解決への努力をしている様を知ることができる。近現代の国民国家の形成とともに地中海が南北に割かれて「南北問題」が生じる以前には、地中海という一つの大きなまとまりをもつ世界が存在したことも、本論文から窺うことが出来るのである。

五十嵐大介「中世エジプトの寄進文書」は、松田論文と同じくマムルーク朝を対象とする。マムルーク朝のもとで、おもに十四世紀から十六世紀にかけて書かれた、個人の土地や建物等の寄進文書（waqfiya ワクフ設定文書）の様式と内容を、系統的に分類し整理する。

五十嵐論文は、寄進文書の内容を順番に整理する。すなわち、一「書出し」、二「ワーキフ（寄進者）」、三「ワクフ財（ワクフの財源である土地などの規定）」、四「受益対象（用益権をもつ人や不動産の規定）」、五「スタッフ（ワクフ運営者の規定）」、六「俸禄（ワクフ運営者への俸給規定）」、七「管財人（ワクフ運営責任者の規定）」、八「子孫と親族（用益権をもつ寄進者の子孫や親族の規定）」、九「賃貸契約」（ワクフの賃貸契約規定）」、十「禁止事項（ワクフ運営の禁止事項の規定）」、十一「結び」の順番である（以上括弧内は妹尾による補注）。以上のように、寄進文書は一定の形式をもち、文書の内容にもとづいて、厳密な運用・管理が目指された。このような寄進制度にもとづき、当時の世界最高水準といわれた、イスラーム圏の都市の社会資本の充実が可能となったのである。

本論文は、研究の進展のためには文献の精読が不可欠であることを教えてくれる。同時に、イスラーム圏のワクフの特色は、イスラーム圏内の時期的・地域的比較に加え、他の宗教圏における宗教的寄進制度と比較することで、初めて明確になることも示唆している。たとえば、キリスト教圏における寄進や信託（trust）、仏教圏における喜捨の制度化は、時期的にワクフが制度化されていく時期と並行しており、なんらかの相互関係や類似した社会経済的背景が存在したものと想定出来る。キリスト教圏や仏教圏には、ワクフほどの寄進規模と寄進者のひろがりはないにしても、その理由をふくめ比較するとさらに研究は進展すると思われる。

杉崎泰一郎「十一世紀のモワサック修道院――クリュニー改革とラングドック地域社会――」は、南仏ラングドッグ地方を代表するローマ・カトリックの修道院の一つであるモワサック修道院の歴史を、文献を駆使して明らかにする。七世紀に南仏にたてられた修道院が、外敵のたび重なる襲撃にあって弱体化し、十一世紀半ばにおける北方のクリュニー修道院への編入とそれにともなう改革を機に復興をとげ、十二世紀前半にかけて全盛期をむかえる経緯を、綿密かつ詳細に復原する。

杉崎論文の第一節「研究と史料」においては、従来の研究史と残存史料を整理し、第二節「クリュニー改革導入前夜のモワサック修道院」では、十一世紀前半までの歴史をふりかえる。第三節「クリュニー修道院長オディロンの訪問」は、モワサック修道院の北方に位置するクリュニー修道院院長オディロンが、衰落したモワサック修道院の復興を図るために訪問した経緯を述べ、第四節「デュラン修道院長の就任と、モワサック修道院のクリュニー編入」では、クリュニー修道院から派遣されたデュランが、モワサック修道院長につき、改革を行ったことを述べる。

第五節「ユノー修道院長とクリュニー化の促進」は、デュランをついで修道院長となったユノーによるクリュニー修道院重視策と、地域社会との軋轢による修道院長辞任の経緯を明らかにし、第六節「アンスキティリウス修道院長、ロジェ修道院長」は、ユノー辞任のあとに就任した二人の修道院長について述べる。最後に、クリュニー修道院に編入されたモワサック修道院が、ラングドッグ地方を中心に三十をこす支院をしたがえるまでに成長し、地域社会の形成に重要な役割を果たした可能性にふれる。

杉崎論文は、十一世紀の南仏において修道院の序列化と修道院網の拡大が進み、礼拝や寄進、葬儀等を通して修道院と地域住民とが関係を強めることで、西欧の地域社会が形成されていったことをしめす。十一世紀から十二世紀にかけては、地中海沿岸地域に都市化と世俗化、商業化が同時に進展し始め、政治的には対立していてもイスラームの都市文化自体は南欧社会に深く浸透しキリスト教世界が再編される時期である。モワサック修道院の変遷のなかに、ラングドッグをかこむ当時の国際情勢が投影されていると思われる。

近代国民国家の形成に際し、国民の概念をつくるために国民の歴史が必要とされ、近代歴史学が創造された。一つの国家の自成的な歴史をつくる近代歴史学は、共同体の歴史を構築するために、一つの共同体の自成的な歴史を理論づける古代・中世・近世という時代区分論を発明し、特定の地域や国家が、他の地域や国家の決定的な影響を受けることなく、独自の歴史を育んできたという虚構の叙述を可能にした。近代歴史学が、ばらばらの各国史となるゆえんである。

確かに、近代国家形成期の国際環境は、国民史の構築を必然とした。各国が競って国民史の構築を目指すことは、国際関係の上で避けられなかったといってよい。国民国家の核をなす国民軍の形成に際し、異なるさまざまな人々に同じ国民であるという意識をうえつける国民史の存在は不可欠であり、国民史をもたない国家は、国民軍をもつことが難しかったからである。

しかし、地球が一つにつながる経済圏・文化圏の形成とともに、地球の人々は、人類に普遍的な問題群を共有するようになってきている。すなわち、環境、戦争、貧困、格差、差別、人権、都市、宗教などの問題である。これらの問題に対処するには、近代国家の枠組みをこえた歴史分析の視角が必要とされるだろう。

本書の各論文をみても、川越泰博論文が、十六世紀の倭寇の活動を通して東シナ海という大きな海域の存在を抽出し、新免康論文が、十六世紀以後のヤルカンドが中央アジアと中国の両地域に引き寄せられる経緯を明らかにし、松田俊道論文が、十五世紀のイベリア半島と北アフリカの政権の関係を通して、地中海という大きな世界の存在を述べたように、ともに、現在の国家の枠組みをこえた世界の歴史を明らかにしている。また、五十嵐大介論文が、十三世紀から十五世紀にかけてのイスラームの宗教的寄進制度の詳細を論じて社会の実態に迫り、杉崎泰一郎論文が、十一世紀の南仏の修道院の歴史を地域社会との関連にふれて精密に復原するように、地中海をはさむ南北の地域の歴史における宗教の重要性を明らかにすることで、初めて地中海をかこむ地域の現在を把握することが出来るのであろう。
現在の人類が直面する問題群に立脚し、従来の歴史学の枠組みをこえて、人類史というより大きな分析枠組みの設定と歴史解釈の道を模索することは、現代歴史学が求められている重要課題である。都市と宗教の比較史を研究テーマとする本共同研究が、人類普遍の問題群に立ちむかう確実な一歩となることを願っている。
なお、本書の編集事務は、当然ながら本研究チームの責任者の妹尾がすべて行うべきであったが、在外研究制度にもとづき二〇〇九年の新学期から日本を離れたために、編集事務のすべてを、川越泰博先生にお願いすることになった。面倒な編集事務をお引き受けいただき、結果的に大変なお手数をおかけすることになった川越先生に、心からお詫びと御礼を申し上げたい。また、最後になるが、本書出版の事務をささえていただいた人文科学研究所の馬場美穂さんと出版部の菱山尚子さんに心より感謝の意を表したい。

研究会チーム「ユーラシア・アフリカ大陸における都市と宗教の比較史的研究」

責任者　妹　尾　達　彦

目次

目次

Ⅰ　中国大陸の都市と地域社会

倭寇の都市襲撃と姦細

川越泰博

はじめに

『籌海図編』の撰者鄭若曾が、進士に登第するという年来の目標を断念して、郷里の江蘇崑山に戻り、その清嘉里において講学を始めた時、齢はすでに四十近くになっていた。(1)

字伯魯、号を開陽とする鄭若曾は、弘治十六年（一五〇三）に生まれ、隆慶四年（一五七〇）に卒（寿歳六十八歳）した。その前半の人生は、あらかた、科挙の受験準備のために費消され、社会の表舞台に立つことは少なかった。その鄭若曾が、直隷浙江総督胡宗憲の幕下に参画したことは、人生の大きな転回点となった。

嘉靖十七年戊戌科（一五三八）の進士である胡宗憲は、正徳七年（一五一二）の生まれであるから、(2)鄭若曾は、九歳も年下の幕主のもとに幕僚として参画したのであった。しかしながら、その時のさまざまな経験が、明代に出来た日本研究書の嚆矢となり、とくに倭寇研究の基本文献の位置を獲得している『籌海図編』を生んだのである。そして、鄭若曾は、「海防研究の創始者」という栄誉を担うことになったのであった。

鄭若曾畢生の労作である『籌海図編』(3)が、胡宗憲主持のもと杭州で開雕されたのは、嘉靖四十一年（一五六二）

のことであった。鄭若曾は、すでに六十二歳になっていた。鄭若曾は、胡宗憲の幕僚として禦倭事業に参与したさまざまな経験から、倭寇の生態とそれに対する防禦対策について多角的に述べているけれども、倭寇の具有する属性の一つとして注目しているのが、「走狗」・「手先」等の確保にかかわる事柄である。

たとえば、巻二下、倭船に、

其の普陀に至るや必ず登る者は、水を換えるにあらず、亦た真に焚香を欲するにあらず、乃《わずか》に兵防の虚実を覗うのみ。然る後、下海し、或いは漁戸を拿《とら》え、或いは樵夫を拿え、逼りて消息を問い、嚮導を為させしむ。

とあり、さらに、巻一二上、経略三、禦海洋には、具体的に地名をあげて、

向来《これまで》、定海・奉化・象山一帯の貧民は、海を以て生と為し、小舟を蕩《うご》かして陳銭・下八山等の山に至り、殼肉・紫菜を取る者、啻に万計のみならず。毎歳、倭舶、入寇するに、五島にて開洋し、東北風ならば五六昼夜して陳銭・下八山に至り、艅を分けて以て閩・浙・直隷を犯す。此の輩、恒に先に之に遇えば、殺されし者有り、擄されて嚮導を為す者有り。此に因りて、諸山は曠遠蕭條にして、居民の守禦すること無く、賊寇、以て深く入るを得たり。

と述べている。倭寇は、情報を仕入れたり、水先案内人にするべく、漁戸・樵夫や諸山（山は島のこと）に行き来する浙江沿海の貧民を捕らえて、かれらを「走狗」・「手先」に使ったのである。このように、倭寇の「走狗」・「手先」として使われた人々を、当時の官人たちは姦細と称している。

姦細は奸細とも書く。姦細の姦も奸細の奸も「よこしま」の意で用いるが、奸は姦の俗字である。細は細作の細である。細作とは、細間・間細等ともいわれ、古来、間諜・諜者を指す語として用いられてきた。姦細（奸細）は、姦（奸）なる細作（細間・間細）を意味するものと見て謬りない。

さて、明代史研究において、姦細（奸細）について最初に検討されたのは、吉尾寛氏の「明末における流賊の『奸細』について」（『名古屋大学東洋史研究報告』第七号、一九八一年）[4]においてであった。この論攷は、李自成や張献忠のような流賊の「走狗」・「手先」となって活動した姦細（奸細）に的を絞って考察されたものである。以後、姦細（奸細）に関する専論は絶えたが、二〇〇三年になって、筆者は、モンゴルのために情報・諜報活動に従事した中国人姦細（奸細）についての論攷を発表した[5]。

姦細（奸細）は、以上の流賊やモンゴルとかかわりをもつ以外にも、明代一朝を通じて広く存在した。倭寇と姦細（奸細）との関係について、鄭若曾は、巡視浙江都御史王忬の題本を引用している。王忬はいう。

臣、詢訪するに、海に在りし賊首は約百人有り、其の雄狡にして著名なるもの、徽州の王五峰・徐碧渓・徐明山、寧波の毛海峰・徐元亮、漳州の沈南山・李華山、泉州の洪朝堅等、皆な広く奸細を布《ちら》し、禍心を包蔵す。算を計るも、則ち未だ擒に就かず、捕うること急なるも、則ち逃遁して跡無し。海洋の遼闊なるを恃むと雖も、亦た倭国に由りて之が淵藪と為すなり[6]。

海島に割拠し、海賊行為を展開している倭寇の首領で著名なるものおよそ百人、その首領たちは例外なく姦細（奸細）を抱えているというのである。王忬のこの証言は、倭寇が活動する上で、姦細（奸細）が必要な存在であったことを示している。

以上にみたように、姦細（奸細）なるものの、その内実・存在形態は、区々様々であったのである。したがって、姦細（奸細）を分析の対象にするならば、姦細（奸細）が関係したそれぞれの集団・勢力との関係を個別的に検討する必要がある。

そこで、本稿においては、倭寇が都市とその周辺を襲撃した際における姦細（奸細）の活動とその素性について焦点を当てて、倭寇と姦細（奸細）との関係について若干の考察を試みたいと思う。

一　鄭若曾の姦細観

論述の順序として、まず、鄭若曾の姦細（奸細）観を検討することから始めよう。

鄭若曾は、その著『籌海図編』のなかで、

倭寇の我が兵に勝つは、専ら術を以てなり。即ち、其の術を以て還《ぎゃく》に其の人を治すれば、必ずしも古の兵法を用いらざるも、勝たざるはなし、故に之に志す。(7)

といい、倭寇の戦術について列挙している。その一つとして、

細作には吾が人を用う、故に盤詰すること難し。
向導には吾が人を用う、故に進退すること熟す。

と述べている。細作、すなわち姦細（奸細）には中国人を用いるので、倭寇であるかそうでないかの見分けがつかず、取り調べることが難しい。嚮導には中国人を用いるので、その地理の知識を活用して進退に習熟しているというのである。

これが、倭寇が活動する際の要件の一つであるならば、この要件が整わない場合、倭寇の活動に支障を来すことになる。したがって、倭寇側は、明側の情報を探って、それを倭寇の首領にもたらしたり、襲撃の際に倭寇を嚮導したりする姦細（奸細）を必要としたのであった。

このような認識は、当時倭寇対策にかかわった人々や一部の官僚が共有するものであった。副都御史総督漕運として倭寇の平定に功績のあった鄭暁は、上奏文のなかで、

今、江北、平らかと雖も、風帆出没し、倏忽《しゅくこつ》千里す。倭、華人を恃みて耳目と為し、華人は倭を借りて爪牙と為る。詳らかに区画を為すにあらざれば、後患未だ弭《や》むこと易からざるなり。帝、頗る之を採納す。(8)

といっている。鄭暁はまた、その著『今言』のなかでも、

近日、東南の倭寇の類、中国の人多し。……倭奴は華人を藉して耳目と為し、華人は倭奴を藉して爪牙と為し、彼此依付し、海島に出没し、倏忽千里、蹤跡すべきなし（巻三）。

と同様のことを述べている。

南京太僕寺卿であった章煥は、

比者《このごろ》、江南の変、内地より起こる。游民、賊の重貨を利とし、之が為に嚮導す。而して我が兵、倉卒にして備え無し。徒手もて溝壑《こうがく》沮洳《そじょ》の郷に搏戦す。故に出る毎に輙ち敗れり。(9)

といい、閩県知県の仇俊卿もまた、

又、聞く、寇地方に至らば、必ず先に其の土著の人を擄とし、以て嚮導を為さしむ。(10)

といっている。

以上に紹介した鄭暁・章煥・仇俊卿三人の上奏文の文言中には、姦細（奸細）という用語は見あたらないが、中国人が倭寇の耳目となり、爪牙となる行為や倭寇を嚮導する行為は、まさしく姦細（奸細）のそれであった。しかしながら、姦細（奸細）の行為・行動は、単にこのような耳目となり爪牙をなして情報を提供することや嚮導することだけに止まるものではなかった。鄭若曾は、海道副使譚綸の言を引いて、

自来、城守に攻破する者少なく、襲破する者多し、此れ夜巡を厳しくし、奸細を詰《おさめ》るは、第一の要緊の事と為すなり。(11)

とあり、守城に対する襲撃も、姦細（奸細）の活動の重要な一つであった。かかる襲破に関して、鄭若曾は、次のように述べている。

若曾按ずるに、従来の城守、攻破する者十の一、襲破する者十の九なり。襲破するの説二有り。其の一は是れ、奸細を城中に伏せて放火し、城を守る者奔りて救えば、則ち賊、間に乗じて登る。其の二は是れ、暗《ひそ》かに奸細の城の上るを約して、虞《そなえ》に疏なる処を照会し、雲梯を用いて登り垜口に至り、刀を揮い人を殺す。守る者、驚散し、賊、此れより上る。故に守城の法、須らく兵一枝を設け、専ら救火を司り、垜を守る者の城を下るを許さざるべし。垜を守る者、それぞれ一斧を持ち、分番して専ら城の足を視《とりしま》らせしむ。凡そ賊の城に登るに、多く下半夜に在るは、人の疲倦に乗ずるが故なり。亦た多く黎明に在るは、守る者班を散らすが故なり。把守の厳ならば、賊、豈に能く我を襲わんや。苦しき所の者《こと》は、奸細を盤詰すること甚だ難きなればなり。蓋し、奸細は乃ち本地の民にして、賊、其の家属を拘し、其の内応を劫す。我、烏《な》んぞ従りて之を覚らんや。今の詰する者、多くは城門の内に在り、賊をして我が民に仮装し、暗かに兵器を蔵し、此に従りて撃殺すれば、門、豈に能く據かに闔《と》じらんや。又、或いは城を閉じること太だ早ければ、止だ一二門を通りて出入りするのみ。人、愈々衆ければ、則ち詰すること難し。大いに各門を開き、門外にて盤詰するに若くはなし。而して、兵衛、門下に設ければ、方に善からん。[12]

やや、引用が長くなった。煩をいとわず、長々と引用したのは、ここに鄭若曾の分析結果によって得られた姦細（奸細）の行動様式とそれに対処すべき方策が集約されているからである。

鄭若曾の姦細（奸細）観の基本をなす認識は、「奸細は乃ち本地の民にして、賊、其の家属を拘し、其の内応を劫す。我、烏んぞ従りて之を覚らんや」という点であり、そこから諸々の問題点を提出している。その土地その土地の民の家属を拘束した上で、当該本人を脅従せしめて、姦細（奸細）として使用する。そのため、大衆のなかに、姦細（奸細）が交じると、どれが良民か姦細（奸細）か、その見分けがつかず、そのことから取り締まりや取り調べにおいてさまざまな困難が生ずるというのである。

姦細（奸細）の城郭襲撃は、二通りあるという。一つは姦細（奸細）があらかじめ城中に潜んでいて頃合いを見計らい放火する。火災を見つけた守備の兵が、その場所に駆けつけると、その隙に倭寇が城郭によじ登る。もう一つは、姦細（奸細）と倭寇が示し合わせ、城郭の守備の手薄なところを探索し、その箇所に城攻めに用いる雲梯を掛け、それを利用して垜口（城壁や土べいの特に厚く築いた部分）に入り込み、刀を振り回してそこを守っていた兵を殺す。突然の事態に驚愕して、兵が逃散すると、城の足下で待ち受けていた倭寇が城によじ登る。かくして、城裏に入ってきた倭寇によって一斉の攻撃が開始されるわけであるが、なぜこのような姦細（奸細）の城中への侵入と倭寇手引きが容易に奏効するのかというと、城郭攻撃の時間帯が夜半や明け方であったからである。夜半時は守備兵が疲労や倦怠に陥るという状況を待ってのことであり、夜明け時は、徹夜組が新たに守備につく兵と交替するそのどさくさを狙ってのことであった。こうした守備兵に生じるわずかな心理的な空隙を狙って奇襲をかければ、大勢力を有さずとも、城郭を陥れることは可能であったのである。

このような姦細（奸細）の役割をみれば、明代中国における倭寇の襲撃を、倭寇集団の単独行動と見なすのは剴切ではないといえよう。倭寇の城郭襲撃に際しての、姦細（奸細）のいわば先乗りしての放火や垜口へ入り込むという行為は、戦術的には倭寇の本体を手引きするためのものであった。これは、単純な道案内的な嚮導とは異なって戦術の一端を担うものであった。倭寇は、姦細（奸細）の有するポテンシャルを最大限に活用したのであった。

こうした姦細（奸細）として行動したものには、家属が倭寇に人質としてとられ、やむなく従ったものもいたであろう。いわゆる「脅従」である。これに対して、積極的に倭寇のために嚮導したものもいた。さきに引用した「比者、江南の変、内地より起こる。游民、賊の重貨を利とし、之が為に嚮導す」という南京太僕寺卿章煥の認識は、姦細（奸細）が姦細（奸細）として行動するその発源が、かならずしも「脅従」によるものだけではなかったことを示している。

漕運侍郎であった鄭暁も、章煥と同様の認識を抱いていた。『明世宗実録』嘉靖三十三年六月庚辰の条に、

> 漕運侍郎鄭暁奏すらく、倭寇の類に中国人多し。其れ間々勇力智謀にして用うべき者有り。毎《つね》に資を善くすも身に策無し。遂に甘心もて賊に従い、之が嚮導を為す。此れ、包荒含垢なるも早《つと》に区処を図るにあらざれば、必ず腹心の憂いと為らん。

とあり、鄭暁は、倭寇嚮導に向かう姦細（奸細）の指向性を断ち切るべきことを強調している。そのことは、倭寇の神出鬼没的な機動性を削ぐことになり、当然倭寇の襲撃を大幅に低調せしめる効果を生み出すことになる。倭寇対策において重要な戦略は、倭寇の襲撃に対する防衛そのものも、もちろんのことであるけれども、倭寇のナビゲーター的な役割を担う、あるいは担わされる姦細（奸細）対策もきわめて効果的であることが、当時海防や漕運にかかわった人々には認識されていたのである。

二　倭寇の都市襲撃とその連鎖の様相

倭寇が襲撃する対象としては、島嶼・海上の船舶等は無論のこと、沿海の都市・村落もその範囲に入っていた。

そのような状況について、たとえば、浙江における倭寇史の研究を行う際に、好個の史料を提供する嘉靖三十

九年纂修『寧波府志』全四二巻や嘉靖四十二年纂修『定海県志』全一三巻の編纂にかかわった浙江鄞県出身の張時徹は、その文集『芝園集』巻一八上に収録する「閣部の諸公に寄す」という内閣大学士や六部の尚書に送った尺翰（書信）のなかで、次のように書き記している。(13)

昨、憂に罹《あ》うを以て、左右を去す。……吾が浙は蘇松に連亘し、海寇、縦横なり。蓋し倭夷、累歳大いに島を侵尽して来るに因りて、中国の無籍の人、投じて嚮導を為す。王五峰なる者の如きは、之が魁首と為し、雲合響応すること、勝げて計うべからず、兵を分かちて四出し、百千もて党と為し、遂に至りて城を攻め、邑を破ること虚日有る靡《な》きこと有り。太倉・海塩の被りし害の若きは、亦た甚だしく惨なり。而して聚落の焚蕩、衛所の傷残、職官の殺戮は、以て枚挙し難し。此れ、前代より以来、未だ有らざるの所の変なり。

これは、張時徹が丁憂に際会して帰郷した鄞県から送ったものであるが、いわゆる「嘉靖大倭寇」時代において首魁の一人として名を馳せた王五峰＝王直とそれに身を投じて嚮導をなした中国人との関係、中国人「嚮導者」による城・邑攻撃とその被害状況について触れている。張時徹が起復したのは、『明世宗実録』嘉靖二十八年三月戊子の条によると、

兵部右侍郎張時徹を起こして、原職を以て都察院僉都御史巡撫江西を兼ねしむ。

としているから、嘉靖二十八年（一五四九）三月であることが明白である。とすると、この尺翰はその直前にものされたものと特定できる。張時徹は、起復してから六年を経た嘉靖三十四年（一五五五）正月には南京兵部尚

書に陞進した[14]。しかしながら、その在任期間はきわめて短く、早くも同年九月には解職され、致仕するに至った。それは、倭寇の南京入寇の責任を問われて、刑科給事中丘桝の弾劾をうけたためであった[15]。時に張時徹、五十五歳であった。

張時徹が南京兵部尚書に就任した時期は、南京も倭寇襲撃の標的になりつつあった。それより以前の嘉靖三十二年（一五五三）ごろには、勘合貿易の廃止（嘉靖二十八年〔一五四九〕）に呼応して熾烈となったいわゆる「嘉靖大倭寇」が、すでに長江沿岸の諸都市をも襲撃するようになっていた。そのために、具体性を帯びた防衛策が競うように提案されたが、そうした上奏文のなかで、当時の人々がもっとも危惧していた事柄は、明朝創業の地であり、かつ太祖の陵寝がある留都南京が襲撃にさらされることであった[16]。

かかる懸念は、単なる杞憂ではなかった。実際、張時徹の在任中に、その懸念が的中した事態が発生したのである。それは、同年七月に起きた南京襲撃である。張時徹は、倭寇のこの南京襲撃における防衛の責任を指弾されて解任されたのであった。

南京が倭寇に襲撃された様子は、『明世宗実録』嘉靖三十四年七月丙辰の条に、次のように記されている。

南陵の倭、流刧して蕪湖に至る。火を縦ち、南岸を焼き、北岸を突き渡り市に入る。各商民義勇、屋に登り、瓦石礶を以て之を撃つ。賊の傷つく者多く、遂に奔り去る。各商兵、屋より下りて、二倭を生縛し、十級を斬首す。賊、太平府に趨る。是の時、操江都御史褒善、太平に駐す。千戸曾戻等を遣わし、郷兵・義勇・殺虎手等の兵を督して、之を馬廠に禦ぐも大敗す。賊、遂に進みて府城に逼る。城中の人、河橋を断ちて防守す。賊、引きて東のかた江寧鎮を犯す。指揮朱襄・蔣陞、衆を率いて迎拒するも、禦ぐあたわず。襄、戦死し、陞は創を被《こうむ》りて馬より堕つ。官兵の死する者三百余人。賊、遂に直ちに南京に趨る。其の酋、衣紅にして馬に乗り、黄蓋を張り、衆を整えて大安徳門を犯す。我が兵、城上より火銃を以て之を撃つ。賊、外城の小安徳門・夾岡等の門に沿って、往来窺覘す。たまたま城中、其の遣わす間諜を獲す。賊、乃ち衆を引き、舗崗より秣陵関に趨りて去る。

この記事は嘉靖三十四年（一五五五）における倭寇襲撃の際の南陵から南京に至るまでの状況について述べたものである。この記事によると、馬厰の防禦を破った倭寇は、太平府城に一気に攻めてきたが、府城の住民たちが河橋を切り落として防衛したので、太平府城への突入をあきらめ、江寧鎮を目指して歩を進めた。江寧鎮では、指揮使の朱襄・蔣陛が軍兵を率いて応戦した。しかしながら、朱襄は戦死、蔣陛は負傷、陣亡した官軍は三百余人という、不様な大敗を喫した。江寧鎮において大勝利した倭寇は、南京に直行した。その渠魁は、紅衣をまとい、馬に乗り、黄蓋を張り、賊衆を整えて、まさに威風堂々という形容詞が剴切な感じで、大安徳門に侵入してきた。明軍は、城中から火銃で応戦した。倭寇は、南京外城の小安徳門・夾岡等の門を往来しつつ、突入の機会を窺っていたが、城内に放った間諜が擒獲されたのを機に退き、舗崗から秣陵関方面へ奔り去った。

倭寇のこの南京襲撃の際、張時徹等は、「門を閉じ竇を塞ぐ」等の処置をした。そのために、倭寇は「両つながら昼夜を閲して、而る後に解き去った」（『明世宗実録』嘉靖三十四年（一五五五）九月癸巳朔の条）という。南京においてこの襲撃に遭遇した何良俊は、その著『四友斎叢説』巻十一、史七において、「襲撃された南京では、十三門を堅く閉じた。各門は堂上の諸老と各司のものたちが分守し、倭寇が退いたあとも、なおしばらくの間、厳戒態勢を解かなった」と書き記している。十三門は、周暉の『続金陵瑣事』上巻、門禁に、

太祖、金陵に定鼎するに、内城を造り、十三門を開き、外城を造り、十六門を開く。

とあるように、内城の方を指す。ちなみに、内城十三門とは、朝陽・正陽・通済・聚宝・三山・石城・清涼・定淮・儀鳳・鍾阜・金川・神策・太平の諸門であり、外城十六門は、滄波・高橋・上方・夾岡・鳳台・大馴象・小馴象・大安徳・小安徳・江東・仏寧・上元・観音・姚坊・仙鶴・麒麟の諸門である（『洪武京城図志』城門）。

たまたま倭寇の南京襲撃に遭遇した何良俊は、字は元朗、柘湖居士と号し、松江華亭（今の江蘇省松江県）の人であった。嘉靖中、歳貢生をもって国子監に入ったあと、南京翰林院孔目を授けられたが、のちに棄官した。嘉靖三十四年（一五五五）の南京襲撃時に、その何良俊が南京に滞在していたことは、周暉の『金陵瑣事』巻四、倭賊の条に、

何元朗、南館に在りて、倭寇の変聞見せしこと、既《み》な真にして、論議頗る当《ただ》し。

とあるのが傍証となる。『金陵瑣事』にいうところの「論議」とは、何良俊が『四友斎叢説』巻十一、史七に載せる、

夫れ京城の守備は、密ならずと謂うべからず。平日は諸勲貴、騎従呵擁して交々道を馳す。軍卒は、月ごとに糧八万を請う。正に今日の為ならんや。今、七十二の暴客の門を扣くを以て、即ちに張皇すること此の如し。寧んぞ大いに朝廷の辱と為らんや。

倭賊、既に官兵を殺せり。此の日、即ち板橋の一農家に宿る。七十二人、皆な酣飲沉睡す。此の農家は、顧彭山太常荘と隣並ぶ。其の荘の上人、親しく之を見る。此の時、若し探細の人有りて其の実を偵知し、当夜、一知事の将官を遣わし、潜かに三四百人を提いて往けば、以て掩殺し都《み》な尽くすべし。但だ諸公、皆な

兵を知らず。賊の至るを聞けば、則ち盛んに怒りて出で、一たび敗衄《はいじく》すれば、則ち退然沮喪す。遁跡匿影するに、唯だ密ならざるを恐るるのみ。殊に一勝一負は乃ち兵家の常なるを知らず。古人亦た敗に因りて功を為す者有り。此れ、正に計を用いるの時なり。而乃《すなわ》ち、自喪に甘んじるは何ぞや。且つ又た、細作を用いず、全く間諜無し。遇着《でくわす》すれば、便ち殺し、殺敗すれば、即《ただ》ちに退くは、是れ何等兵法を知らざればなり。

という明軍防衛の不手際を批判した文章を指している。何良俊は、明軍の倭寇に対する対応の拙さを具体的に述べているが、とくに「細作を用いず、全く間諜無し」という文言は注目される。明軍の情報収集工作なき対応が透けて見えるからである。

それはともかくも、張時徹等は、南京内城十三門を堅く閉じることで倭寇の襲撃を凌いだのであるが、それにもかかわらず、さきに触れたように、刑科給事中丘榯の弾劾を受けた。丘榯の弾文は、吏部と兵部に下ろされた。その結果、吏部と兵部の二部は、張時徹の俸級を降し、「策励自効」せしめんことを覆奏したが、世宗嘉靖帝は允さず、南京兵部尚書張時徹と兵部侍郎陳洙は致仕、撫寧侯朱岳は奪俸二ヶ月の処分を受けた。致仕という と自発的に辞職したような感じを与えるが、実情はそうではなく、要するに革職である。

倭寇の南京襲撃に対する責任問題に関して、吏部・兵部二部と世宗とではかなりの温度差が生じた。世宗が吏部・兵部二部の議覆してきた内容をくつがえし、それを上まわる厳しい処分をもって対処したのは、洪武帝の陵寝（孝陵）がある南京が倭寇に襲撃されたということを、何良俊と同じように、大いなる「朝廷の辱」と受けたからであろうが、かかる事態を未然に防ぐ方法がまったくなかったとはいえないことも、世宗が厳しく対処した理由の一つであると思われる。

なぜならば、この時の倭寇の南京襲撃は、何の前触れなしに唐突に発生したものではなかったからである。

南京が襲撃されたのは七月のことであるが、この倭寇の大走破は、すでに五月の下旬、もしくは六月の初めに始まっていた。杭州の紹興府上虞県爵谿所より登岸したのがその始まりであった。七月になると、南京も襲撃される可能性が危惧され始めた。『明世宗実録』嘉靖三十四年七月丙辰の条によると、

南京兵部尚書張時徹等言えらく、倭夷、畿輔に侵迫せり。而して、京軍の京口に遠戍するは計にあらず、掣回して防守せんことを乞う。之に従う。

とあるように、張時徹等は、倭寇の南京接近に対する防衛策を北京の明廷中央に上奏して、裁可されている。世宗の決裁によって報可の出たのは、七月二十四日のことであったから、張時徹等の奏本が、南京から朝廷中央に向けて上せられたのは、当然のことながら、それ以前のことであった。南京—北京間は、片道急げば十日で走破できる（拙著『明代建文朝史の研究』（汲古書院、一九九七年）一七二頁）。とすれば、緊急性を帯びた張時徹等の上奏文は、遅くとも七月十四日までには、南京を出発していたはずである。つまり、南京六部の要路の人たちは、この時点（七月十四日以前）においては、すでに南陵（南直隷寧国府）が危機に瀕していることの情報をえていたのである。ちょうど同じ時期に、南陵県を救援すべく支援態勢がとられたのは、かかる南陵危難の情報に南京の要路たちが接していたからにほかならない。南陵の救援については、七月十三日に該当する『明世宗実録』嘉靖三十四年七月乙巳の条に、

賊、乃ち南陵に趨る。県丞莫逞、三百人を以て分界山を守るも、賊を見るや、悉く奔竄す。賊、遂に県城に入り、火を縦ち、居民の房屋を焚く。是において、建陽衛指揮繆印・当塗県丞郭瑛郊・蕪湖県丞陳一道・太

平府知事郭樟、それぞれ檄を承け、兵を以て来援し、賊と県の東門に遇う。印等、弓を引きて之を射る。賊、悉く手にて其の矢を接《う》く。諸軍、相い顧りみて愕眙《がくち》し、遂に倶に潰ゆ。一道の率いる所は、皆な蕪湖の驍健にして、乃ち衆を麾《さしず》して、独り進むも、賊のために殺さる。一道の義男の子義、身を横たえて賊の刃を捍《ふせ》ぐも、亦た死す。

とある。南陵が危殆に瀕すると、その北方に位置する太平府の知府郭樟、太平府所在の建陽衛指揮使繆印、太平府の附郭の県である当塗県の県丞陳一道、太平府の属県の一つである蕪湖県の県丞陳一道が救援の命令を受けて、それぞれ兵を率いて南下してきた。それでも、倭寇を殲滅することは出来なかった。放たれた矢を素手で摑む倭寇の剛胆さに、諸軍は肝をつぶしてしまった。そして、蕪湖県丞の陳一道とその義男の子義は、ともにこの防衛戦で戦死したのであった。

張時徹等は、このような情報に接していたから、「倭夷、畿輔に侵迫せり」という危機感を抱いて、明廷中央に南京防衛策を上奏したとみるべきである。それにもかかわらず、倭寇は、南京の外城を破り、内城に逼ってきた。そうした事態を招いたからこそ、世宗は、張時徹等に対して、吏部・兵部の議覆の内容よりも厳しく処置したのであった。

張時徹等が南京防衛について世宗の怒りを買った倭寇の南京襲撃は、さきに触れたように、五月の末、あるいは六月の初めに始まった倭寇大走破中の出来事であった。

嘉靖三十四年（一五五五）における倭寇の南京襲撃前後のあらましについては、『明史』巻三二二、日本伝をみれば、直截に知ることが出来る。該書日本伝にいう。

時に賊勢蔓延し、江・浙、蹂躙されざるは無し。新たに倭の来ること益々衆《おお》く、益々毒を肆にす。毎に自ら其の舟を焚き、登岸して劫掠す。杭州の北新関より、西のかた淳安を剽し、徽州歙県《しょうけん》を突き、績谿・旌徳に至り、涇県を過ぎ、南陵に趨り、遂に蕪湖に達す。南岸を焼き、太平府に奔り、江寧鎮を犯し、徑ちに南京を犯す。倭は紅衣黄蓋、衆を率いて大安徳門を犯し、夾岡に及び、乃ち秣陵関に趨りて去れり。溧水より溧陽・宜興を流劫す。官兵の太湖より出るを聞くや、遂に武進を越え、無錫に抵り、恵山に駐す。一昼夜、百八十里を奔りて、滸墅《こしょ》に抵る。各軍の囲む所となり、楊林橋に追及せられ、之に殲す。是の役や、賊六七十人に過ぎず。而して、経行すること数千里、殺戮戦傷せらるる者四千人に幾《ちか》し。八十余日を歴て始めて滅ぶ。此れ三十四年九月の事なり。

最後の「此れ三十四年九月の事なり」の九月は、八月の謬りで修正を要するが、『明史』日本伝のこの記事によって、嘉靖三十四年（一五五五）において倭寇が南京に襲撃するまでのルートと南京を去って明軍に殲滅されるまでのルートが明確に判明する。

まず、南京襲撃に至るルート上の地名を、右の記事から取り出すと、

杭州→淳安→徽州歙県→績谿→旌徳→涇県→南陵→蕪湖→太平府→江寧鎮→南京

という諸地名を線で結ぶことができ、倭寇は、これらの諸都市を突破して南京を襲撃したのであった。そして、南京を立ち去った後は、

大安徳門→夾岡→→秣陵関→溧水→溧陽→宜興→武進→無錫→恵山→滸墅

という線上の諸都市を走破した。この時の走破は、その距離・期間ともに倭寇襲撃来史上、稀に見る規模であった。

　この南京襲撃に遭遇した何良俊は、隆慶三年（一五六九）に初刻、万暦七年（一五七九）に重刻された『四友斎叢説』巻一一、史七において、倭寇が南京に侵入してくる可能性のあるルートとその対策について論じている。筆者は、かつて何良俊の議論にもとづいて、少しく分析を加え、何良俊がいう諸ルートを作図したことがある[17]。再度、それを掲出すると、図1の通りである。

　何良俊は、倭寇の侵入ルートとしては、長江を利用しての水上からの侵入の外に、陸路からも三つのコースを想定している。まず、常鎮ルートである。これは、長江沿岸の都市である常州→丹徒→鎮江を通過して南京に侵入するものである。次は宜興ルートである。これは、太湖の西岸にある宜興から、溧陽→溧水→秣陵関経由で南京に侵入するものである。そして、三つ目は、太平ルートである。このルートは、杭州→淳安→徽州→績谿→旌徳→涇県→南陵→蕪湖→太平府→江陵鎮（江寧鎮の誤り）を経て南京ということになる。

　長江ルート以外に、陸路によって倭寇が南京に侵入してくる複数のルートを想定したのは、何良俊にとどまらなかった。周暉の『二続金陵瑣事』巻下に、

> 倭寇、既に去りし後、司寇景山銭公、大理に在り。余、之がために言いて曰く、夫れ倭寇の来るは、大江を除くの外、三路有りて、南都に達すべし。常鎮より来たれば、則ち句容其の一路なり。宜興より来たるは、則ち秣陵関其の一路なり。太平より来たるは、則ち江陵《ママ》鎮其の一路なり。

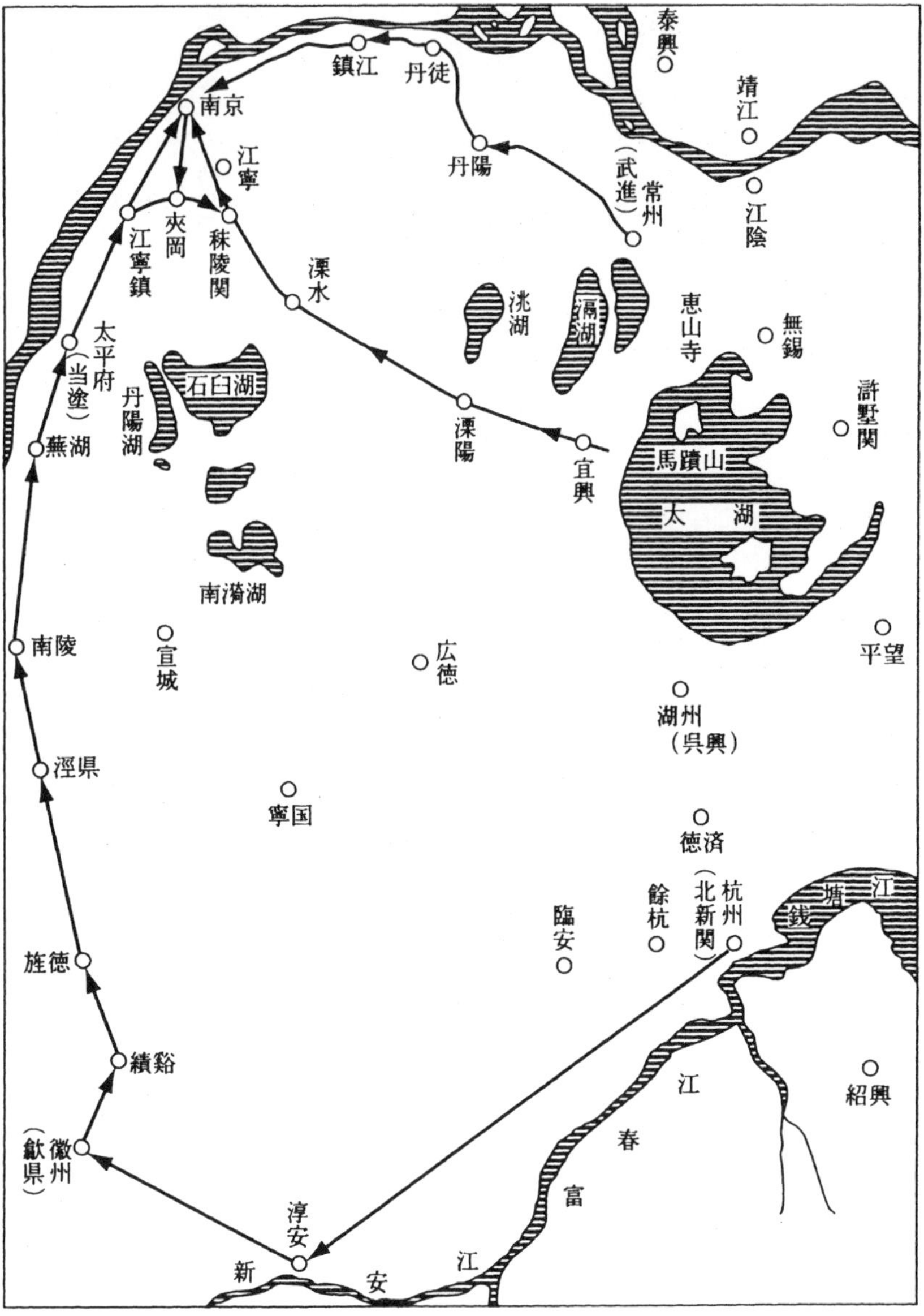

図1　何良俊記述の「倭寇の南京襲撃ルート」図

とある。司寇景山銭公とは、南京刑部尚書銭邦彦のことである。銭邦彦は呉県（南直隷蘇州府）の人で、嘉靖十四年乙未科（一五三五）の進士。累官して南京刑部尚書に至り、隆慶元年（一五六七）に致仕した。周暉は、南京刑部尚書の銭邦彦に対して、長江以外の三つの南京侵入路を示した。それは、常鎮ルートであり、宜興ルートであり、太平ルートである。これらは、何良俊が想定した三ルートとピタリ符合する。これが偶然の結果であるのか、それとも何良俊の想定に賛意をあらわしたものかは明確ではないけれども、少なくとも嘉靖時代に生きた知識人たちが、これらの認識を共有していたということを物語るものであろう。

何良俊・周暉のいわゆる陸路三ルートのうち、太平ルートは、銭塘江に入り込んでくることから侵入が始まるので、外の二ルートに比べて、一番長い走破距離を必要とするコースであった。しかしながら、嘉靖三十四年（一五五五）における南京襲撃は、この太平ルートによって発生したのであった。

長大な距離を長駆・走破しながら、このように諸都市を連鎖的に突破していく倭寇の行動は、無計画なものではなかった。無計画・偶発的な侵入・襲撃であれば、『明史』日本伝がいうごとく、「経行すること数千里」・「八十余日を歴て始めて滅ぶ」というような大走破は、到底不可能なことである。それが可能になったのは、計画性、とりわけ、万暦八年（一五八〇）庚辰科の進士であり、温処兵備副使として海防対策にかかわった蔡逢時の『温處海防図畧』巻二、倭情変態に、

漢人を用いて姦細と為す。故に盤詰の難きこと明らかなり。漢人を用いて嚮導と為す。故に地利熟識し、預め村落・富室の姓名を詢《と》う。故に劫掠するに獲ること多し。

とあるような事前の準備が十分になされたからであろう。姦細（奸細）を活用して、その嚮導せしめることや地

理知識の掌握、村落・富室の姓名を尋ね知るというごとき事前の情報収集は、もっとも基本的かつ必須の事柄であった。それらの事前準備は、程度の差こそあれ、都市侵入・襲撃を企図した時には、かならずなされたことであろう。

倭寇襲撃時における姦細〈奸細〉の活動、換言すれば、倭寇による姦細〈奸細〉利用の形態は、このように侵入前と侵入時では若干異なるけれども、これらにとどまらず多岐にわたることが想定できる。

そこで、章をあらためて、多岐な側面の一様態を示す事例として、嘉靖三十三年〈一五五四〉における倭寇の崑山県〈南直隷蘇州府〉襲撃の際の姦細〈奸細〉の行動形態を紹介することにしよう。

三　倭寇の都市襲撃と姦細

1　姦細の行動

倭寇がこの時に襲撃した南直隷蘇州府崑山県は、鄭若曾の故郷である。そのために、鄭若曾は、その著『籌海図編』と『江南経略』の両書において、当該侵入の顚末記を著している。また、同じく崑山県を本貫とする帰有光も始末記を書き残している。この外、崑山県の地志にも触れるところがあり[18]、倭寇のこの崑山県襲撃は地域社会にかなりな衝撃を与えたのであった。

まず、襲撃の概要を示すことにしよう。『籌海図編』巻六、直隷倭変紀には、次のようにある。

〔嘉靖三十三年四月〕賊、太倉州を攻む。僉事任環、之を撃敗す。松江の賊、青魚涇に出ず。賊艏の劉家河より入る者六十余艘と遇い、合わせて州城を攻む。環は、士民を督して飛炮流矢を発し、傷殺すること甚だ衆し。又た、敢死士を縋りて城より出し力戦せしむるや、賊、敗れて走る。賊、崑山県を攻む。賊、劉家河より入り、太倉を越えて崑山に至る。知県祝乾寿、任に莅《のぞ》みて甫め一月なるも、報を聞くや即ちに官民を督して死守す。賊、攻囲すること甚だ急にして、蘇州の路絶ゆ。乾寿、夜敢死士を募り、蠟書を持ち、水に浮きて行き、八昼夜して始めて郡城に達す。巡撫屠公大山・巡按孫公慎は、都指揮梁鳳を遣わし応援せしむ。鳳、竟に進まず。生員龔良相、涕泣して兵を孫公に請い、始めて鳳の逗留の罪を知れり。良相を遣わし監し、以て行かしむ。鳳、大いに怒り、良相を殺さんと欲す。良相、動じることを為さず、之を促すこと益々力む。鳳、已むを得ず、九里橋に至り、賊を望めば、即ちに潰えて西す。火器二船を賊に遺し、佯《いつわ》りて賊已に遁れ去ると報じ、人皆な之を信ず。賊、火器を得て、城を攻めること甚だ急にして、埤に登る有り、城門の下に穴する者有るに至れり。乾寿、郷宦朱隆禧とともに門を分かち捍禦す。而して、生員張光紹・潘蔚卿・陳淮・郭龍韜等を遣わし、士民を厳督し、力を竭して之を禦ぎ、城、頼りて以て全うす。時に、賊、崑山に拠りて巣と為さんと欲す。故に蘇州の各県、皆な攻囲せられ、崑山を攻むること尤も急なり。崑山を以て蘇郡州県の適中の地と為し、此を得て巣と為さば、則ち沿海の諸邑の声援、倶に絶ゆ。進めば、以て蘇・常の諸郡を蚕食すべし。退けば、以て援兵を拒ぐべきなり。

倭寇は、崑山県を蘇州府の各州県中の「適中の地」と見なして、太倉州から入り込んできた。崑山県は太倉州と蘇州の中間に位置したので、崑山県を攻め取れば、太倉州方面からの明の援軍を禦ぐことができ、それとともに蘇州府と府下の各州県を襲撃することが可能であった。そのように交通上の要衝の地であり、かつ戦略的にも重要性を帯びた崑山県が倭寇に襲撃されたのは、四月十三日のことであった。この日の午時、賊船五十余艘、賊徒三千余人が新洋江口に碇を降ろすと、ただちに崑山県城東門に押し寄せてきた（崑山県城内の建物の配置については図2参照）。それから四十日余り攻囲されることになるが、この時、郷里崑山に戻っていた帰有光は、城内の官民と一緒になって倭寇の防衛につとめ、倭賊に向かって石塊や磚瓦等を投擲して奮戦した。(19) 帰有光四十九歳の時のことである。

帰有光は、その後に「崑山県倭寇始末書」（『帰震川全集』巻八、所収）という文章を著し、その中で、崑山県城内の被害状況について、

其の六門、皆な攻められ、殺されし男女五百余人、焼かれし房屋二万余間、発かれし棺塚四十余口を計う。

とし、崑山県下の各郷村落については、

其の各郷村落凡そ三百五十里、境内の房屋十の八九を去り、男婦五六を失い、棺槨三四、勝げて計うべからず。

としている。このように、崑山県は倭寇の襲撃によって、甚大なる損害を被り、惨憺たる状況を呈した。

上記『籌海図編』の記述によれば、崑山県知県の祝乾寿は、蘇州府城に救援軍を要請すべく敢死士を派遣したとあるが、その敢死士が蠟書（秘密を守り、また湿気を防ぐために蠟を丸めて、そのなかに入れた書状）をもって蘇州府城に到達したのは、四月十九日のことであった。帰有光の「崑山県倭寇始末書」によると、巡按御史孫慎がただちに備倭都司の梁鳳に救援を命じたのは十九日のことであるとしているから、蠟書が届いたのは同日、もしくは前日の十八日のことであったと思われる。蘇州府への道が塞がれていたために蠟書が届くまで「八昼夜」を要

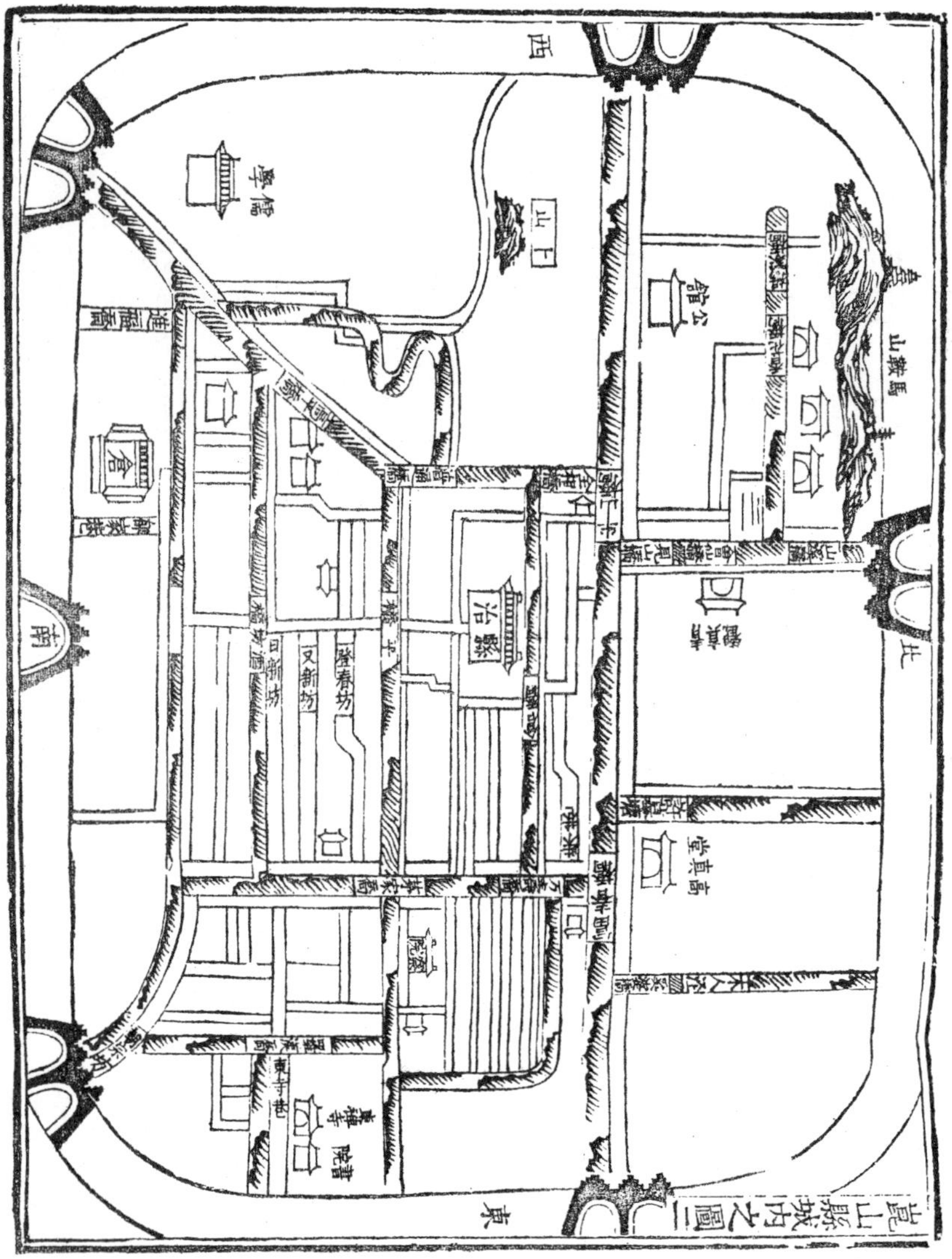

図2　崑山県城図（嘉靖『崑山県志』）

したと上記引用の『籌海図編』の記事にあるが、それについて、鄭若曾は、別の著作である『江南経略』巻二下に収録する「崑山県倭患事蹟」という文章のなかでも、

時に賊の往来歘忽《くっこつ》たり。凡ての大路は皆な絶え、声援通ぜず。士民危懼す。県令祝乾寿、敢死士にして、善く水を泅《およ》ぐ者を募り、蠟書を持ち、間道もて夜行せしむ。士夫も亦た連名の柬《かん》を附し、兵を請う。八昼夜して始めて郡城に達す。巡按御史孫公慎、巡撫都御史屠公大山と会同し、備倭都司梁鳳を遣わし、兵を提て東せしむ。

と記述していて、同じく「八昼夜」を要したとしている。しかしながら、いくら蘇州城への道路が倭寇によって塞がれていたとしても、「八昼夜」は時間がかかりすぎるように思われる。それでは、喫緊のこととして救援軍を請うという役目を果たすことができない。「八昼夜」がもし正しいとしたならば、知県の祝乾寿が託した蠟書や崑山県の士夫が委ねた連名の兵を請う書を持って敢死士が崑山県を出発したのは、十一日の頃となり、倭寇が崑山県に押し寄せた日時と齟齬を来すことになる。このような矛盾がある鄭若曾の記述に対して、帰有光は、前掲「崑山県倭寇始末書」において、救援軍を請う蠟書の伝達に関して、

十七、八等日、賊、遂に雲梯二十余乗を造り、東北二城を攻撃す。勢極めて危迫するも、官民の力を悉くし拒守するに頼りて、幸いにも以て破られず。当夜、郷の士大夫、蠟書もて、敢死士を募り、城を縋りて下り、間道より往きて救いを代巡孫公に請う。十九日、即ちに復を蒙《う》け、梁鳳に委ね、兵を提て応援せしむ。

と記している。帰有光は、敢死士を募った日付を十八日の「当夜」すなわち「その夜」としているから、崑山県城内の祝乾寿や士大夫のもとから蘇州府城内の巡按御史孫慎のもとに届くまでに要した時間を一日としていることになる。十七日、十八日には、倭寇の攻撃が苛烈であったことは、鄭若曾の「崑山県倭寇事蹟」にも詳しい記述があり、そのような状況下で、危機感を抱いた知県祝乾寿や士大夫たちが蘇州府城内の巡按御史孫慎等に救援軍を求めたのであり、そのために敢死士を出発させた日時は十八日の夜とするのが妥当ではなかろうか。換言すれば、崑山県城を密かに出た敢死士は、間道を利用して必死の思いで蘇州府城へ一日で到達したと考えるのがもっとも無理のないところであろう。鄭若曾の「崑山県倭寇事蹟」と帰有光の「崑山県倭寇始末書」とでは、この外に細かな点で、食い違う点が少なくない。

たとえば、「崑山県倭寇始末書」ではさきに引用したように、「賊、遂に雲梯二十余乗を造り、東北二城を攻撃す」とあるのに対して、「崑山県倭寇事蹟」では、「十七日、賊、雲梯数十乗を負い、北東南三門を攻撃す。勢甚だしく危迫せり」とあるように、攻撃の対象になった門の数に食い違いがある。

このような細かな点での齟齬はともかくとして、われわれの関心に引きつけていえば、その最大の相違点は、姦細（奸細）の関与にかかわる記述である。この点、鄭若曾の「崑山県倭寇事蹟」には記述があるが、帰有光の「崑山県倭寇始末書」はまったく触れていない。

鄭若曾の「崑山県倭寇事蹟」によると、「知県祝乾寿、大いに奸細を城中に索め、これを獲す」と題する記事があり、それに関して、次のような経緯が記されている。

賊、至りて三日なるも、城郭を犯さず。人、皆な之を疑う。十六日、諸生の夙興《しゅくこう》する者有り、馬鞍山顚に白衣の人二有りて、皆な白扇を以て指揮するを望見し、其の奸細為るを意《うたが》うや、人を遣わして遍く之を索すも得ず。卒に髑殻洞の中に之き、執えて之を訊するに曰く、未だ至らざりし時、先に十人を遣わし、城内に伏せしめ、十五日を期して火を放ち、民夫の下城を誘い、間に乗じて登らんとするも、天雨に因りて約を今夕に改む。白は吾が暗号なり、と。乾寿、亟《すみ》やかに令を下し、凡そ来歴不明の人は、悉く獄に繫ぐ。枉有るを慮るや、獄卒に命じて善く之を護らしむ。惟だ其の防を慎むのみ。又た城市の各甲をして相い覚察し、城夫の信地を離れて私室を顧みることを得ざらしむ。違う者は治するに軍法を以てす。是の夕、奸細の火を放ち縛を受くる者八人、始め擒える者は尽くは奸細にあらずして、奸細は或いは橋下に伏せ、或いは樹杪に棲み、或いは庵刹に隠れ、或いは林墓に潜み、夜聚り暁散り、其の蹤常無きを知る。西倉の脚夫二十人、自ら相い盟誓し、伏を要路に分かち、賊の奇行する者を俟ちて之を擒えんとし、劇賊一人を得たり。乾寿、百方之を誘うも、終に言わず。肢解して以て徇う。既にして賊の流れ矢を得たり。其の翎の細書に云く、陸成已に殺さる、阿荒仔細せよ、と。乃ち復た大いに之を索すに、数日して阿荒を濠間に得たり。蓋し県傍に即きて屠狗する者なり。其の来ること已に三年、善く楣梁の間に伏し、人見ず。簷を飛び脊を走るは特に其の末技なり。

やや長い引用となったが、ここには姦細（奸細）の都市襲撃の際における行動様式がきわめて具体的に示されている。そこで、贅語を重ねることにはなるけれども、上記の記述をもう一度なぞりながら、姦細（奸細）の様子を浮き彫りにしたいと思う。

倭寇の崑山県城攻めにおいて奇妙なことが起きた。倭寇が攻撃をしかけてこないのである。城内の人々がそれを不思議に思っていた矢先の十六日の払暁、早起きした諸生（生員）が、馬鞍山の山頂に二人の白衣を着た人がいて、白扇を揮っているのを望見した。それを奸細ではないかと疑い、人を遣わして遍く捜索させたが、執えることができなかった。しかしながら、最終的には髑髏洞のなかに潜んでいるのを見つけて、これを執えて訊問したところ、「倭寇が崑山県城に未だ到達しないまえから先遣の十人が城内に潜伏した。そして、十五日を期して火を放って周章狼狽させて、民夫たちが城内から出るのを誘い、その間に乗じて城内に入り込もうとしたが、雨のために予定を変更して、その約束を今夕に改めた。白は我らの暗号である」と自白した。そこで、知県の祝乾寿は、急ぎ命令を下し、来歴不明の輩は、ことごとく捕らえて獄にぶち込んだ。その夕、奸細たちの事前の打ち合わせ通り、奸細が火を放ち、八人が捕縛された。その結果、県側では、擒獲した者全部が全部奸細ではないこと、奸細の或る者は橋下に伏せ、或る者は樹杪に棲み、或る者は庵刹に隠れ、或る者は林墓に潜んでいて、夜になると聚り、暁にはちりぢりバラバラに去ることを知った。西倉の脚夫（荷物運搬の人夫）たち二十人は、自分たちで誓い合い、要路にそれぞれ伏兵させ、賊のなかで奇妙な振る舞いをする者がいたならば、これを擒獲しようと待ちかまえていたところ、劇賊（凶悪などろぼう）一人を得た。祝乾寿はいろいろと手を尽くして、これから情報を得ようとしたが、この賊はついに黙したままであった。そこで、四肢をばらばらに截断して殺し、見せしめにした。それからしばらくして、賊の流れ矢を得た。その羽根につけられた細書（細い文字で書いた手紙）には、「陸成はすでに殺された。阿荒は用心せよ」という文字があった。そこで、この阿荒なるものの所在を求めてまた捜索したところ、数日してこの阿荒を濠間で擒獲した。この男は、県城の傍で屠狗を生業とする者であった。ここに来て、すでに三年になり、楣梁の間に伏したり簷《ひさし》を飛び脊（屋根上）を走るのがその特技であった。

鄭若曾の「崑山県倭寇事蹟」中の「知県祝乾寿、大いに奸細を城中に索め、これを獲す」と題する記事に附せられた文章をなぞっていくと、以上のようになるが、ここにあらわれる姦細（奸細）は、

① 馬鞍山の山頂で白扇を揮って、作戦中止の暗号を送っていた白衣の二人。
② 倭寇が崑山県城に未だ到達しない前から、城内に伏していた先遣の十人。
③ 脚夫たちに擒獲され、沈黙を守ったまま殺された陸成という劇賊一人。
④ 矢文に書かれていた阿荒という、平生は屠狗業を営んでいた者。
に分けられる。

そして、彼ら姦細（奸細）の活動の特徴としては、
⑤ 暗号として白色を使用し、暗号の送り主も白い衣服を身に着けていた。
⑥ 奸細の或る者は橋下に伏し、或る者は樹杪に棲み、或る者は庵刹に隠れ、或る者は林墓に潜んでいて、夜に聚り、暁にはバラバラに散り去った。
⑦ 連絡は暗号の外に、矢文も利用し、密に連絡をとっていた。
⑧ 数年前から当地に住み込み、平素は商売を営んでいた阿荒というものは、楣梁の間に伏したり簷を飛び脊（屋根上）を走るのをその特技としてもっていた。
等の事柄を抽出することができる。

かれら姦細（奸細）の行動形態を要約すると、橋下、樹杪、庵刹、林墓といった人目に付きにくい各所に潜伏し、夜に集合して、暁にはバラバラに散り去り、互いの連絡には暗号や矢文を利用し、密に連絡をとっていた。まさに神出鬼没という言葉が剴切な隠密活動に徹していたのであった。

この嘉靖三十三年（一五五四）の崑山県襲撃において登場する姦細（奸細）たちは、この襲撃遂行のために県城に入り込んできた者ともともと住人として居た者とに分かれる。④の平素は屠狗業を営んでいた阿荒という者は後者に属するが、外の姦細（奸細）たちは明確ではない。阿荒にしても、三年前から、倭寇の襲撃のために移住

してきたとは思われないが、榾梁の間に伏したり、簷を飛び、脊（屋根上）を走るのを特技としてもつ人物であるというから、武術の訓練をうけた経験があることが推察されるのである。かかる阿荒が、この時の崑山県襲撃に際して、倭寇とどのような経緯で繋がりが生じたのかまで踏み込んだ考察はできないけれども、三年も当地に居住していて、現地の事情に相当に通暁していたことは明白であり、倭寇側がそれを貴重視して、いち早く取り込んだ可能性もあり得ないことではなかった。

それでは、倭寇に利用される姦細（奸細）の素性ないし出身とは、どのようなものであったのであろうか。次に、この問題について、少しく検討することにしよう。

2　姦細（奸細）の素性

姦細（奸細）の素性ないし出身について記した史料を目にすることはそれほど多くない。そうしたなかで、漕運を総督した鄭暁は、間々それに言及するところがある。そこで、鄭暁の上奏文を分析して、姦細（奸細）の素性について考察することにする。

鄭暁は、字窒甫、弘治十二年（一四九九）に生まれ、嘉靖四十五年（一五六六）に卒した（寿歳六十八）。浙江海塩県の人である。嘉靖元年（一五二二）の郷試では第一の成績（解元）にあげられ、翌二年癸未科（一五二三）において進士に登第、第二甲の成績であった。したがって、南京兵部尚書を解任された張時徹とは、同年（同期合格者）であった。初職は職方主事であった。これを振り出しに官僚生活が始まるが、鄭暁はこの仕事に専心した。職方主事は、兵部所属の四清吏司の一つである職方司の官職（正六品）で、郎中（正五品）、員外郎（従五品）に次ぐ。職方司は職掌として、輿図・軍制・城隍・鎮戍等のことを司った。鄭暁は、かかる官職にあって、日々故牘を渉猟し、九辺の地形、士馬の数を考覧した。その成果は、兵部尚書金献民に慫慂されて纏め著作した。それが、『九辺図志』である。本書は、評判を呼び、人々は争って伝写したといわれている。その後、父の死にあい、久しく郷里において喪に服した。復官したのは、許讃が吏部尚書になったときに、召して考功郎中に除したからであった。以後、厳嵩の意に逆らい、和州同知に左遷という憂き目にあうものの、南京太常寺卿、刑部右侍郎等を経て、兵部に改任され、副都御史を兼ねて漕運総督、鳳陽巡撫となった。(20)

鄭暁はこの時、漕運事業の円滑な運営の観点から、倭寇対策に専心した。たとえば、天啓『海塩図経』巻一三、人物篇、鄭暁伝に、

時に倭寇、深く江・淮に入り、運道艱梗す。暁、先ず倭に通ずる奸魁を擒え、然る後民兵を選び、塩場の壮勇を集め、倭と戦い、前後斬級すること九百余り、賊、挫去す。東南の賦四百万石、直達して阻む無きを得。奏して揚海兵備を設け、其の軍を分かち、遠き彭城に隷すること無らしむ。瓜阜・維揚及び如皐・海・泰の三県に城を剏築す。漕務便宜十余事を条上し、具に永算有り。鎮に在ること二年、心を清くして己を約し、上下の交際、并びに絶つ。


とあり、漕運総督時代（嘉靖三十三年（一五五四）～三十四年（一五五五））の鄭暁の活躍を概括的に記している。この時に条陳した漕務便宜に関するさまざまな上奏文は、『端簡鄭公文集』や『端簡鄭公奏議』に収録されている。端簡とは鄭暁の死後、隆慶帝が賜与した諡である。これらの上奏文には、倭寇や姦細（奸細）についての言及も間々見られる。

鄭暁が倭寇や姦細（奸細）に関心を寄せたのは、倭寇や姦細（奸細）が漕運の円滑なる運営を妨げる存在であったからである。たとえば、『明世宗実録』嘉靖三十三年四月戊寅の条に、

倭寇、嘉興県を攻め之を陥し、尽く沿河の運船を焚く。

とあり、また同年十二月辛巳の条に、

比歳、倭賊、糧船を焚焼すること数多《あまた》なり。

とあるように、倭寇がしばしば漕運船焼き討ちしたからである。贅語を要するまでもなく、これは単なる空船の焼き討ちではない。漕糧を満載した漕運船を襲撃し、漕糧を略奪したあとの、証拠隠滅のための焚焼なのである。

このような倭寇の漕運船襲撃に、姦細（奸細）が果たした役割について、鄭暁は、「江北の倭寇を剿滅するの疏」（嘉靖三十三年〔一五五四〕十月十九日）のなかで、(21)

倭寇の類に姦細多し。江北の官兵の江南に調赴し、剿するに会《あつ》めるを覘知し、虚に乗じて江北に突入し、舟を焚き、登岸して劫掠す。

とあり、また「江北の倭寇を剿滅し、功罪を査勘し并せて預め防禦を為さんことを乞うの疏」（嘉靖三十四年〔一五五五〕正月二十七日）のなかでも、(22)

照得するに、倭寇の類に姦細多し、江北の兵船の江南を調往するを詗《うかが》い、遂に敢えて虚に乗じて累犯す。則ち今、天威に仰仗し、先後、剿絶駆逐し、地方稍寧んぜり。

と報告している。倭寇は、漕運船を襲撃するに際して、何の目算もなく、ただめくらめっぽうに仕掛けるわけではない。十分に情報を仕入れ、それによって当該漕運船の航路・日程・船数・積載の漕糧数・漕運軍の数、それらに加えて、沿江・沿海に布置された明側の防衛態勢など主要な項目を把握し、十全な襲撃態勢を取るのである。情報収集のその担い手が姦細（奸細）であった。

そのようにして、情報を仕込み、それをもとに決行される倭寇の漕運船襲撃は、多大な成果を上げた。鄭暁が、嘉靖三十三年（一五五四）五月二十日に、浙江監兌戸部湖広清吏司主事曾楚の寄せた情報にもとづいて上した「倭賊糧船を焼毀し、比例折兌するの疏」[23]は、倭寇の漕運船襲撃でうけた被害の甚大さを具体的に記録したものである。鄭暁は、次のように報告している。

本年四月十三日、寧波等衛所領運指揮等官莫隠等報ずるに拠るに、千百戸馮清等の呈称に拠るに、旗甲葉珊等を帯同し、嘉善県の糧米を領兌す。四月初十日、雲、倭賊四百余人有り、県に臨んで人を殺し放火し、倉廒を焼毀す。官軍、寡弱にして敵し難し。糧を有する軍船五十五隻を焼き、旗軍顧仲良等一十余人を殺死し、已に兌して船に在りし正耗米三万四百五十一石六斗を焼毀するに致る。止だ救いて存する糧を有するの軍船は、二十五隻等の因、と。此の査得に拠るに、嘉善県の額派せる正改の兌糧米、共わせて六万一百八十九石、内、該の已に太倉・鎮海・松江・嘉興の四衛所の鎮撫等の官劉卿等に兌過せし米二万五千五石四斗の領運開行するを除くの外、余りは寧波・処州・台州・紹興の四衛、厳州・海寧の二所に有り。領運千百戸等の官馮清等は、原《もと》、該県と交兌するに延遅し、賊禍に遭い、船糧を焼毀を致すこと有り。事、重大に干《かかわ》る。

これは、嘉靖三十三年（一五五四）四月十日に、浙江嘉善県に科派された漕糧が倭寇に襲撃を受けて甚大な被害を蒙った事例である。この時、漕糧を積載した漕運船五十五隻が焼き討ちに遇い、正糧・加耗米合わせて正耗米三万四五一石六斗が被害を受けた。被害状況を見るに、漕運船は全部で八十隻、このうち焼き討ちにあったのが五十五隻であったので、これは六八・七五％の船隻が被害を受けたことになる。漕糧に関していえば、総計六万一八九石のうち、三万四五一石六斗が被害を蒙ったため、五〇・五九％の漕糧が失われたのであった。

鄭暁は、漕運船に対しても、漕糧に対しても、「焼毀」と表現しているが、漕運船はともかくとしても、漕糧を焼毀したところで、倭寇側には何のメリットもない。漕糧を掠奪すれば、それは、むしろ倭寇にとって重要な戦利品となるのである。そのような戦利品をわざわざ焼毀する手間と無駄をかける必然性はない。おそらく、「焼毀」という文言は、明側の失策を糊塗するためのものであろう。

しかしながら、漕糧の「焼毀」ではないけれども、獲得した戦利品を、掠奪した漕運船に積み込むために、漕運船に積載されている糧米を水中に放擲したということはありえたかもしれない。

それはともかくとして、このような襲撃の成功を導くために、倭寇が重要視したのが情報の入手であり、それを活用すれば、無計画にあるいは出会い頭的に襲撃するよりもリスクが少なく、かつ効果的であった。したがって、倭寇にとっては、ことさらに、情報の入手や嚮導の役割を果たす姦細（奸細）の確保が必要となったのである。

それでは、倭寇の「走狗」としての役割をした、あるいはさせられた姦細（奸細）には、どのような素性のものがいたのであろうか。

鄭暁の上奏文中には、姦細なる用語そのものは間々見いだすことができる。しかしながら、たとえば、「倭寇の首級を擒獲し姦細を生擒するの疏」（嘉靖三十四年〔一五五四〕五月二十二日）[24]に、又た掘港場の申に拠るに、生擒せる姦細二名史皮阿・何梁柱を解《おく》り、驍勇陳松・地方周仁等、首級一顆・小刺刀一把・花衣一件を擒獲す、と。又た把総韓徳禎の稟に拠るに、十一日、軍を領して馬塘場に在り、軍人丘江、首級一顆・倭刀一把を擒獲す、と。十四日、又た呂四場副使李政・吏史孝魯・張芝・耆竈彭清・毛逵等に拠るに、共わせて首級四十五顆、并びに倭刀・倭弓・倭箭等の件を斬獲す、と。各報、道に到る。案じて査するに、先に該本道、原任の参将喬基・張恒を会同し、各官兵・竈勇を分布せしめ、地に随い、水陸に奇を設け、機を相て剿捕す。先に斬せる首級一百七顆・生擒せる倭寇二名・姦細五名を将て節経《しばしば》呈報するを除き、今、共わせて斬せる首級五十六顆・生擒せる姦細二名、通前の斬首、并びに生擒、共わせて一百七十二名顆、理合《まさ》に呈報すべし等の因、と。

とあるように、姦細（奸細）に関する記述では、単に姓名を記すのみか、それともその姓名もなく、ただ「姦細（奸細）□名」のみとしか記していない。鄭暁の上奏文を見ていくと、このような表記の事例が圧倒的であって、姦細（奸細）の素性や出自を知る上では、用をなさないことが多い。

それでは、姦細（奸細）の素性を知ることははなはだ困難かというに、その表記に関して例外的な、しかも貴重な事例がある。それは、鄭暁が、上記の「倭寇の首級を擒獲し姦細を生擒するの疏」と同じく嘉靖三十三年（一五五四）に、しかもそのちょうどわずか十日前の五月十二日に呈上した「倭寇を擒剿するの疏」[25]である。この上奏文では、二人の姦細（奸細）の姓名が判明するが、貴重なのは、その所属等に関する文言が記されていることである。このことから、彼らの職業等の素性を探知することが可能なのである。

まず、一人目は、邵卿なるものに関してである。鄭暁の当該上奏文によると、次のようにある。

又た副使李天寵の呈称に拠るに、兵を督して前《すす》み通州に赴き、白蒲鋪地方に至るや、原差の哨探軍兵邵美に拠るに、倭賊の姦細一名邵卿を擒獲す、と。招を審べるに、通州馬塘場の人に係る。本年四月十八日、倭賊、本場を経過す。卿を劫掠投入し、探聴に随従し、各処に引路せしめ、人を殺し火を放ち、財畜を劫虜す。二十六日、卿、梅参将の兵を領して已に通州に進むを探りて、各賊に説知し、前去して如皋を搶劫す。

倭賊の姦細（奸細）として暗躍した邵卿は、南直隷揚州府通州馬塘場の人であった。嘉靖三十三年（一五五四）四月十八日に、倭賊に捕らえられ、情報収集などの探聴に従事し、その成果をもとに、倭賊を各所に引路、すなわち道案内した。道案内された倭賊は、あちこちで殺人放火し、財産・家畜を掠奪したのであった。また、同月二十六日には、梅参将（分守通泰参将梅希孔のこと）の率いる軍勢の動きを探って、各倭賊に知らせた。梅参将軍が通州方面に移動したという情報を得た倭賊は、通州からみてその西北に位置する泰州の如皋に前進し、そこを搶劫したのであった。

こうした邵卿の行動とそれによる倭寇の効果的な襲撃をみると、倭寇にとって、姦細（奸細）の確保と活用が襲撃の際のリスク管理にいかに必要であったかということを示している。

それでは、邵卿はもとは何者であったのであろうか。倭賊に捕まり、姦細（奸細）として使われる以前の邵卿は、おそらく竈戸、つまり製塩労働者であったのではないかと思われる。そのように推測する根拠は、「通州馬塘場の人」とするその出身地にある。

馬塘場は、両淮都転運塩使司に所属する塩場二十九所の一つであった。『元史』巻九一、百官志七、都転運塩使司の条によると、両淮都転運塩使司、秩正三品。国初、両淮内附するや、提挙馬里范章を以て塩課の事を専掌せしむ。至元十四年、始めて司を揚州に置く。使二員、正三品、同知二員、正四品、……。

塩場二十九所、毎場、司令一員、従七品、司丞一員、従八員、管勾一員、従九品、塩を弁ずるにそれぞれ差有り。呂四場・余東場・余中場・余西場・西亭場・金沙場・石堤場・掘港場・豊利場・馬塘場・拼茶場・角斜場・富安場・安豊場・梁垜場・東台場・河垜場・丁渓場・小海場・草堰場・白駒場・劉荘場・五祐場・新興場・廟湾場・莞涜場・板浦場・臨洪場・徐涜浦場。

とある。両淮とは、淮南と淮北とをいい、現在の江蘇省の揚子江以北の部分のうち、淮河以南を淮南、以北を淮北という。この両淮の東海岸一帯には製塩場が数多く散在していた。明朝を創設する朱元璋も、元の時と同じように、それらの諸塩場を統括する塩務官僚として両淮都転運塩使司を設置した。(26) 元明時代、両淮は両浙と並んで、主要な産塩地であったのである。ちなみに、両淮都転運塩使司は、揚州府城大東門外にあった。

塩場は多々沿海・沿河にあるというその立地条件から、倭寇の襲撃を受けることが多かった。そこに住む竈戸は、その都度、甚大な被害をもろに受けた。さきに引用した「江北の倭寇を剿滅し、功罪を査勘し并せて預め防禦を為さんことを乞うの疏」(嘉靖三十四年〔一五五五〕正月二十七日)のなかで、鄭暁は、倭寇襲撃による竈戸の被害について具体的に記している。たとえば、次の通りである。

嘉靖三十三年八月十五日、巳の時、倭船一隻有り、約そ八十余賊有り。江南より呂四場地方の二漾口に至り、船を焼きて登岸し、竹家荘より流れて本場の西北中団張方洴地方の竈戸周顕の家に住《とど》まり占住す。十六日、海門県署印高郵州判官趙卿有り、即ちに巡捕典史余廷舜・張港巡検王世臣・呉陵巡検趙仲爵に委ねて、呂四場把截百戸伯永福・該場大使朱汲・副使李政・義官盧漢・大河口備倭千戸常潮を会同し、それぞれ民兵・竈勇人等を領して、賊と対敵し、親兵王仲等三名・竈勇顧松等三名を傷つけらるるも、止だ倭弓一張・箭三十七枚を獲るのみ。十七日、各賊、火を放ち竈戸朱伯等の三家の草房一十四間を焼毀し、竈戸高橋等六名を殺死す。本夜、各賊、余東場の便倉の西に到り、竈民張瓘等二名を殺死す。

鄭暁のこの報告によると、八十余人を載せた一隻の倭船は、八月十五日巳の時（午前十時、及びその前後二時間）から十七日の夜半までの二日間に呂四場・余東場の塩場を荒らし回り、十六日には呂四場の竈勇顧松等三名に傷を負わせ、十七日には竈戸朱伯等の草房を焼毀し、竈戸高橋等六名を殺し、さらにその夜には余東場の竈民張瓘等二名を殺している。これは呂四場・余東場の塩場で犠牲になった製塩関係者のみを指摘したにすぎないが、ともあれ、沿海・沿河に位置する塩場の関係者は、倭寇の襲撃を受けることが多く、かつその犠牲になることも屢々であった。そうした倭寇の襲撃は、単に死者・負傷者を生み出しただけでなく、なかには拉致された被虜人も生み出していたであろう。

そのように考えていくと、さきに触れた邵卿、つまり倭賊に捕まり、姦細（奸細）として使われた邵卿の、その以前の仕事は、馬塘場で働く製塩労働者であったと考えても、不合理ではないと思われる。

さて、「倭寇を擒剿するの疏」には、その邵卿の外に職業等の素性の探知が可能な人名が、もう一人載せられている。まず、当該箇所を引用することにしよう。

又た揚州府に拠るに、姦細仇谷華を捉獲す、と。審べるに、福建永寧所の人に係る。一向《もっぱら》、賊に従い、消息を探聴す。今、揚州に来たりて、官兵の多少、搶掠するを要得《できる》かを打聴《さぐ》れり。臣、先題及び便宜事理を遵照し、参将喬基を起取し、揚州府の官軍・民壮を操練せしむ。

揚州において捕捉された姦細（奸細）は、名を仇谷華といい、福建永寧所の人であった。永寧所とは地名であろうか。永寧という名称の地名は、明代においては、各地域に数多存在した。しかしながら、福建には、そのような地名は存在しない。あるのは、軍事機関としての永寧衛のみである。弘治『八閩通誌』巻四一、公署、泉州府に、

永寧衛指揮使司は、晋江県の東南二十都に在り、宋は水澳寨と為し、元は改めて永寧寨と為す。国朝洪武二十年、江夏侯周得興、改創して永寧寨と為す。

とある、洪武二十年（一三八七）設置の永寧衛がそれに該当する。本衛は、海防活動に従事するいわゆる「沿海衛」であった。そのことは、『籌海図編』巻四、福建兵制に収載する「沿海衛所」の項に、

永寧衛、内所五、共に旗軍五千人、屯軍七百八十四人。

とあることによって明瞭である。さらに詳しくみれば、崇禎『閩書』巻四十、扞圉志、福建都司に、

永寧衛、操海・屯種の旗軍六千九百三十五名、旧額なり。今、操海旗軍千三百九十四名、屯種旗軍百九十四

名。

とあって、海防活動に従事する出海軍の旧額数と現額数とを載せている。永寧衛は、「東は大海に濱し、北は祥芝及び浯嶼寨に界し、南は深滬、福全に連なり、泉の襟裾を為す」（前掲崇禎『閩書』）とあるように、泉州府海防体制の要であった。

さて、永寧所の永寧が、かかる永寧衛であるとすれば、所とは何の謂いであろうか。泉州府晋江県に設置された海防軍事機関としては、永寧衛の外に福全守禦千戸所があった。晋江県の東南十五都に設置された福全守禦千戸所は、福泉守禦千戸所と表記する場合もあるけれども、前掲崇禎『閩書』によると、旧額の操海・屯種旗軍の数は五七五名で、現額の操海旗軍の数は一一六名、屯種旗軍は一一七名であるという。守禦千戸所の名称は、単に○○千戸所、さらに縮めて○○所と略称することもある。たとえば、『明世宗実録』嘉靖三十二年十一月癸卯朔の条に、

前に常熟を犯せし倭、復た上海の七竈洪より登岸し、三林荘・南匯所・呉淞江所及び嘉定県の地方を流刼し、十九日に至りて始めて去る。

とある南匯所・呉淞江所は、いずれも地名ではなく、守禦千戸所の名称である。南匯所は、南直隷松江府上海県東南に設置された南匯觜守禦中後千戸所のことであり、呉淞江所は蘇州府嘉定県東南四十里に設置された呉淞江守禦千戸所を指称する。このように慣行からみれば、永寧所は、永寧守禦千戸所のことではないかとの憶測も生まれるが、さきに触れたように、そのような守禦千戸所は存在しない。永寧衛と同じ晋江県に所在する守禦千戸

所は、福全（福泉）守禦千戸所だけであり、とすれば、これを指称しているのではないかと想定しても、その可能性は、非常に低いといわなければならない。なぜならば、永寧衛と福全（福泉）守禦千戸所との間には、統轄にかかわる上下関係は存在しないからである。福全（福泉）守禦千戸所は、福建都司に直隷する機関であったのである。[27]したがって、福全（福泉）守禦千戸所が、永寧所と呼称される可能性は絶無であろう。

それでは、永寧所とはいかなる称謂であろうか。永寧衛＋所という組み合わせであるという点では、謬りないと思われる。その場合、所は上記の守禦千戸所ではなく、永寧衛隷下の千戸所そのものを指称するのではないかと思う。永寧衛は、前掲の崇禎『閩書』巻四〇、扞圉志、福建都司に、「操海・屯種の旗軍六千九百三十五名、旧額なり」と記されているように、もともと七千名弱の人員から構成されていた。これらの人員は、五つの千戸所に振り分けられていたのである。五千戸所とは、左・右・中・前・後の千戸所から構成されていた（前掲、崇禎『閩書』）。

衛所という場合には、二通りの意味を含んでいる。それは、すでに述べたように、① ○○衛＋○○守禦千戸所、という組み合わせ、② ○○衛＋隷下の千戸所、という組み合わせである。衛所のこのような称謂からみれば、永寧所とは、永寧衛を構成する左右中前後千戸所のいずれかの千戸所を指称するものと推測されるのである。

いささか、曲折した論述を加えてきたが、このような推論に大過なければ、「福建永寧所の人に係る」という姦細仇谷華は、永寧衛に所属する官軍の一人であったということであろう。官軍の官は衛所官、軍は衛所軍のことをいい、衛所官は官品をもつ将校クラスであり、衛所軍はいわゆる軍士であった。仇谷華がそのいずれに該当するかは、仇谷華にかかわる情報が、「福建永寧所の人に係る」という以外何もないので、不明である。

以上、鄭暁の報告をもとに、姦細（奸細）と表記された人物の素性を述べてきた。当該人物についての情報量が極小であるために、いささか推論に趨らざるをえなかった。

次に紹介するのは、李遂の『督撫経略』巻二に収録する「首めて姦細を獲するの疏」である。この上奏文は、上記の二例よりはやや情報量が多いといえるかもしれない。

李遂は、字邦良、江西豊城の人。嘉靖四十五年（一五六六）十月に寿歳六十三で死去した時、太子少保を贈られ、襄敏と諡され、祭葬も賜った。李遂は南京兵部尚書を最後に致仕したが、その官に至ったのは、嘉靖三十九年（一五六〇）に起きた南京振武営の反乱を鎮圧した後の陞進人事においてであった。南京振武営は、倭寇対策として創設されたものであるが、そこで反乱が起きたのは、兵士たちが俸給削減というみずからの生活を脅かす政策に反対するためであり、その政策責任者を実力で追及するという形で起こったものである。反乱軍は、戸部侍郎黄懋官の家に押しかけて、侍郎を殺害した。当時、李遂は南京兵部侍郎であったが、事件後、南京の軍当局、ないし警備当局幹部の責任が追及された時、誠意伯劉世廷と李遂の二人は難を逃れ、しかも李遂はその行動が賞されて南京兵部尚書に陞進したのである。(28)

かかる李遂は、死後も栄誉につつまれたけれども、嘉靖五年（一五二六）に進士に登第して、行人を振り出しに始まった官界生活はかならずしも順風満帆ではなかった。礼部郎中の時には尚書夏言に逆らって、詔獄に下され、そのあとに湖州同知に謫遷された。その後、累陞して山東右布政使を経て南京都察院右僉都御史に任じられて操江を提督した。(29)アルタンハーンが京師を襲撃した、いわゆる庚戌の変（嘉靖二十九年〔一五五〇〕）に際会した時は、召されて闕に赴き、都察院僉都御史に任じられ、もっぱら薊鎮主客兵の粮を督した。(30)しかしながら、世宗の怒りを買い、官職が削られて民に落とされ、家居する羽目におちいった。同年の十一月のことであった。(31)かかる処分をうけた李遂は、鄒守益・聶豹・魏良弼・銭徳洪・王畿・羅洪先等と相い集まって講学した。また、郷里の縉紳のなかには、李遂の才覚を高く評価して、「済世の才の者は、必ず遂を推さん」と預言する者もいた（『名山蔵』臣林記、李遂伝）。

李遂が一緒に講学した人々は陽明系人士であり、講学が陽明学であったことは贅語を要するまでもない。とりわけ、王畿（龍渓）は王陽明直門の巨頭であり、かれは李遂について、

予、司馬克斎李公督撫経略の疏を読む。而して儒を知る者の有用の学なり、学びて用に適することに匪《あら》ざれば、之を腐儒と謂う。(32)

と述べ、李遂の軍事的才略を絶賛している。それは、李遂の『督撫経略』に収められた上奏文を読んだことに由るが、王畿が絶賛した軍事的才略を、李遂が発揮し始めるのは、嘉靖三十六年（一五五七）に鳳陽に巡撫が特設され、それに起用されてからである。『明史』巻二〇五、李遂伝には、

洪武三十六年、倭、江北を擾がす。廷議して、督漕都御史の巡撫を兼理するも寇を辦《さば》くに暇あらざるを以て、巡撫を特設せんことを請う。乃ち、遂に命じて故官なるを以て鳳陽四府に撫せしむ。

とあり、民に落とされていた李遂がふたたび官界に戻ることになった事情を簡略に触れている。その人事がなされたのは、『明世宗実録』嘉靖三十六年十月丁亥の条に、

原任南京都察院右僉都御史李遂に命じて、軍務を提督し兼ねて鳳陽を巡撫せしむ。

とあるように、嘉靖三十六年（一五五七）十月のことであった。

李遂が、このように劇的に官界に返り咲くことができたのは、折しも王朝財政の基盤地帯として最重要なデルタ地帯に倭寇の猖獗が激しくなったからであった。官職を削られて、李遂が家居している時に、郷里の縉紳が「済世の才の者は、必ず遂を推さん」と預言したように、李遂は南京の六部や都察院等の推薦を経て、鳳陽巡撫都御史に任用されたのであるが、その間の事情については、『明名臣言行録』巻五三、「尚書李襄敏公遂」に、

倭、東南に起こるや、兵を用いること日久しく、将臣数々易《かえ》らる。嘉靖三十四年、勅、南京部院科道に下し、博く攘を安んずる才畧を選ばしむるや、詞を合して公を薦む。明年春、倭、鳳・泗・淮・揚を掠む。陵寝震驚し、糧運阻梗す。朝議するに、淮揚は咽喉の地にして、宜しく軍門を専設し、軍門を設くるには、公を用いるにあらざれば、不可なるべきを以てす。遂、提督軍務兼巡撫鳳陽等処に起こさる。(33)

と述べているように、李遂の力量が買われての推薦であった。

鳳陽には、景泰元年（一四五〇）以降、総理漕運兼提督軍務巡撫鳳陽等処が置かれていたが(34)、嘉靖三十六年（一五五七）十月以後は、総理漕運と提督軍務巡撫とに職責が二分されたのである。

李遂に対して、南京兵部右侍郎に陞進する人事が発令されたのは、嘉靖三十八年（一五五九）年八月のことであったから(35)、李遂の提督軍務巡撫鳳陽右僉都御史在任は二年弱のことであった。その期間は長くはなかったけれども、しかしながら、その間の活躍がきわめて顕著であったことは、南京兵部右侍郎に陞進したことがそれを雄弁に物語っているといえよう。しかも『明世宗実録』嘉靖三十八年十二月癸亥の条には、

提督軍務巡撫鳳陽右僉都御史李遂の子廕して國子生と為す。寇を平らぐるの功を以てなり。

とあるように、その十二月には、息子の樞が恩廕でもって国子監に入学を許されたのも、倭寇平定に対する恩賞としてであった。李遂の倭寇防衛に果たした具体的な実績については、『明世宗実録』・『明史』李遂伝・『江南経略』等の史書に詳しい記述がある。

さきに触れた、王龍渓が読んで絶賛した『督撫経略』は、その間の上奏文を収録したものであり、姦細（奸細）に触れた「首めて姦細を獲するの疏」は、かかる『督撫経略』の巻二に収録されている。

当該上奏文は、南直隷淮安府の申（上部機関の長官への上呈書）によって得た情報にもとづくものである。淮安衛の舎余鮑泰は、快手樊楫等とともに犯人宋応奎、別名を宋鯤池・宋均望とするものと義男の宋阿安を捉獲した。この二人は淮安府に送られ、そこで訊問された。「首めて姦細を獲するの疏」にいう姦細とは無論、この宋応奎（宋鯤池・宋均望）のことである。李遂の上奏文には、宋応奎の供状（自供書）が引用されている。長文なので、行論に必要な箇所を適宜段落を附してみていくことにする。

A　宋鯤池供す、年は三十二歳。浙江台州府松門衛隘環千戸所の軍余。嘉靖三十五年六月の内、鯤池に官に在らざる叔宋二なるもの有り、水兵に投充し、乍浦関口に在りて把截す。鯤池、彼に到り探看せんとするも、適《たまたま》、倭寇に遇い、鯤池を将て虜とし海上に至る。就《ただ》ちに不合《ふとう》にも賊首毛海峯に投順し、部下として随住す。

ここに、宋応奎＝宋鯤池の年齢、所属、倭寇に従うにようになった経緯が記述されている。

宋応奎は浙江台州府松門衛隘環千戸所の軍余であったという。軍余は軍戸の正丁以外の余丁を指し、何かの理由で正丁が衛所軍を承継できないときにそれを承継する候補者の一人であった。軍余としてその軍籍が附せられていた隘環千戸所は、楚門千戸所とともに松門衛に直隷した守禦千戸所であるが、『籌海図編』巻五、浙江兵制や『大明官制』浙江省の条には隘頑千戸所と表記されている。松門衛がいわゆる沿海衛所であったことは、『籌海図編』巻五、浙江兵制に明証があるが、明代の海防体制は沿海衛所を基幹として、その周辺に守禦千戸所・営・堡・水寨・関・烽堠等を配置するものであった(36)。かかる松門衛下の隘環（隘頑）千戸所の軍余であった宋応奎は、海寧衛（浙江嘉興府）の乍浦関口の水兵となっている叔の宋二を見舞い（探看）に行く途中に、倭寇の被虜となり、毛海峯の手下になったのである。毛海峯は別名を王激・毛烈とも称し、王直の養子であった。

B　先に提督趙尚書、陳可願・蔣洲等を差わして海を過《とお》り、王直等を招撫するに因り、嘉靖三十六年十一月内に毛海峯・王直等、倭賊和尚趙汝華を糾同し、大船五隻に装載し、十二月内に浙江寧波府舟山に到り停泊するに随い、鯤池も又た不合にも跟随して船に在り。浙直総督軍門の人を差わし、王直を招撫するを蒙るに随い、船を前《すす》め、就ち舟山の互市の間に在り。

ここに見える事柄は、正使蔣洲・副使陳可願の日本宣諭と照応する。蔣洲と陳可願は、胡宗憲の命を受けて、倭寇の禁止を日本国王に求めることと、王直等密貿易者を召還することの二つの目的をもって、嘉靖三十四年（一五五五）九月を中国をあとにした。この問題については、すでにはやく田中健夫氏に専論「明人蔣洲の日本宣諭―王直の誘引と戦国日本の紹介―」(37)があるので、それを参照しつつ、その概略を述べることにする。

蔣洲と陳可願とは、十一月に肥前の五島に到着した。蔣洲等はこの地で王直の養子王激＝毛海峯（毛烈）に会い、ついで王直に会うことが出来た。蔣洲等は、胡宗憲が王直と同郷（徽州）であり、王直の妻子が故国で牢獄に入れられているのを胡宗憲が救い出して恩情を加えていることを述べ、王直の望郷の情に訴えた。また、もしも王直が帰国するならば、海禁をゆるめて開市（貿易）を許し、罪は問わないとして利をもって誘った。王直はこれを信じておおいに喜び、胡宗憲の申し入れをうけることにして、まず王滶＝毛海峯を陳可願とともに一足先に帰すことにした。一行は、翌嘉靖三十五年（一五五六）年四月に帰国した。一方、蔣洲は、なお日本に滞留して日本国王（足利将軍）と接触することを希望し、王直がこれに協力することとなった。王直は蔣洲とともに博多を経て、嘉靖三十五年（一五五六）四月に豊後に行き、大友義鎮と会い、また山口の大内義長には使者を送って、日本宣諭の意向を伝えさせた。

そして、蔣洲と王直とは、嘉靖三十六年（一五五七）四月、大友義鎮の使僧徳陽・善妙とともに松浦（五島）から帰国の途についた。蔣洲と徳陽の船は七月に明に着いたが、王直と善妙の船は颶風のために朝鮮に流され、十月にようやく舟山列島の岑港に着いた。入港した王直は、前約によって、互市すなわち自由貿易を要求したが、船の入港が前後したこと、大友氏の使者徳陽が勘合をもたず、書状にも金印がなく、従来の遣明船の体制と違うことを理由に拒否された。やがて、王直は、嘉靖三十六年（一五五七）十一月に胡宗憲の軍門に至り、翌年正月按察司獄に投ぜられ、三十八年（一五五九）十二月に斬に処せられた。

以上、田中健夫氏の先行研究に依拠して、胡宗憲の蔣洲等派遣から王直の死に至る間の経緯について述べた。前引のB記事は、ここに記述したこととピタリと重なり合う。無論、陳可願・蔣洲等を派遣したのを趙尚書とすることや、事項の日時に関してはやや正確さを欠くところもある。これは王直側にいた宋応奎の自白書であり、その内容には当事者ではなく跟随者として得た情報にすぎないという限界があるのは否めない。宋応奎は、当時の兵部尚書は趙文華であったから、陳可願・蔣洲等を派遣した人をそのようにみなしたのであろう。

ところで、従来、王直が胡宗憲の軍門に至ったのは、嘉靖三十六年（一五五七）十一月とされている。ただその日にちは明確ではない。筆者は浅学菲才にして、その日にちを明示された論攷の存在を知らない。月を十一月とする史料的根拠は、『明世宗実録』嘉靖三十六年十一月乙卯（六日）の条に、「総督浙直福建右都御史胡宗憲、海寇王直等を擒獲するを以て来聞す」という文言に始まる奏文が載せられており、また『籌海図編』巻九の「擒獲王直」にも、「直、乃ち桀然として定海関に入り、軍門に詣り、公に謁見す。時に嘉靖三十六年十一月なり」とあるためであろう。しかしながら、『明世宗実録』に載せる胡宗憲の擒獲王直に関する奏聞の月日は、「来奏」を「来朝」に作る版本（広方言館本）もあるほどであり、朝廷中央に届いた日付とすべきであり、王直が降った日時ではない。それでは何時に投降したのであろうか。胡宗憲は、嘉靖三十九年（一五六〇）二月に王直擒獲の功をもって賞せられることになるが[38]、その胡宗憲本人の手になる「海上の巨寇を獲せんことを計るの疏」（『忠敬堂彙録』巻三、建言録）には、

> 復た毛海峰を遣わして直に諭し、示すに信義を以てす。王直、兵威大いに振るい、困しめ囲むこと厳密、計窮まり勢屈するを見て、逃げること能う莫きを知り、二十七日、自ら行きて登岸し軍門に赴き投見す。臣、御史王本固及び三司等の官と同に面審して偽無し。把総陳光祖に委令し兵を統べて省城に解り赴かしめ監候せしむ。

とあり、王直の投降を二十七日としている。胡宗憲による王直擒獲の奏聞が北京に届いた日付が十一月六日とすれば、この二十七日は、当然十月のことになる。嘉靖三十六年（一五五七）十月は、三十日まである大の月であったから、この間十日間の時間的余裕があった。さきに触れたように、南京―北京間は片道急げば十日間で走破出来たから、王直の十月二十七日投降、それによる擒獲王直の奏聞の北京到着が十一月六日であったと想定しても

物理的には不可能なことではない。当時の史料が王直の投降・擒獲を十一月に作るのは、厳密にいえば正確ではないということになる。それはともかくとして、宋応奎の陳述においても、王直等の行動に関する日付については、いささか混乱があるといえよう。

ところで、胡宗憲の「海上の巨寇を獲せんことを計るの疏」において、王直が「兵威大いに振るい、困しめ囲むこと厳密、計窮まり勢屈するを見て、逃げること能う莫きを知り」という文言があるが、それが具体的にはいかなる様相を示していたか、同上奏文には、

直は海上の巨猾にして事勢を量度するに係り、必ず須く挟むに兵威を以てし、多く秘謀を用うべし。方に克く済随すること有らば、即ちに兪大猷等の各兵を分布して岑港の西南に在らしめ、把総鄧城等をして西北に在らしめ、参政王詢を以て軍を監せしめ、知府周希哲をして之に副しむ。盧堂は都司張四維を統督して舟山に在り、戚継光は後所に在り、守備何本源、都指揮王欽は臨観定海に在りてそれぞれ防禦し、兵備陳元珂は軍を監し、通判呉成之に副う。参政等の官胡尭臣・王一夔等、分けて投《とど》まり、策を巡らし、以て奸細及び交通接済の人を防ぐ。臣と巡按王本固は、坐営官戴冲霄等と同に中に居りて調度し、示すに必剿を以てす。

とあるように、明軍の方では戚継光をはじめとする倭寇防禦に実績のある人々を要所要所に配置して、姦細（奸細）や倭寇に水や食糧を提供する接済の人が一人として入らないように、その防御態勢を固めたのである。このような明軍の綿密な軍事的な展開を見て、王直は、明軍が「兵威大いに振るい、困しめ囲むこと厳密であるため、「計窮まり勢屈」し、「逃げること能う莫き」を知ったということであろう。

そのような水も漏らさぬ警戒網が敷かれたなかで、宋応奎は、姦細（奸細）としてどのように行動したのであ

ろうか。李遂の前引「首めて姦細を獲するの疏」には、続けて次のようにある。

C　本月二十五日、毛海峯等、商同して仮するに貨物を収買するを以てし、風汛を守候するを得て、前みて南京・淮揚一帯に往き搶掠せんことを要むるに、人を差わし消息を探聴するを要め、彼の地に就きて好漢を招誘し、其れをして潜かに内応を為さしめ、中に就きて事を取るらんとす。鯤池、又た不合にも自ら機智を恃み承領す。

D　本月二十五日、義男宋阿安を帯同し、杭州に到る。会《たま》たま海峯の今逃るに遇うも、先に細作李文魁を差わし、前因《いきさつ》を商説せしめ、就ち鯤池と同に前みて南京に赴き、菜市口の崇礼街蔡浦家に投じて情を隠して潜かに住《とど》まり、南京並びに客兵無きことを探得す。

鯤池、すなわち毛海峰の下にいた宋応奎は、みずから情報収集の任を買ってでた。本月とあるのは、嘉靖三十六年（一五五七）十二月を指すが、これは王直が胡宗憲に投降したあとのことである。この月日に齟齬がなければ、王直が投降して縛に就いたために、「互市の公許」を切なる願いとした王直とその一党の望みが敗れ、その後、毛海峰は逃げ出し、この十二月、ふたたび海賊行為に従事しようとしたことになる。その結果、毛海峰は浙江から北上して南直隷方面に転じ、C記事にいうように、南京・淮揚一帯に侵攻せんと意図し、探索活動のために人を派遣しようとしたのである。それに対して、宋応奎が名乗りをあげ、その役を買ってでたのである。

王直が就縛したあと、毛海峰が難を逃れえたのは、『明世宗実録』嘉靖三十六年十一月乙卯の条に、時に直等三人来たりて、王滶・謝和を留めて舟に在らしむ。本固復た言う、諸奸逆の意測り叵し。厳しく宗憲に勅せんことを請う。

とあるように、王滶（毛海峰）と謝和（謝老）を船中に留め、同道しなかったからであった。D記事によると、毛海峰の指示をうけた宋応奎は南京においては崇礼街の蔡浦という人の家に事情を隠して密かに投宿し、南京の状況ならびに客兵の有無を探ったという。

「情を隠して」というのは、おそらくその素性を隠すために身分・職業を偽ることも含んでいるものと思われるが、情報活動を行う際、そのような偽装工作は、姦細（奸細）にとっては当然の所為であった。

宋応奎は、嘉靖三十七年（一五五八）二月一日には、下記のように、淮安において活動している。

E　鯤池、身を進むる親近を得て潜かに党類を引き、左右に布置し、徐に内応を図らんことを要めるに、守備の厳密なるを見るに因り、旧城南門の姚氏の家に投じるに当たり、情を隠して潜かに住まる。

この嘉靖三十七年（一五五八）二月という時期の毛海峰の動向について、『籌海図編』巻五、浙江倭変紀には、

三十七年二月、賊酋毛烈、舟山の岑港に拠る。王直、既に擒に就き、毛烈等之が為に報仇せんことを欲し、島に還るを肯んぜず、而して岑港に拠り、踪を分かちて出で掠す。官兵屢々之を攻むるも克たず。

とあり、王直の就縛後も、毛海峰の抵抗を伝えている。さらに、『明世宗実録』嘉靖三十八年五月癸未の条には、

福建浯嶼の倭、始めて開洋して去る。此の前、舟山の寇は王直に随いて岑港に至る者なり。浯嶼に屯し、且つ年を経る。是に至りて乃ち遯る。其の毛海峯なる者、復た衆を南岳に移し、屋を建てて居れり。

とあり、毛海峰は、部衆を引き連れて、浙江から南直隷に北上したり、さらには福建に南下したりと移動しつつ、抵抗を続けていた。姦細宋応奎の淮安における活動も、こうした毛海峰の抵抗と連動してのことであったものと思われる。

以上、李遂の「姦細を首獲するの疏」の記述を素材に、浙江台州府松門衛隘環千戸所の軍余であった宋応奎が王直の養子毛海峰の姦細（奸細）として行動するに至る経緯、その活動状況等について述べてきた。活動の時期は、王直が胡宗憲の派遣した蔣洲等の「互市の公許」という言葉を信じて帰国したものの、結局は胡宗憲に投降し縛に就いた、その時期と重なっていた。無論、宋応奎は、王直や毛海峰が多数抱え込んでいた姦細（奸細）の一人でしかなく、姦細（奸細）の行動の一部を紹介したにすぎない。それでも李遂の上奏文においても、「生擒奸細一名」、「生擒真従賊姦細五名」等（「官軍奮勇倭首を斬獲し、賊の勢挫敗するの疏」[39]）のように、擒獲した姦細（奸細）の数字しか明示しない記述が多いなか、卑小なる存在とはいえ、宋応奎が姦細（奸細）としての行動形態や行動範囲について自白した供状は貴重な史料といえるであろう。

おわりに

『温處海防図畧』の著者蔡逢時が温処兵備副使として海防対策にかかわったことはさきに触れたが、その蔡逢

時は、同書巻二、謹城守において、みずからの体験を踏まえて、倭寇の都市襲撃の特徴について、

夫れ倭寇、海に在りては遏絶する能わず、必ず至りて登岸し城を攻む、沿海地方は城有りと雖も濠無く、亦た防守し難し。

と述べ、さらに、

又た倭の性、狡猾にして、往往声東撃西す。故を以て城池の攻破されし者は少なく、襲破されし者多し。

と述べている。倭寇は、往往として、東方から攻めるふりをして西方から攻撃するというような陽動作戦をとるというのである。したがって、城の守備軍が偽本隊に気を取られ、それに防衛の主力を集中しているうちに、城は防禦の薄い方から倭寇に襲破されることが多いというわけである。それが、城が「攻破」されることは少なく、「襲破」されることが多いとする所以であるとしている。

そのような襲破、つまり襲撃は、倭寇といえども、海洋から登岸すればただちに成功できることではなかった。それを首尾良く成功させるためには、巧妙に仕掛ける必要があった。その仕掛けを担ったのが、本稿において、少しく検討してきた姦細（奸細）であった。姦細（奸細）の活動は、倭寇の嚮導はもちろんのこと、放火のような攪乱工作、現地事情の情報収集、種々の謀略工作や内応工作等、さまざまであった。そのような活動を行うために、都市に入り込み、ごく普通の市井の人として日常生活を営んでいた姦細（奸細）も多くいた。崑山県城の傍らで三年間も屠狗を生業としていた阿荒という姦細（奸細）はその一例である。

それでは、姦細（奸細）は、どのように身をやつして、城郭内に入り込み潜伏したか、鄭若曾は、『籌海図編』巻一二下、詰奸細において、呉郡（南直隷蘇州府の異称）の生員陳恕の言を引いて紹介している。それによると、

> 呉郡生員陳恕云う、島寇は譎詐にして奸計百出せり。或いは装いて蓑笠の農夫と倣し或いは装いて巾帽の婦女と倣し、或いは装いて雲游の僧道と倣し、或いは装いて星相の医卜と倣し、或いは装いて乞丐の餓夫と倣す。消息を探聴すること、則ち鬼の如し蜮《いさごむし》の如し、屯落を剽掠すること、則ち蟻聚蜂屯す。万一謹まずして、潜かに城郭に入り、其の内応に被《あ》うも、噬臍《ぜいせい》及ぶこと無し。

とあり、日常の市井に紛れ込んで身を潜める時の変装ぶりや身のやつし方について言及している。それは、農夫・僧形・道士・医者・占い師・乞食等さまざまであった。「或いは装いて巾帽の婦女と倣し」とあるのは、女装するものもいたということであろうか。李遂の「首めて姦細を獲するの疏」に登場する宋応奎は、南京においては菜市口崇礼街の蔡浦の家に、淮安においては旧城南門の姚氏の家に素性を隠して投宿し、身を潜めたというけれども、その際のなりは、蘇州府の生員陳恕がいうようなもののいずれかであったと推察される。

このように身なりを変えて、都市の中に入り込み、街市に潜んで、日常においては情報収集活動につとめ、倭寇の襲撃の際には謀略活動、攪乱工作、内応工作等を事とする姦細（奸細）に対して摘発や防奸策を施すことは、倭寇防衛対策の上からも必要欠くべからざる事柄であった。

かかる姦細（奸細）対策について、当時の鄭若曾や蔡逢時等、海防関係者たちは、それぞれ意見を残している。これらの意見を広く収集して、この問題について詳細に検討する必要がある。しかしながら、すでに与えられた紙員も大幅に超過したので、ここでは、倭寇の都市襲撃において姦細（奸細）が果たした役割の考察のみを

もって一旦擱筆し、姦細（奸細）対策については別の機会に譲りたいと思う。

（1）　李致忠点校の『籌海図編』（中華書局、二〇〇七年）にふせられた鄭若曾に関する伝記的事項によると、鄭若曾は嘉靖十六年（一五三七）の丁酉科の会試、同十九年（一五四〇）の庚子科の会試と連続して不合格となったと記されている。しかしながら、会試の実施年は原則として、辰・戌・未・丑年であり、その二月に会試が行われ、会試合格者を対象にした殿試が翌三月に行われることになっていた。したがって、丁酉年や庚子年の会試はありえないのである。前者、すなわち丁酉科は嘉靖十七年戊戌科（一五三八）の、後者は嘉靖二十年辛丑科（一五四一）の謬りであろうか。ちなみに、鄭若曾が戊戌科の会試において合格していれば、胡宗憲や茅坤と同期合格のいわゆる「同年」であり、辛丑科で合格したならば、「淮安に状元兵あり」と喧伝されるほど、倭寇との戦いで活躍した状元の進士及第者沈坤が「同年」になるはずであった。

（2）　胡宗憲の生没年は、従来未詳とされることが多い。『明人伝記資料索引』（国立中央図書館、中華民国五十四年）には、胡宗憲の項目はあるものの、生没年に関して未詳という文言さえもない。『アジア歴史事典』第三巻（平凡社、一九六〇年）は「生没年不明」（石原道博氏執筆）とする。また、浩瀚からなる『国史大辞典』（吉川弘文館、一九八五年）では、その第五巻に、「?〜一五六二」（田中健夫氏執筆）とされている。そのほか、種々の辞典類では胡宗憲の項目を立てても、生没年に関しては不明や未詳するものが多い。そのようななかで、『国史大辞典』の記述は百尺竿灯一歩を進めたものである。それでは、没年はこの一五六二年、すなわち嘉靖四十一年をもって確定とすべきであろうか。

しかしながら、これにはやや疑問がある。胡宗憲は、倭寇の首領王直を擒獲した功績により、嘉靖三十八年（一五五九）、太子太保を加えられ、翌三十九年（一五六〇）には兵部尚書の銜が加えられ、四十年（一五六一）には少保に陞った。ところが、胡宗憲の後盾であった厳嵩が失脚すると、言官の弾劾を被り、京師に機送され、獄中で悲惨な死を遂げた。『明世宗実録』は、その死を嘉靖四十四年（一五六五）十月丙戌（二十三日）の条に掲出している。この記事は、胡宗憲の嘉靖四十一年（一五六二）没年説と明確に齟齬する。それでは、外に没年のみならず、生年をも明示するような史料は存在しないのであろうか。実は、存在するのである。それは、嘉靖四十四年（一五六五）の進士で、のち礼部尚書兼東閣大学士となる許国撰の「明光禄大夫少保胡襄懋公暨夫人章氏王氏合葬墓誌銘」（『忠敬堂彙録』巻六、顕親録）である。

これによると、胡宗憲の生没年を「公生正徳壬申年、歿今嘉靖乙丑、享年五十有四」とする。とすると、胡宗憲は正徳壬申＝七年（一五一二）に生まれ、嘉靖乙丑＝四十四年（一五六五）に歿したことが知られ、没年は『明世宗実録』の記事と合致する。一方、生年の方も、許国の記述と一致する史料がある。それは、『嘉靖十七年進士登科録』である。胡宗憲は、当該年の戊戌科（一五三八）の殿試において、第三甲第百八十八名の成績で合格した。当該登科録には、胡宗憲の年齢と生辰の月日について、「年二十七　九月二十六日生」とある。嘉靖十七年（一五三八）＝二十七歳であるならば、それをもとに逆算すると、胡宗憲の生年は、正徳七年（一五一二）ということになる。これは、許国の記述と一致している。したがって、今後、胡宗憲の生没年について言及する時は、正徳七年（一五一二）生まれ、嘉靖四十四年（一五六五）没とすべきである。

（3）『籌海図編』の書誌的事項については、田中健夫「籌海図編の成立」（『日本歴史』第五七号、一九五三年）、大友信一「『日本図纂』『籌海図編』の諸本とその成立事情」（『日本歴史』第一三二号、一九五九年）等参照。
（4）当該論攷は、その後、「流賊の「奸細」と戦法」と改題して、同氏『明末の流賊反乱と地域社会』（汲古書院、二〇〇一年）に収録された。
（5）拙著『明代長城の群像』（汲古書院〔汲古選書35〕、二〇〇三年）「第二章　モンゴルの諜者と奸細」参照。
（6）『籌海図編』巻一一下、経略四、降宣諭。
（7）同右書、巻一二下、寇術。
（8）『明史』巻一九九、鄭暁伝。
（9）『明世宗実録』嘉靖三十三年八月己巳の条。
（10）『籌海図編』巻一一上、散賊党。

(11) 同右書、巻一二上、厳城守。
(12) 同右書、巻一二上、経略三、蘇州府守城条議付録。
(13) 張時徹は、嘉靖二年癸未科（一五二三）の進士である。『嘉靖二年進士登科録』によると、貫籍は浙江寧波府鄞県民籍、年二十六、九月二十四日生まれ。殿試は第二甲第六十三名で登第、浙江郷試第四十七名、会試第七十一名であった。
(14) 『明世宗実録』嘉靖三十四年正月乙丑の条。
(15) 同右書、嘉靖三十四年九月甲辰の条件。
(16) たとえば、南京署兵部事尚書孫応奎は、

倭夷は刼掠して、漸く留都に近づき、沿江の津溢す。已に官軍を調して防守し、応に用うべき甲仗粮芻を議す。乞う、南京戸工二部に命じて給発せんことを、と（『明世宗実録』嘉靖三十二年六月壬辰の条）。

と上奏している。また、嘉靖三十三年（一五五四）五月には、給事中王国禎・賀涇・御史温景葵等が、「倭寇、猖獗して留都に逼近せるを以て」、それぞれ上疏している（同右書、嘉靖三十三年五月丁巳の条）。これらの上奏は、兵部に下されて、廷臣を集めて議論され覆奏された結果、裁可された。そのなかにおいて、王直等を擒獲したものに対する褒賞も規定された。（これについては、拙稿「倭寇王王直の懸賞金」『明代史研究』第二八号、二〇〇〇年）参照。さらに嘉靖三十四年（一五五五）二月には、工部右侍郎のまま、沿海の軍務を督する任を帯びて、北京から明廷中央から江南へ派遣されることになった趙文華も、その文集『趙氏家蔵集』巻五、提督咨諭に収録する「南京兵部に江海事宜を咨る」という咨文のなかで、

竊かに惟うに、南都は重地にして、三面山を環《めぐ》らし、扼守し易し。惟だ西は江を距つ。沿茅数十里の間、皆な衝犯すべし。若し巨艇に駕《の》り、風潮に乗じて卒に至り、険に聚りて分刼し、蔣山の麓を越え、金陵の巓を窺い、瓴《れい》を建《くつがえ》して下れば、寝廟驚けり。今、瓜揚の間、賊遁れ、地方稍安ずると報称すと雖も、但だ賊情測り叵《がた》し。内地に入犯せし年、復び漸く深し。倘し奸逆の勾引有り、瓜儀由り以て燕磯下関等の岸に至らば、則ち前に慮る所の如く、未だ之を目して迂と為すべからざるなり。

と述べ、南京は三面山に囲まれて防衛しやすいけれども、西は長江に面しているので、その沿岸数十里の間は、どこからでも衝犯することができやすいという地理的弱点と奸逆による嚮導の可能性について懸念している。

(17) 拙稿「明代南京と倭寇（一）」（『明代史研究会創立三十五周年記念論集』汲古書院、二〇〇三年）。

(18) 地志のなかでもっとも詳細に記述しているのは、光緒『崑新両県続修合志』巻五一、紀兵、である。

(19) 沈新林『帰有光評伝・年譜』（安徽文芸出版社、二〇〇〇年）七五頁。なお、ついでながら、幼時から文才にたけ、経書・史書に精通し、古文に優れた王世貞と併称された帰有光が進士に登第したのは、嘉靖四十四年（一五六五）乙丑科においてであり、第三甲一百四十二名の成績であった。その生年は、『帰有光評伝・年譜』に記されているように、正徳元年（一五〇六）十二月二十四日のことであったから、登第した時は、すでに齢は六十になっていた。ところが、奇妙なことに、嘉靖四十四年（一五六五）乙丑科の『進士登科録』の帰有光の項には、

貫直隷蘇州府崑山県軍籍　国子生

治易経　字熙甫　行二　年四十八　十二月二十四日生

とあり、生まれた月日は符合するものの、年齢は合致しない。帰有光が応天府郷試に第二名という優秀な成績で合格し挙人になったのは、嘉靖十九年（一五四〇）のことであったが、以後八度、すなわち嘉靖二十年辛丑科（一五四一）、嘉靖二十三年甲辰科（一五四四）、嘉靖二十六年丁未科（一五四七）、嘉靖二十九年庚戌科（一五五〇）、嘉靖三十二年癸丑科（一五五三）、嘉靖三十五年丙辰科（一五五六）、嘉靖三十八年己未科（一五五九）、嘉靖四十一年壬戌科（一五六二）の会試に下第（落第）した。そして、ようやく嘉靖四十四年（一五六五）乙丑科において進士になったが、その時の年齢は六十であり、四十八ではなかったはずである。にもかかわらず、『進士登科録』が四十八歳としているのは、華甲の歳になってというのと、かつ九度目の会試受験であることを羞じて、帰有光自身が提出した科挙受験の際の身分証明ともいうべき「家状」において生年ならびに年齢について鯖を読んだのであろうか。

(20) 以上の鄭暁の伝記事項については、前掲『明史』巻一九九、鄭暁伝等を参照。

(21) 『端簡鄭公文集』巻一〇。

(22) 同右書、巻一一。

(23) 同右書、巻一〇。

(24) 同上。

(25) 同上。

(26) 『明史』巻八〇、食貨志四。

(27) 『大明官制』巻一六。

(28) 南京振武営が反乱を起こす背景・経緯・事後処理等の問題については、川勝守氏の「明末、南京兵士の叛乱―明末の都市構造についての一素描―」（『星博士退官記念中国史論集』星斌夫先生退官記念事業会、一九七八年）に詳しい。

(29) 『明世宗実録』嘉靖二十八年三月戊子の条。

(30) 同右書、嘉靖二十九年九月丙午の条。

(31) 同右書、嘉靖二十九年十一月辛亥の条。なお、この条の記事中に、「蘇州督粮御史李遂を黜けて民と為す」という文言がある。註（30）に引く嘉靖二十九年九月丙午の条には、「南京都察院右僉都御史李遂を都察院右僉都御史と為し、専ら薊鎮主客の兵粮を督せしむ」とあり、李遂が軍糧を督した場所について食い違いがある。『明史稿』巻一八〇、李遂伝、『明史』巻二〇五、李遂伝はともに「俺答、京師を犯すや、遂を召し蘇州の軍餉を督せしむ」とあるが、それは、『明世宗実録』の「蘇州督粮御史李遂を黜けて民と為す」という文言に依拠したためであろう。しかしながら、この蘇州は薊州の魚魯の謬りではなかろうか。薊鎮は薊州鎮ともいい、万里の長城に列置された辺鎮の一つであり、鎮城は北直隷順天府薊州にあった。薊鎮の主客とは、北直隷の衛所から班軍番戍してきたものと他省から班軍番戍してきて、ともに鎮軍を構成した軍士を指し、李遂はかれらの軍糧調達を任されたのである。かかる李遂が、アルタンハーンのモンゴル軍が古北口から大挙侵攻し、懐柔・順義を掠奪して南下し、通州を経て北京を包囲した混乱期に、薊州鎮から遠く離れた江南蘇州の督粮御史をも兼任したとは考えがたいことである。薊州と蘇州とは、字面が大変似通っているので、それによって錯誤が生じたのではないかと思われる。その錯誤は、最初『明世宗実録』に生じ、それが『明史稿』を経て『明史』に引き継がれたのであろう。

(32)『王龍渓先生全集』巻一三、序、「督撫経略序」。なお、嘉靖庚申（三十九年〔一五六〇〕）序刊本の『督撫経略』に附せられた序文は、茅坤の「大司馬克斎李公督撫経略序」と劉景韶の「督撫経略叙」だけで、王龍渓の序は収録されていない。したがって、王龍渓の序は『督撫経略』の上梓にあたって書かれたものではなく、嘉靖三十九年（一五六〇）に本書が上木されたあとに書かれたものであったのであろうか。

(33) ここにいう陵寝とは、泗州の祖陵と鳳陽の皇陵のことである。太祖洪武帝は洪武二年（一三六九）二月、濠州に鳳陽中都を営建した時、父母の陵墓も営造し、英陵と命名したが、のちに皇陵と改名した。父朱世珍より以前の先祖については、泗州の祖陵に葬られていた。

(34)『明督撫年表』（中華書局、一九八二年）三三五頁。

(35)『明世宗実録』嘉靖三十六年八月癸亥の条。

(36) 拙著『明代中国の軍制と政治』（国書刊行会、二〇〇一年）「前編第一部第一章　海防活動」。

(37) 田中健夫「明人蔣洲の日本宣諭―王直の誘引と戦国日本の紹介―」（同氏『中世対外関係史』東京大学出版会、一九七五年）。なお、その後に刊行された『倭寇　海の歴史』（教育社新書、一九八二年）の一五一―一五三頁においても、蔣洲等の日本宣諭についてわかりやすく解説されている。

(38)『明世宗実録』嘉靖三十九年二月甲辰の条。

(39) 李遂『督撫経略』巻五。

都市の千年紀をむかえて
——中国近代都市史研究の現在——

妹尾達彦

はじめに——都市の時代の始まり

中国の都市人口（城鎮人口）は、二〇〇八年末に六億をこえて総人口の四五・七％に達しており、二〇一〇年には、中国の歴史上初めて、都市人口が農村人口を上回る時代が訪れると見なされている。さらに、二〇三〇年には、中国の都市人口比率は、七割に達するという予想もある[1]。

二〇〇八年に地球の都市人口は三十三億に達し、人類史上初めて農村人口をこえ、国連人口基金（UNFPA）は、二〇〇八年を「都市の千年紀（Urban Millennium）」の始まりと位置づけた[2]。ただ、地球の都市人口が七割（六九・六％）に達するのは二〇五〇年と予測されている。このことからも、近年の中国の都市化の早さがきわだっていることがわかる。ちなみに、同上のUNFPAの予想では、二〇〇七年の日本の都市化率は六六％であり、二〇五〇年には八割になるとされている。

中国の二〇〇〇年時の都市・農村人口比が、都市三六％対農村六四％だったことを顧みると（『中国人口統計年鑑』二〇〇一年）、現代中国の都市化の急速さにあらためて驚かされる。さらに、中華人民共和国建国後の一九五三年度の第一次人口調査では、総人口数五億八七九六万人のうち、都市・農村人口比は、一三％対八七％であり、まだ農民人口は圧倒的だった（同上書）。ちなみに、清末の一八四三年の都市化率（東北・台湾を除く）は、G・W・スキナー（G. William Skinner 1925－2008）の推算によれば五・一％であり、一八九三年には六・〇％に上昇したという。そのうち、経済先進地域の長江下流域でも、都市化率は、一八四三年が約七・四％、一八九三年が一〇・六％と推算されている[3]。要するに、ごく最近に至るまで、中国は「農民国家」だったのである。

二〇〇八年末に一三億二八〇二万に達した世界最大の人口数をもつ中国の都市人口が、二〇一〇年に農村人口をこえることは、東アジアにおける都市の時代の訪れを物語るとともに、二十一世紀初頭に、地球が人類史上初の都市の千年紀をむかえた象徴的な事件といえよう。

都市の時代の到来とともに、複雑な都市問題に直面することになる現代の人々にとって、都市史研究は、現代社会の立ち位置を知るための中核的な学問分野の一つとなってきた。地球の人々の大半が町の住民になっていく情勢のもと、多くの人々が、今自分の暮らす町をより住みやすくするための方途を探り、歴史の経験に学ぶ時代がきているのである。

本稿の目的は、このような急速に都市化の進展する地球の現状を見据え、近年の中国都市史の研究動向を整理して、中国における都市化の歴史的経験を学ぶことで、中国だけではなく、日本を含む地球上のさまざまな町の未来を考えるための手立てを探ることである。

中国大陸における都市化の歴史や都市網の変遷は、固有性をもつと同時に普遍性もそなえており、地球の都市化を全体的に考える際に、比較のための重要な参照例になると思われる。本共同研究における筆者の役割は、中国大陸における都市史の大きな流れを比較都市史の事例として提供することで、世界の都市史への理解を進めることにある。本稿は、この目的のために執筆されている。

都市史研究は、分析対象が、都市化や都市環境の変遷、都市社会誌の内容、都市についての表現の歴史等にわたり、政治・経済・社会・文化の総体にかかわる以上、学際的で総合的な学問分野にならざるをえず、個人の能力で開拓できる研究分野ではない。都市史研究には、文献史学、歴史地理学、建築史、考古学、環境史、法制史、美術史、宗教史、思想史、文学、人口学、経済学、人類学、社会学、図像学等の人文・社会科学の全分野と自然科学にかかわる知識が必要となる。

さらに、ある都市の特色は、他の地域の都市との比較のなかで初めて明らかになるために、都市史研究には比較史の分析が不可欠であり、相応の方法と知識が求められる。文献史学を専攻する筆者の限られた能力では、包括的な研究史の叙述はとうてい不可能である。都市史研究は、異なる分野の専門家が集う共同研究を必要とする分野であり、その意味において、アフロ・ユーラシア大陸の各地域の都市史研究者が集った本共同研究は、理想的な布陣のもとで特別の価値をそなえていると思われる。

中国都市史の場合、幸いにも近年の進展は著しく、研究史の整理も継続的になされている。とくに、長年にわたって世界の中国都市史研究を牽引されてきた斯波義信によって、いままでに無かった体系的な中国都市史の概説書である『中国都市史』（東京・東京大学出版会、二〇〇二年）が刊行され、中国都市史をめぐる従来の問題と今後の課題が、日本語で明確に整理されたことの意義はきわめて大きい。今後の中国都市史は、同書に研究の起点を置くことになったといっても過言ではない。また、斯波『中国都市史』の出版とほぼ時を同じくして、世界各国で都市史研究が盛行し始め、中国においても、爆発的としかいいようのない質量に富む都市史研究の公刊が始まり、研究史の動向分析も陸続と公刊されだした。

本稿の目的は、このような、近年における都市史研究の新しい息吹を紹介することである。ただ、限られた能力と紙幅のなかで研究動向の簡潔な整理を目指すには、関連論著の網羅的な列挙ではなく、一貫した視点にたつ叙述が求められると思われる。

そこで、本稿では、中国大陸の都市史が、内陸の乾燥地域の農業=遊牧境界地帯（農業地域と遊牧地域が接壌し交錯する地帯のことで農牧複合地帯ともいう）を包む内陸都市網から、海域と陸域を媒介する沿海地帯を軸とする海港・河港都市網への推移によって特徴づけられるとする筆者の考えにもとづき、とりわけ十六世紀以後に顕著となる、沿海地域における近代都市の形成をめぐる近年の研究動向を整理してみたいと思う。(4) 中国大陸の環境（人と自然との関係）と都市網（都市と都市のつながり）の変遷に注目することで、中国大陸の都市史を、アフロ・ユーラシア大陸の都市史の一類型として把握してみたい。

本稿では、第一節「研究の始まりと研究回顧の盛行」において、近代歴史学における都市史研究の始まりの経緯と、中国都市史研究の研究史を整理する。第二節「近代都市の形成―十六世紀以後における都市の変貌―」では、近年もっとも研究の進展している、沿海地帯における近代都市の形成と発展をめぐる研究動向を整理する。第三節「中国都市史の構造―内陸都市網から沿海都市網へ―」では、前近代における農業=遊牧境界地帯を包みこむ内陸都市網の誕生とその変遷の概略を整理し、近代都市の形成される歴史的前提を探ってみたい。

なお、本稿でいう中国大陸とは、ユーラシア大陸東部の亜大陸のことである。厳密な定義は難しく、本稿では、現在の中華人民共和国の領土と清朝の統治空間とをあわせた地域を大まかにさすこととする。中国は中華人民共和国のことであるが、中国都市史という場合は、中国大陸の都市史を意味している。

一　研究の始まりと研究回顧の盛行

世界における都市史研究の始まり

近代国家をささえる近代歴史学において、都市史が研究分野の一つとして確立するのは、世界各地で都市化が加速する二十世紀に入ってからのことである。中国都市史研究も、一九二〇年代から三〇年代にかけて、中国・日本・欧米等においてほぼ同時に誕生した。中国では、中華民国初期の学術活動の活発化を背景に、梁啓超や顧頡剛、陶希聖、劉敦楨、梁思成等の主導によって都市社会史や都市建築史研究が始まり、今日の研究の基礎が築かれた(5)。

しかし、中国都市史研究が一つの分野として独立し、研究の蓄積をもつ研究史の展望が可能になるのは、一九七〇年代になってからのことである。これは、一九五〇年代以後の石炭等の固形燃料から石油等の流体エネルギーへの転換（エネルギー革命）によって、交通・情報の革新が生じて都市への人口集中が一段と加速し、都市問題が顕在化して世界の都市史研究が一挙に展開し始める現象と軌を一にしている(6)。

都市史研究が一つの総合的な学問分野となった背景には、都市の時代の到来にともなう都市問題の複雑化がある。すなわち、都市への人口集中にともなう住民間の軋轢や社会秩序の動揺、貧富の格差の拡大、衣食住の生活環境の悪化、多様化する都市に生まれる新たな社会結合の動きや文化活動等は、相互に密接に関連するので、総合的な視野と系統的な分析が不可欠となった。このような情勢を受け、比較都市史の啓蒙的な概説書が、一九六〇年代以後、L・マンフォード（Lewis Mumford）、S・コストフ（Spiro Kostof）、E・E・ロサーノ（Eduardo E. Lozano）、J・コトキン（Joel Kotkin）、J・リーダー（John Reader）などの欧米居住の研究者によって執筆され、都市に関心をもつ世界各地の読者に広く読まれるようになった。

一九七〇年代以後になると、欧米の各地で都市史研究の研究機関が設立され始め、あわせて十種類をこす都市史専門誌が次々と刊行され始め、今日に至る都市史研究の中核的役割を演じるようになった。*Urban History Review*（一九七二年創刊、Ottawa）、*Urban History*（一九七四年五月創刊、Cambridge University Press）、*The Journal of Urban History*（一九七四年十一月創刊、Beverly Hills）、*Histoire Urbaine*（二〇〇〇年六月創刊、Société Française d'Histoire Urbaine）をはじめとする専門誌である。近年の上記学術誌の一部には、中国都市史を含む非西欧圏の専門論文も掲載されるようになっている。

フランスでは、すでに一九五九年に、J・ジェルネ（Jacques Gernet）により、南宋末の都・臨安についての優れた都市社会誌が先駆的に公刊されていたが[7]、世界の歴史学を一新させたアナール学派による都市史研究が次々と刊行され、中国史を含む他の分野に影響をあたえるのは、一九八〇年代以後のことである[8]。

日本では、西欧史の鵜川馨を代表とする比較都市史研究会の編集する『比較都市史研究』（東京・比較都市史研究会、一九八二年創刊）と、日本史の吉田伸之と建築史の伊藤毅を中心とする都市史研究会が編集する『年報都市史研究』（東京・山川出版社、一九九三年創刊）が、都市史研究の主流を担ってきた。両誌には、中国都市史の研究成果も少なからず掲載されている。最近は、上記の研究会とならんで、仁木宏・井上徹・平田茂樹等が中核となって刊行した『都市文化研究』（二〇〇三年創刊、現在第一一号）の編集元である大阪市立大学の都市文化研究センターや、同大学都市研究プラザが、日本における比較都市史研究の拠点となってきた。なお、同研究センター編『中国都城史文献目録』（同センターのHPで公開）は、中国都城史の主要論著の目録として有益である。

中国大陸の都市史と空間的に重複し密接な関係をもつ、イスラーム宗教圏の都市史研究も、一九七〇年代から一九八〇年代にかけて本格的に始まった。羽田正・三浦徹編『イスラム都市研究―歴史と展望―』（東京・東京大学出版会、一九九一年）に問題点が系統的に整理されており、板垣雄三・後藤明編『事典イスラームの都市性』（東京・亜紀書房、一九九二年）は、世界各地の都市を対象とする比較都市史の総合辞典として、現在も光彩を放っている。

ユーラシア大陸に広がるイスラーム宗教圏は、ユーラシア大陸東部の中国大陸にも延びており、中国大陸とイスラーム圏は、ユーラシア大陸を舞台に繰り広げられた歴史構造を共有する点が多い(9)。イスラーム圏の都市史研究の知識は、中国都市史研究にも不可欠であるので、イスラーム研究の進展の意義は大きい(10)。新疆（東トゥルキスタン）のオアシス都市の宗教と住民の関係を論じる本論文集の新免康論文は、中国大陸西方の都市群が中央アジアと交わる文化圏に属していることや、「中国都市」という枠組み自体の曖昧性を明らかにする。すなわち、ヤルカンドという新疆の一都市が、ユーラシア大陸の乾燥地帯に広がる内陸都市網の類型に属し、内陸交通路の盛衰に呼応して都市の歴史を育んできたことを論証している。

中国都市史研究の始まり

中国都市史研究をふりかえる時、研究の本格的な始まりを告げる画期的な研究書として以下の三冊をあげることが、現在、世界で広く認められている(11)。中国の現代都市・近代都市・前近代都市をそれぞれ論じたこれら三冊の論文集は、一九六八年から一九六九年にかけて、G・W・スキナー（G. William Skinner）が中心となってアメリカで開催された、中国都市史をめぐる会議の報告論文にもとづいている。

(1)　John Wilson Lewis ed., *The City in Communist China*, Stanford, California: Stanford University Press, 1971, 449ps. 本書は、中華人民共和国建国後の都市情勢を分析する十一篇の論文からなり、中国現代都市を分析対象とした最初の系統的な研究である。

(2)　Mark Elvin and G. William Skinner eds., *The Chinese City between Two Worlds*, Stanford, California: Stanford University Press, 1974, 458 ps. 本書は、前近代と近代の新旧二つの世界にまたがる近代国家形成期の中国都市を論じる、十三篇の論文からなる。

(3)　G. William Skinner ed., *The City in Late Imperial China*, Stanford: Stanford University Press, 1977, 820ps. 本書は、前近代の帝政晩期（明清）の都市を多角的に論じる十九篇の論文からなる。[12] 三冊の論文集のなかで、もっとも影響力の大きい論文集である。

上記三冊の論文集の画期性は、従来の中国都市史が中国伝統の方志学や輿地図学にもとづく統治のための地誌を目指したのに対し、西欧の社会学や経済学、地理学、人類学等の人文・社会科学の都市研究の方法にもとづき、人々の暮らす生活圏に立脚して、中国都市史の系統的な分析を試みた点にある。

この点は、地理学の中心地理論を適用して、中国大陸のすべての都市集落を中心地機能の高低にもとづき系統的に分析する、上記(3)書のG・W・スキナーの論文に顕著である。スキナーは、都市と農村を対立的にとらえる中国の伝統的な公式見解を排して、集落の階層的な中心地機能によって都市と農村が不可分に連続する中国の人間居住の実態を明らかにした。

すなわち、行政・通信・交通・商業・文化・厚生・サービス等の中心地機能が、高位集落（大都市）から中位集落をへて下位集落（市鎮）に階層状に重なるとする、地理学の中心地理論の適用によって、スキナーは、帝政晩期の中国に自給自足の村落は少なく、大半の村落が、最下層の中心地をなす小市場町（原基市場）を媒介とする市場共同体に属し、村落が市場を介して高位の都市網に内包されていく都鄙連続関係こそが、中国社会の実態であるとした。

また、帝政期には都市化の進展度や交通技術の限界等により、中国全土を一つにまとめる中心地機能をもつ大都市は存在せず、中国は複数の中心地機能をもつ複数の大都市のつくる都市網が、大きな地域ごとに分立すると見なした。そして、中国大陸の都市網をつくる交通が、基本的に水系にもとづいていることから、中国は、大きな水系を基準とする九つの大地域によって構成されるとし、一つの都城を頂点とする一つの巨大な都市網を想定しがちな伝統的な見解を批判した。このようなスキナーの考えは、官撰の方志の叙述にもとづき都城を都市網の唯一の中心におく、従前の城郭都市史を解体させる力を発揮した。

スキナーの中心地階層論や中国の空間構成についての考えは、行政都市と村落の中間に位置する商業集落の市鎮の歴史的重要性に注意をうながし、宋代以後に普及する市鎮の研究の隆盛を導き、G・ロズマン（Gilbert Rozman）や斯波義信、森正夫、濱島敦俊、川勝守、林和生、樊樹志、李伯重、周生春、劉石吉、陳学文、郭正忠等による市鎮の調査・研究と地域の比較分析を生み出した。近年は、長江下流域を主対象とする李伯重の研究に顕著なように、先進地である江南の都市網の成長を中国における初期工業化の論とむすびつけ、中国の経済水準の国際比較分析へと議論が進んでいる。

また、同上の三冊の論集は、世界の都市史の比較分析の一事例として中国都市史を分析する、初めての本格的な試みでもある。とくに、比較都市史の観点にもとづき、帝政晩期（明清期）の都市を系統的に分析した上記(3) *The City in Late Imperial China* の各論文は、地域分析の方法を論じた編者のスキナーによる同書の第一部・第二部・第三部のそれぞれの序文とともに、今日に至るまで、中国都市史研究に多大の影響をおよぼしている(13)。

中国において都市史研究が組織化され専門誌が公刊されるのは、一九八〇年代になってからである。前近代の都城を対象とする、中国古都学会編『中国古都研究』（西安・三秦出版社等刊行）が刊行されたのは一九八五年である。近代都市をおもな対象とする、天津社会科学院歴史研究所・天津市科学研究会共編『城市史研究』（一～九輯は天津教育出版社の刊行、一〇～一四輯は天津古籍出版社、一五輯以後は天津社会科学院出版社刊行）が刊行されたのは、一九八九年のことである。現代の都市問題をあつかう学術誌も、北京市社会科学院編『城市問題』（一九九一年創刊）をはじめ数多く刊行されている。

また、中国における歴史地理研究を代表する復旦大学歴史地理研究所編『歴史地理』（一九八一年創刊）と、陝西師範大学西北歴史環境・経済社会発展研究センター編『中国歴史地理論叢』（一九八七年創刊）をはじめとする歴史地理の専門誌でも、都市の歴史地理に関する重要論考が毎号掲載されている。また、『建築史』（北京・清華大学出版社、一九六四年創刊、旧名『建築史論文集』）や『建築歴史与理論』（中国建築学会建築史学分会編、中国化学技術出版社、一九八〇年出版）、『建築師』（北京・中国建築工業出版社、一九七九年創刊）等の建築史関係の学術誌や、『史林』（上海社会科学院出版社、一九八六年創刊）等の歴史学の専門誌も、都市史の論考が近年目立って増えている。さらに、成都の巴蜀出版社の城市研究叢書や、上海の『上海研究論叢』（一九八八年創刊、一～一七輯）、北京の北京旧聞叢書、西安の長安研究叢書など、各都市の研究叢書が陸続と刊行されている。

都市史研究の基礎をなす都市図に関しては、中国城市地図集編集委員会編『中国城市地図集』（北京・中国地図出版社、一九九四年、上下二冊）と、周北燕主編『中国城市生活地図集』（北京・中国地図出版社、一九九八年）が刊行された。ともに現代都市の都市図であるが、各都市の歴史を知る際にも役立つ。都市別の詳細な歴史都市図の刊行も進んでいる。すでに、西安・北京・上海・天津等の大判の歴史地図集が刊行されている。(14) 二十世紀における西欧都市史研究の進展を促進する基礎となったのが、西欧各都市の歴代都市図の系統的な収集・整理である。中国においても、整理の進む各都市の歴代都市図にもとづいて、今後の研究が進展することが予測される。

研究史回顧の盛行

上記のように、中国都市史は、一九七〇年代から一九八〇年代にかけて本格的な研究が始まる新しい研究分野であるが、幸いなことに、研究が開始した当初から現在に至るまで、研究史の整理が継続的に行われており、研究史回顧の研究史から、各時期の研究の推移の大要を把握することが出来る。

一九七〇年代から一九八〇年代にかけて公刊された研究史回顧の大半は、研究の先行した欧米と日本の研究者によって書かれている。先掲の三冊の中国都市史論集の各冊の編者であるJ・W・ルイス（John Wilson Lewis）や、M・エルヴィン、G・W・スキナー（Mark Elvin, G. William Skinner）の序文は、刊行当時の研究状況を整理して将来の研究の展望もしめしている。また、長江中流域の漢口における自治的社会組織と漢口の都市網の変遷との関連を明らかにした『漢口』（第一部一九八四年、第二部一九八九年）のW・T・ロウ（William T. Rowe）の同書の序文も、いまも示唆に富んでいる。[15] 現在の中国都市史研究が、従前の中国都市史研究と異なり、西欧にのみ自治都市が誕生することを論じる、マックス・ウェーバーの都市社会学への批判から叙述を始める必要がなくなったのは、以上の研究者たちの研究成果のおかげである。

日本では、上記のアメリカの都市史研究組織に参加し、*The City in Late Imperial China* に論文を寄せた斯波義信が中核となり、中国都市史の研究が本格化した。斯波『宋代江南経済史研究』（汲古書院、二〇〇二年）の後編「寧紹興亜地域の経済景況」では、同上の論文集に収録された寧波とその後背地についての英文の旧稿をふまえ、南宋の都・臨安（杭州）とその後背地（とくに寧紹平野）の地域史を、巨視的な視角と微視的な視角を併用して詳細かつ明晰に分析し、都市と農村の関係史を地域史のなかで相関的に分析する方法を新たに提示して、後の地域史研究の範型をつくった。

また、中国都市史についての長年の研究を集大成した上掲の斯波『中国都市史』は、巻末の「参考文献」に都市史の研究史が簡潔に整理されており、研究の流れと現在の問題点を知るためにも最適である。斯波は、アメリカにおける共同研究の経験と知識をふまえ、一九七〇年代から一九八〇年代にかけて、中国都市史研究の回顧と展望をあいついで公刊し、中国都市史研究の指針を示してきた[16]。

斯波の研究動向の整理を受け、木田知生[17]、山根幸夫[18]、中村哲夫[19]、J・P・マクデモット（J. P. McDermott）[20]、伊原弘[21]、菊池英夫[22]、中村治兵衛[23]、M・エルヴィン（Mark Elvin）[24]、加藤祐三[25]、貴志俊彦[26]、平田茂樹[27]、中村圭爾[28]、筆者[29]等によって、異なる視角から中国都市史の研究動向が整理されている。

欧米や日本の研究者が先行していた中国都市史研究が、中国において一つの研究分野として認められるのは、中国大陸の都市化が急速に進展し始める一九八〇年代後半になってからのことである。とくに二十一世紀に入り、中国の若い研究者による中国都市史の研究動向があいついで刊行されており、中国の研究者が、中国都市史研究の主役となる時代が到来した。

一九八〇年代末以後になると、中国都市史の研究動向が、中国人研究者自身によって多数執筆されるようになった。管見の限りでも、陳紹棣[30]、皮明庥[31]、張冠増[32]、朱政恵[33]、熊存瑞[34]（Xiong Cunrui）、毛曦[35]、李孝聡[36]、熊月之・張生[37]、姜省[38]、何一民[39]、劉士林[40]、呉良鏞[41]、定宜荘[42]、陳薇[43]等によって書かれ、それぞれの研究動向において、一九八〇年代後半から本格化した中国大陸の中国都市史研究が簡潔に整理されており、きわめて短期間のうちに数多くの優れた研究成果をあげるに至った、現代中国の研究状況を窺うことが出来る。

欧米や日本の都市史研究成果についても、中国の陳君静[44]、徐蘇斌[45]、魏楚雄[46]、盧漢超[47]、毛曦[48]等によって優れた紹介と分析がなされている。近年は、欧米の大学や研究機関で学んだ中国の研究者たちによって、欧米の都市史研究の動向が公刊されつづけている。欧米の都市史研究の重要書や話題書の中国語訳もあいついで刊行されており、中国語の文献だけにもとづいても、世界の都市の比較史分析が可能になりつつある。

特筆すべきは、中国や欧米における電子情報の急速な普及である。電子情報による資料の検索や学術誌閲覧の普及は、従来の紙媒体の利用による研究分野・対象の制限を一挙に解決に導き始めており、中国における膨大な研究論著を生み出す原動力になっている。一九九〇年代前半まで図書への接近が容易でなかった中国の研究環境は、情報電子化の進展によって一新されつつあり、経済の発展に後押しされて、九〇年代後半からの研究の爆発的な増加を可能にした。それに対し、中国の大半の学術論文がインターネットを通して読むことが可能となったいまも、日本の学術論文の電子化は相対的に遅れており、外国語の論文に日本語論文の引用が限られる一因となっている。

研究史の特色

以上の展望論文を参照し、現在までの中国都市史研究の経過をまとめると、大きな流れとして、⑴一九二〇年代から一九四〇年代前半に至る、中国・日本・欧米等の都市実地調査と基礎的研究の進展、⑵第二次世界大戦と中華人民共和国建国後の一九五〇年代から一九七〇年代に至る、中国・日本における農村史重視と都市史研究の相対的減少と、欧米における地域史研究の理論的・実証的研究の進展、⑶一九八〇年代から現在に至る世界的な中国都市史研究の勃興、とくに、二十一世紀における中国の研究者の劇的な台頭、という流れを指摘できよう。

どの学問分野も時代の流れを背景に進展するものだが、とりわけ、都市史研究は、地球の都市化の激化に対応するかたちで展開しており、中国都市史研究も、農業国家から都市国家へと急速に変貌する一九八〇年代後半以後の中国の情勢が、今日の中国国内外における研究の隆盛を決定づけた。

注目すべきは、近年の都市史研究の多くが、文献研究と現地調査を融合させ、人文・社会・自然科学の方法を総合するかたちで展開していることであり、上記の⑴一九二〇年代から一九四〇年代に至る研究状況の復活ともいえる現象をもつことである。

中華民国が誕生し、近代国家と近代社会の形成にともなう時代の要請を受けて、新たな文化活動が中国各地で活発化するなか、中国・日本・欧米等の各種研究機関は、一九二〇年代から四〇年代前半にかけて、中国の城郭構造や城内の建築構造、人口構成、不動産、社会慣行、商業・交通組織等の調査を、農村調査と並行して盛んに行った。現実社会の動きと研究生活とが密接に対応する当時の時代情勢のもと、日本では、文献史学の加藤繁や仁井田陞、今堀誠二、根岸佶、石橋丑雄、建築史学の伊東忠太、村田治郎、関野貞、福山敏男等が、実地調査の生々しい情報と文献調査をもとに、いまも研究の基礎をなす都市史・建築史研究を生み出した。

このような一九二〇年代から一九四〇年代にかけての都市調査と研究の蓄積は、国内外の研究者による実地調査が再び可能となった一九八〇年代以後に、あらためてその重要性が注目されるようになった。中国では、現在、この時期の日本をふくむ外国の膨大な調査研究書の中国語訳が続々と刊行され始めている。現在の都市史研究では、これら二十世紀前半の近代国家形成期に蓄積された都市情報を二十一世紀初頭の現状と比較参照し、類似点と相違点をふまえた上で研究を進めることが、不可欠の手順になっている。

都市は生きものであるので、現在も人が住む都市を研究対象とする場合、その都市で暮らし実地調査を行うことが、研究の深化には欠かせない。その意味において、種々の制約があるとはいえ、外国人研究者による中国大陸における都市調査が、一九八〇年代以後に再び可能となったことの意義はきわめて大きい。一九二〇年代から一九四〇年代にかけての現地調査にもとづく研究が、それまでに存在しなかった生々しい現実に即した中国都市史像を描き出したように、近年の実地調査にもとづく研究の進展によって、二十一世紀の都市社会に根ざす新たな中国像が生まれる条件が、いま、熟してきているといえるだろう。

二　近代都市の形成――十六世紀以後における都市の変貌

近代都市とは何か

本稿では、十六世紀以後の都市を「近代都市」とよんでいる。通常、近代都市とは十八世紀以後に生まれる近代国民国家に属する都市のことをさし、とくに、産業革命後の化石エネルギーの技術にささえられた、十九世紀以後の産業型都市（industrial city）を意味することが多い。それにもかかわらず、本稿において、十六世紀以後の都市に「近代」の語を使用する理由は、近代をつくる制度である国民国家、中央集権制、資本主義的生産様式、国際的分業体制、民主主義、市民的公共圏、人間中心主義、世俗主義、合理主義、科学主義等の制度的萌芽が、中国大陸をふくむ十六世紀以後の世界の都市に等しく広く見られるようになる点を重視するからである。

西欧史においては、古くから、ルネサンスの興隆と商業化、都市化の進展、人口増加、農村の工業化、市民社会の形成、政治の集権化、主権主義国家の形成等を目安に、近代の起点を十六世紀から十七世紀に置く考えがある。early modern（初期近代・近代初期）とよばれる時期である。本稿では、この考えは、西欧のみならず、世界宗教の普及したアフロ・ユーラシアの他の地域においても広くあてはまると考えている。

一般に、産業革命後の化石エネルギーの技術にささえられた、十九世紀以後の産業型都市に対し、自然の力をエネルギー源とする前近代の都市は、前産業型都市（pre-industrial city）とよばれている。著名なG・ショウバーグ（Gideon Sjoberg）の論によれば、世界各地の前産業型都市や産業型都市は、ともに類似した構造をもつという(49)。

すなわち、前産業型都市は、技術水準が低いために、分業や労働の専門化は相対的に未発達で、階層構造は中間層が欠落して非流動的であり、生得的な業績よりも生まれながらの身分が重視され、身分による棲み分けによって、都市の空間は、身分・階層・出身地・出身種族等によって分節・環節構造をとりやすい。社会的権力は、都市、とりわけ都城に集中し、その結果、エリートの多くが都市に居住する。

一方、産業型都市は、技術の革命によって、分業が発達して階層構造は流動的となり、身分よりも個人の努力による業績が重視され、身分等による棲み分けによって固定された空間が解体して居住者の流動化がすすみ、都市の空間は、共同体に根ざす分節的・環節的な構造から、共同体の解体した均質的・成層的な構造に転換する。

このように、産業型都市と前産業型都市を二分割する以上の分類は、確かにわかりやすく説得力をもち、複雑な都市の歴史を考える際に役立つだろう。ただ、本稿では、この見方をそのまま近代と前近代の区分にあてはめ、産業型都市＝近代都市、前産業型都市＝前近代都市とする考えにはたっていない。近代都市の形成を考える時に、この枠組では単純過ぎると考えられるからである。人類史という大きな枠組のなかで都市の歴史をふりかえる時、産業革命以前の歴史を考察の対象にいれ、近代都市形成の過程で産業型都市の特色が生み出される、と考えた方がより史実に即している。

上記の産業型都市と前産業型都市の違いも、産業革命を境に短期間で転換が行われたというよりも、ショウバーグのあげた産業型都市の諸特色が、それ以前の長い歴史のなかで醸成されていくと考えた方が、史実に合致する。そして、近代都市の形成も、長い時間軸のなかで生じるものであり、とりわけ、三千年をこす都市化の歴史をもつ中国の場合はそうだった。

中国大陸の場合、早くから都市が発達して内陸都市網が拡大し、すでに九世紀以後に科挙による業績主義的社会が形成され始める。十世紀から十三世紀にかけて、長江下流域をはじめとする経済先進地に新たな商業集落（市鎮）が拡大し、資本主義の萌芽的状況が生まれている。また、中国大陸の場合、六世紀末以後、遊牧系政権による征服王朝がくりかえされる過程で、政権の統治空間が大きくなったり小さくなったりし、支配層と統治空間の大小の交替が都市の歴史に少なからず影響をおよぼした点も、考慮にいれなくてはならない。

十六世紀後半以後の地球は、海路を通して、南北アメリカ大陸とアフリカ大陸、ユーラシア大陸とが密接に結びつくようになり、流通する銀と物産を媒介にする地球経済圏が形成され始め、都市化と商業化、地域間の分業と国際的な分業が同時に進展するなかで、社会の世俗化や職業の分化を一段と深めていく。この状況のもとで、十六世紀後半以後（明代後半期）の中国大陸は、依然として大きな地域偏差をのこす一方で、地球経済圏の形成にともなう社会組織の複雑化に対応し、政治・経済・法律・軍事・文化などの各部門が機能分化をすすめ、各種の機能を媒介する仲介者が多数生まれて、いままで以上に重層的な人間の関係網がつくられていく時期をむかえる。

近年は、中国国内外において、中国の近代化（modernization）をグローバルな視角から見直す動きが加速し、中国における近代都市や産業型都市の形成を、長い時間軸のなかで分析する見方が広がっている。とくに、上記のように、新大陸と旧大陸が海を介してつながり、銀の流通によって地球の一体化の始まる十六世紀後半から、産業革命の始まる十八世紀前半までの時期を、近代の始まりを告げる特有の時代（近世）としてとらえる見方が広く支持をえてきた。(50) 本稿では、「近世」の時期を「近代」のなかにふくめ、西欧史の用語にならい「近代初期early modern」の語であらわしている。

このように、中国都市史において、十六世紀後半（明代後半期）以後の展開のなかで中国における近代都市の形成を考える見方が、中国の研究者をふくめて力をえてきている。先掲の帝政後期（明清）の都市を分析するスキナー編著も、近現代の都市を考える際に、その前提としての明清期の都市がもつ重要性を論じている。現在、十六世紀以後を近代世界の幕開けと考える、イマニュエル・ウォーラーステイン（Immanuel Wallerstein）やその批判者のとなえる西欧「近代」世界システムの実態と、長い歴史をもつ中国都市史との関連が、あらためて問題の一つとして検討されている状況といえよう。このような研究状況をうけて、十七世紀後半以後に西欧都市に生まれた市民的公共圏が、西欧のみならず世界各地の都市にも広く生まれることが、近年の研究で明らかになってきており、中国においても、上海や北京・武漢・成都等の公共領域の形成が論じられている。

ただ、根本的な問題は、「近代」の語が、解釈の立場によってどの時代をさす用語にもなりうる点であり、本稿をふくめ強い価値観の込められた「近代都市」という名称自体に、問題がある点である。たとえば、中華人民共和国では、「近代」の時期をアヘン戦争（一八四〇～四二年）から一九四九年の中華人民共和国成立までの時期とするので、中国で通常いう近代都市はこの約百年間の時期の都市をさす。この時期区分が、中華人民共和国の成立を時代の画期とみなす見解にもとづいていることは、いうまでもない。ただ、近代の用語をめぐる問題は小さな問題ではなく、より大局的な観点から詳しく検討すべき問題であるので、中国都市史を論じる本稿では、問題点の指摘にとどめ、これ以上論じることはひかえたい。

要するに、本稿では、地球経済圏のなかに中国大陸がつつみこまれ、世界が産業社会にむかって歩み出す十六世紀以後の時期を、近代都市の形成期ととらえ、とくに、近年の研究が集中する中国沿海地帯における都市網の形成を軸に、明清以後現在に至る都市史研究を整理したいと思う。

中国都市史の概説書のあいつぐ出版

個別研究の整理の前提として、都市史の概説書の整理が必要である。一九九〇年代より今日に至るまで、中国都市史の概説書の刊行がつづいているので、まず、中国都市史に関する近年の概説書を、出来るだけ幅広く紹介してみたい。

中国都市史に関する最初期の通史といえる何一民『中国城市史綱』（成都・四川大学出版社、一九九四年）の出版以後、同『従農業時代到工業時代』（中国城市史研究叢書、成都・巴蜀書社、二〇〇九年）、寧越敏・張務棟・銭今昔『中国城市発展史』（華東師範大学出版社、一九九四年）、趙剛『中国城市発展史論集』（台北・聯経出版社、一九九五年）、王瑞成『中国城市史論稿』（成都・四川大学出版社、二〇〇〇年）、董鑒泓『中国城市建設史』（北京・中国建築工業出版社、二〇〇四年）、傅崇蘭・白晨曦・曹文明『中国城市発展史』（北京・中国社会科学文献出版社、二〇〇九年）等が続々と出版されている。それぞれ異なる専門分野や視角からの概説であり、近年における中国都市史研究の興隆の一端を窺うことが出来る。

歴史地理や社会学についても、馬正林編著『中国城市歴史地理』（済南・山東教育出版社、一九九八年）や、李孝聡『中国歴史城市地理』（済南・山東教育出版社、二〇〇八年）等が出版され、顧朝林等『中国城市地理』（北京・商務印書館、一九九九年）等の都市地理の概説書や、張鐘汝、向徳平等による都市社会学（城市社会学）の概説書も都市史を論じて参考になる。布野修司編『アジア都市建築史』（京都・昭和堂、二〇〇三年刊行）は、建築史や歴史地理の方法をもとに、アジア全域の都市建築史を比較しながら分析する画期的な概説書である。同書には、中国の都市建築史の特色についても適確な叙述がある。

都市の誕生から明清代までの中国都市史を整理した、中国でいう古代（アヘン戦争以前の時代）の概説書も、都市史や建築史の研究者によって多数出版されている。呉良鏞『中国古代城市史綱』（英文版、カッセル大学出版社、一九八五年）、葉驍軍『中国都城発展史』（西安・陝西師範大学出版社、一九八八年）、董鑒泓『中国古代城市建設史』（上海・同済大学出版社、一九八九年）、楊寛『中国古代都城制度史研究』（上海・上海古籍出版社、一九九三年）、賀業矩『中国古代城市規画史』（北京・中国建築工業出版社、一九九六年）、呉剛『中国古代的城市生活』（上海・商務印書館出版社、一九九七年）、汪徳華『中国城市規画史綱』（南京・東南大学出版社、二〇〇五年）等であり、それぞれ特色をもつ。北京や上海の大部の通史は、すでに数種出版されており、重慶、成都、済南、広州、南京等の通史も、まもなく刊行されるという。

漢長安から唐長安に至る大室幹雄の都城史をめぐる歴史叙述である、同著『劇場都市―古代中国の世界像―』（東京・三省堂、一九八一年）、『桃源の夢想―古代中国の反劇場都市―』（同、一九八四年）、『園林都市―中世中国の世界像―』（同、一九八五年）、『干潟幻想―中世中国の反園林都市―』（同、一九九二年）、『監獄都市―中国中世の世界芝居と革命―』（同、一九九四年）、『遊蕩都市―中世中国の神話・笑劇・風景―』（同、一九九六年）は、政治性と遊戯性が分かちがたく交錯する、中国の歴代都城のもつ独特の演劇性を余すことなく明らかにした大著である。大室の濃密かつ明晰な叙述によって、隠された奥深い魅力を暴きだされた歴代の都城は、けだし幸せといえよう。唐末以後の続刊を待ち望む愛読者は多い。

歴代都城の都市生活を叙述する概説書には、黄新亜『消逝的太陽―唐代城市生活長巻―』（長沙・湖南人民出版社、二〇〇六年）、李春栄『坊墻倒塌以後―宋代城市生活長巻―』（同上）、史衛民『都市中的游牧民―元代城市生活長巻―』（同上）、陳宝良『飄揺的伝統―明代城市生活長巻―』（同上）、趙世愉『腐朽与神奇―清代城市生活長巻―』（同上）等がある。時期的に、大室の叙述の後を補う作品であるが、大室作品のような縦横に展開する比較史の観点はほとんどない。

台湾の中央研究院「明清的城市文化与生活」プロジェクトの研究成果は、国際的な研究交流とその多角的な分析方法によって、明清時代を中核とする中国都市史研究の枠を広げ、水準を一挙に押し上げた。李孝悌編『中国城市生活』（台北・聯経出版社、二〇〇五年）をはじめとするこのプロジェクトによる論文集は、世界で高い評価を受けている。明清の都市文化を広い視野から展望した、同書の李孝悌の序「明清文化史研究的一些新課題」（同上書、i-xvii頁）は、今後の都市文化史研究の一つの指針を示している。

十九世紀以後の近代都市史の概説書として、何一民『中国近現代城市的発展』（成都・四川大学出版社、一九九四年）、同主編『近代中国城市発展与社会変遷（一八四〇～一九四九）』（北京・科学出版、二〇〇四年）、和平『中国近代城市史』（北京・三聯書店、一九九五年）、曹洪濤・劉金声『中国近現代城市的発展』（北京・中国城市出版社、一九九八年）、隗瀛濤編『中国近代不同類型城市総号研究』（成都・四川大学出版社、一九九八年）等がある。とくに、上記の隗瀛濤編『中国近代不同類型城市総合研究』は、中国近代都市を系統的に分析して、近年の都市史研究に刺激をあたえた。

中国近代都市史の動向については、D・D・バック（David D. Back）[51]や何一民、姜省等[52]が、一九九〇年代までの研究をまとめており、汪利平著・高畑幸訳「アメリカにおける中国都市文化研究の現状」（『都市文化研究』七、二〇〇六年、七〇－八二頁）は、近年のアメリカにおける中国近代都市研究の特徴を明晰に分析する。一九九〇年代半ばまでの中国近代都市史の研究論著目録として、張利民「近代中国城市史論著索引」（『城市史研究』一三・一四、天津・天津古籍出版社、一九九七年）もあるが、現時点での研究論著はさらに飛躍的に増加している。龍永枢主編・中国城市経済学会編『中国城市発展報告』（北京・中国言実出版社、二〇〇〇年、三冊）のような、現代都市の調査報告書は、枚挙にいとまがないほどである。

このように近年の研究を顧みても、中国都市史に関する概説書として、上掲の斯波義信『中国都市史』が、斬新な構成にもとづき、中国都市史をめぐる問題を網羅した現在の定本であることは確かであろう。同書は、第一章「歴史のなかの都市」で、中国社会の基盤をなす県城と郷鎮の歴史を簡潔にまとめ、中国都市特有のコスモロジーを説明する。第二章「都市のシステム」では、宋代以後、都市と農村が市場を介して重層的に連結していく様を述べ、都市の社会空間構造の特質を記す。そして、第三章「都市の解剖図」では、上記の叙述をふまえて、近現代の漢口や寧波、台湾の台北と台南、広東の仏山鎮等の都市を事例にとりあげ、人々の居住の実態を明らかにする。

同書の特色は、都市化のすすむ宋代以後、中国の集落のあり方が、都市と村落の二項対立ではなく、高位の中心地機能をもつ大都市から、中小都市、市鎮、村落へと重層的に階層化された都鄙連続の交通圏・市場圏の上に成立するようになったことを、斯波自身の寧紹平野の精緻な地域研究等にもとづき、理論的かつ実証的にきわめてわかりやすく解き明かした点にあるだろう。先掲のスキナーの観点と比べると、より長い時間軸のなかで、中国における都鄙連続の形成と進展を原史料を駆使して詳細に明らかにした点に特色がある。

斯波の考えにもとづくと、少なくとも、宋代以後は、農村と切り離して城郭都市だけを対象とする都市史の叙述では、地域社会の動きは把握出来なくなる。実際に、経済開放後の中国の持続的な経済成長は、沿海地帯の大都市に重層的に連結する多数の商業町や農村の成長にささえられて初めて可能となった。中心地機能をもつ集落が大都市から小市場町に至るまで階層状に立地する、宋代以後の都市と農村が連続する分厚い市場圏や生活圏の形成と、市場圏の集合の上に存在する中央政府から相対的に自立した大きな地域経済圏が存在しなければ、今日の中国の経済発展は違う形をとったであろう。斯波『中国都市史』は、現代中国社会を知るための実践的な書としての側面を強くもっている。

沿海地帯の都市網の形成

斯波義信の研究が明らかにしたように、十一世紀から十三世紀において、経済先進地の江南を中核に、大小の中心地機能をもつ都市集落が階層状に連結する地域が生まれた[(53)]。近年の研究でより明確になってきたことは、十六世紀以後、中国の沿海地帯には、地域的・国際的な分業の進展、国内外を結ぶ交通網の拡大、都市化の進展、人口の増加等を要因として、大運河や河川の沿河都市・海港等を連結して国内外の市場とつながる一段と密度の濃い都市網が形成され、同時に、沿海地帯の都市網が河川をさかのぼり内陸部の都市網に連結して拡大していったことである。[54]

大都市から市鎮に至る江南の都市網形成の分析については、すでに、一九三〇年代から一九四〇年代にかけて、文献史学では、加藤繁や百瀬弘等が先鞭をつけ、社会学の費孝通や林恵海、傅衣凌、経済学の天野元之助等による実地調査にもとづく研究がある。近年の市鎮の研究動向については、巫仁恕[55]、任放[56]、范金民[57]がまとめている。

近年の研究成果として特筆すべきは、川勝守[58]による三冊の大著である。川勝守の三冊の研究書にまとめられた研究成果により、長江下流域の城郭都市の構造や、市鎮、交通網の変遷が整理され、研究は新たな段階をむかえている。

また、市鎮の類型を詳細に分析した劉石吉[59]や、樊樹志[60]、陳学文[61]等の研究や、長江下流域の都市の近代化を論じる茅家琦[62]や、張仲礼・熊月之、沈祖煒[63]、李伯重、周生春[64]、L・C・ジョンソン（Linda Cooke Johnson）[65]等の研究も、現在の長江下流域の都市化が、明清以来の江南経済史の延長上にあることを明らかにした。とくに、近年の李伯重による長江下流域の江南農業史と都市史の研究は、十六世紀後半以後における江南経済の高度な進展を論じており、国内外の研究者への影響も大きい[66]。今後は、江南の事例を、中国の他の地域と比較する試みがよりいっそう強く求められよう[67]。

沿海地帯の海港や河川の河岸に立地した河港（口岸城市）の分析に際しては、かつてJ・K・フェアバンク（J. K. Fairbank）等が提出した「西欧の衝撃と中国の反応」モデルの解釈と批判をもふまえ、現在は、戴鞍鋼や張仲礼、楊天宏、何一民、杜語等の多数の研究者によって、開港都市が、時期や立地、人口、政治社会の状況によって多様な形態をとることが分析されている。同時に、開港都市以外の都市を分析することで、開港都市の特色をあぶりだす研究も進展している。条約港の経験を継承する経済特区や国家級経済技術開発区が一九八〇年代以後の中国の驚異的な経済発展を生み出す一因になった点を顧みると、沿海・沿岸都市の今後のさらなる研究の深化が望まれる。

個別都市の研究

一九八〇年代以後の急速な研究の増加によって、北京や上海等の著名な大都市の研究がさらに進んだ上、重要都市のほとんどに専門の研究書が生み出されるに至った。これは、中国の経済発展にともない、各都市が都市研究を推進してきた結果であり、各都市の後押しによって、都市史研究が進展した事情もあるだろう。また、博士論文の課題として、一つの都市を対象とする歴史分析がまとめやすいという側面もあると思われる。

ただ、質量ともに群を抜く研究をもつ都市は、やはり、昔もいまも上海である。中国の近代を象徴する都市が上海であるとともに、なによりも現在の上海が、東アジアにおける経済・文化上の中核都市の一つとして復活してきているからであろう。

上　海

中国の近現代を象徴する上海は、二十世紀初から本格的な研究が始まっており、すでに膨大な研究の蓄積をもっている上に、一九八〇年代以後、上海社会科学院歴史研究所や華東師範大学現代城市社会研究センター、復旦大学歴史地理研究所等の上海史を研究する優れた研究機関がそろって研究を本格化させ、組織的な情報収集と調査・研究、膨大な档案の整理等がすすめられてきた。これだけ研究環境の整った都市は、首都の北京以外には存在しない。熊月之編『上海通史　全十五巻』（上海・上海人民出版社、一九九九年）のような詳細な通史も刊行されている。二〇〇九年には、同編『上海城市社会生活史　全二十八巻』（上海・上海辞書出版社）の刊行も始まった。

驚くことに、英語圏における二〇〇二年までの上海史の博士論文は、三二八篇にものぼり、そのうち三分の一以上が社会生活史に関するという。(68) 躍進する近年の上海は、中国都市史研究の枠組をこえ、世界史を代表する近代都市の一つとして、分析の方法と成果を競う都市史研究の最前線に躍り出た。

上海をめぐる都市研究の現状は、あたかも、二十世紀前半に、産業化が進み都市問題が深刻化するシカゴから都市社会学という新しい学問が生まれ、また、二十世紀末になって、都市問題がさらに深刻化したロサンジェルスから、シカゴ都市社会学にとって替わる新しい都市社会学が生じたことを想起させる。要するに、上海は、世界における二十一世紀初頭の都市研究の聖地となってきているのである。多くの研究者によって、上海は、人類の未来を予告する都市の一つと考えられるようになっている。

上海史研究をふりかえる時、日本の上海史研究会の活動は特記すべきである（同研究会のＨＰ参照）。上海史研究会は、日本における上海史研究の中心となって研究を推進してきたのみならず、中国を始め各国の上海史研究者とも連動して、世界の上海史研究を推進してきた。(69) とくに、日本における上海史研究によって、近代日本の形成と上海の歴史が、従来考えられていた以上に密接な関係にあることがわかってきた点は重要である。(70) また、小浜正子『近代上海の公共性と国家』（東京・研文出版、二〇〇〇年）や、岩間一弘、村井寛志等による上海の公共圏や市民社会、大衆的公共性をめぐる研究は、上海史研究を新しい段階にひきあげた。村松伸に代表される上海の近代建築史研究も重要な成果である。上海と横浜の都市史を比較する『上海和横浜』聯合編輯委員会編『上海和横浜―近代亜洲両箇開放城市―』（上海・華東師範大学出版社、一九九七年）のような実りある共同研究が、今後もさらに進展することを期待したい。

都市の千年紀をむかえて

近代上海史の概説としては、上記の熊月之編『上海通史　全十五巻』が代表的である。同通史を編纂した熊月之による『上海通史』第一巻の導論において、上海史をめぐる問題が整理されている。[71] 張仲礼主編『近代上海城市研究[72]（一八四〇〜一九四九）』は、上海近代史の概説書として広く読まれている。L・C・ジョンソン（Linda Cooke Johnson）は、一〇七四年から一八五八年にかけての長い時間軸を設定し、市場町の一つから代表的な近代都市に変貌する上海の通史を描いた。[73] 忻平は、一九二七年から一九三七年に至る上海の社会生活史を論じる。[74] 近代都市への変貌を始める清朝末期の上海については、都市社会の変貌を論じる李長莉、[75] 一八四三年から一八九〇年にかけての清末の上海の地方政府官職である道台の機能を論じる梁元生（Leung Yuen-sang）[76]の研究がある。

港湾都市としての上海の機能を長江流域史のなかで多角的に検討する研究としては、戴鞍鋼[77]があり、張仲礼が主編者となって、上海における近代企業家の形成を論じる研究をまとめている。[78] P・M・コブレ（Parks M. Coble）は、一九二七年から一九三七年に至る上海の近代資本家と国民政府との関係を論じた、初めての体系的な研究書を公刊し、後の研究に指針を与えた。[79]

近代の上海に居住する人間像については、一八六〇年から一九一〇年にかけての近代上海人の心性の変化を論じる楽正[80]をはじめ、一八四〇年から一九三六年に至る上海における浙江商帮の活動を論じる陶水木、[81] 旧上海の多数の同郷団体（会館・公所）を論じる郭緒印[82]の研究などがある。

また、上海に流れ着く多彩な人々の演じる独特の上海近代社会を論じるF・E・ウェイクマン、葉文心編（Frederic Evans Wakeman, Jr., and Wen-hsin Yeh eds.）[83]や、祖国喪失のロシア人やユダヤ人たちが流れ着く国際都市上海の状況を論じるM・R・リスタイノ（Marcia Reynders Ristaino）[84]、上海共同租界の Shanghai Municipal Police（SMP）で働いた英国人を叙述するR・ビッカーズ（Robert Bickers）[85]、第二次世界大戦における上海のユダヤ人居住地を論じるE・G・ヘプナー（Ernest G. Heppner）[86]、第二次世界大戦における上海のスパイ活動と情報戦を論じるB・ワッサースタイン（Bernard Wasserstein）[87]は、上海の置かれた国際情勢をよくものがたっている。

地方から上海に来た人々についての研究も盛んである。十九世紀末から二十世紀末にかけて、上海の蘇北人（江北人）の生活と仲間意識の形成を論じるE・ホーニング（Emily Honig）[88]、十九世紀後半から二十世紀前半にかけての地方出身者の上海におけるコミュニティーを論じるB・グッドマン（Bryna Goodman）[89]、上海に来た寧波人の生態を論じる李瑊[90]がある。上海の流動人口に関する最近の研究も数多い。

地方出身者と街のやくざは、社会生活の保障や安全のために、密接な関係をむすびやすい。近代上海の暗黒社会については、蘇智良・陳麗菲[91]や、一九一九年から一九三七年に至る上海の緑幇（Green Gang）と暗黒社会を論じるB・G・マーティン（Brian G. Martin）[92]、さらに、日本占領下の一九三七年から一九四一年にかけての上海の警察と暗黒社会との密接な関係を論じるF・E・ウェイクマン（Frederic Evans Wakeman, Jr.）[93]の研究がある。

上海の知識人階層の動向については、二十世紀における上海の学生運動を論じるJ・N・ワザーズトロム（Jeffrey N. Wasserstrom）[94]、一九三七年から一九四五年におよぶ日本占領下の上海における、中国知識人の複雑な政治的立場を論じる傅葆石（Poshek Fu）[95]の研究がある。上海の労働者階層については、一九一九年から一九四九年に至る上海の木綿工場で働く女性を論じるE・ホーニッグ（Emily Honig）[96]や、上海の労働争議を論じるE・J・ペリー（Elizabeth J. Perry）[97]、一八九五年から一九二七年にかけてのナショナリズムと労働運動を論じるS・A・スミス（S. A. Smith）[98]、文化大革命期の労働者階級の多様な動きを論じるE・J・ペリー（Elizabeth J. Perry and Li Xun）[99]の研究がある。

中国において近代都市生活が始まった上海については、市民生活や都市の娯楽についての研究がとりわけ多い。二十世紀初頭の上海の光と闇に彩られた日常生活を明らかにする盧漢超[100]や、一九三〇年から一九四五年にかけての上海の新しい都市文化の形成を論じるL・リー（Leo Lee）[101]、二十世紀初期の上海の多彩な日常生活を論じる盧漢超（Hanchao Lu）[102]、一九〇〇年から一九四五年に至る上海の繁華街・南京街の商業文化を論じるS・コクラン編（Sherman Cochran ed.）[103]、一八九六年から一九三七年に至る上海の映画産業を論じる張真（Zhang Zhen）[104]、一九二二年から一九四三年に至る上海の映画と都市文化を論じる張英進編（Yingjin Zhang ed.）[105]の研究がある。

都市と売春、性産業の問題は不可分の関係にある。売春をてがかりに一八四九年から一九四九年に至る上海の社会史を描くC・アンリオ（Christian Henriot, translated by Noël Castelino）[106]や、二十世紀の上海の売春を論じるG・ハーシャッター（Gail Hershatter）[107]、一八五〇年から一九一〇年に至る売春婦や知識人、娯楽産業との関係を論じるC・V・イェー（Catherine Vance Yeh）[108]の研究がある。

上海の生み出した新しい都市文化についても、研究の対象は拡大している。建築と都市的生活様式を軸に上海の近代性を論じるM・ガンデルソナス編（Mario Gandelsonas ed.）[109]、一八七二年から一九一二年に至る上海の『申報』等の新聞業界を論じるB・ミットラー編（Barbara Mittler ed.）[110]、一八七六年から一九三七年における上海の印刷産業を論じるC・A・リード（Christopher A. Reed）[111]、二十世紀初頭における上海の暦と視覚文化を論じるE・J・レイング（Ellen Johnston Laing）[112]の研究がある。

また、一九二七年から一九三七年における上海の政治社会史を論じるF・E・フェイクマン（Frederic E. Wakeman, Jr.）[113]や、一九二七年から一九三七年にかけての上海市政の近代化を論じるC・アンリオ（Christian Henriot, translated from French by Noël Castelino）[114]の研究もある。K・L・マクファーソン（Kerrie L. Macpherson）は、上海に生まれる近代病院等の公衆衛生の形成を、一八四三年から一八九三年にかけての時期を軸に明らかにした[115]。

上記のように、近現代上海史の研究書では、一九三七年と一九四九年を時期的に区切る研究が多く、日本軍による上海占領と中華人民共和国の建国の画期性を、あらためて認識するのである。一九三七年から一九四九年に至る日本占領下の上海は、重要な研究テーマとなっている。日本軍に占領された上海の都市社会状況を克明に論じるC・アンリオ、葉文心編（Christian Henriot and Wen-hsin Yeh eds.）[116]や、戦時の上海の政治・経済・社会状況を多角的に論じる葉文心編（Wen-hsin Yeh ed.）(117)などの研究がある。

中国最初の近代都市としての歴史をふまえ、現代の上海についての多様な視角からの分析も進んでいる。中国と西欧の接点にたつ上海の都市文化の特色を論じる孟悦（Meng Yue）(118)、上海に生きる若者の性文化を論じるJ・ファラー（James Farrer）(119)、地球経済圏の形成のなかで上海が再び台頭していくさまを論じるP・ヤッコ（Pamela Yatsko）(120)がある。現在、中国内外の多くの研究者による上海の社会調査が継続中であり、近いうちに、現代上海のかかえる諸問題を、近代以来の屈折した歴史のなかに適確に位置づける包括的な研究が登場することになるだろう。注目すべきは、以上の英文で出版された専門書の多くが、『海外上海史研究訳叢』（上海・上海辞書出版社）の一冊等として翻訳出版されていることである。

このように、上海は、近代都市研究のあらゆるテーマが発掘され分析され、都市史研究の可能性を模索する挑戦的な都市となっている。これも、近現代の上海の街のもつ実力といえるだろう。いうまでもなく、以上の紹介は、単行本として刊行された専著の一部にすぎず、公刊された論著全体の量は膨大なものになる。上海が東アジアを代表する経済都市の一つとして再び台頭した現在、世界における新たな都市研究は、これからも、上海を一つのばねに進展していくに違いない。

江南の諸都市

上海の成長は、南京や、蘇州、杭州、寧波、揚州等の江南の都市網と連結することで、初めて可能となった。二十世紀の上海の繁栄は、これらの伝統都市の経済・文化機能を上海が引き継ぐことで可能となった。そのために、上海史の研究は、江南都市網の研究と関連させることで、初めて全体像を描くことが出来る。

明清以来の江南の交通網と都市網の拡大と緻密化の過程については、先掲の川勝守の三冊の大著に詳論されている。南京については、明清南京城の社会史研究を開拓した夫馬進や、北京・中都と比較して明初の南京の都市構造の特色を明らかにした新宮学の研究が代表的な成果といえよう。南京を襲撃する倭寇の事件から南京の都市構造を浮かび上がらせる川越泰博の一連の研究は、本論文集の川越論文において最新の成果が公刊されている。

一九二七年から一九四九年にかけて南京政府の都となった南京が、明清以来の南京城の構造を巧みに活用しながら、中国最初の近代国家の首都にふさわしい「国民の都」に改造されていったことや、広州・天津・長春・成都・杭州・北平（北京）・武漢・重慶・上海の近代的変容を、一九〇〇年から一九五〇年に至る半世紀の時間軸をとってJ・W・エシェリック編（Joseph W. Esherick ed.）[121]が論じている。中華民国の首都となった南京の一九二七年から一九三七年にかけての社会政策を、Z・リプキン（Zwia Lipkin）[122]が系統的に論じている。

一方、南京の東北に位置し、近代起業家を輩出した南通については、一八九〇年から一九三〇年にかけての南通の近代化を論じる邵勤（Qin Shao）[123]や、南通における近代木綿産業の形成と近代起業家の形成を論じるE・コール（Elisabeth Köll）[124]の研究がある。中国の近代起業家を代表する人物の一人である、南通の張謇（一八五三～一九二六年）の企業経営については、藤岡喜久男や中井英基による専著がある。

江南を代表する古都の一つである蘇州については、一八九五年から一九三七年にかけての蘇州の近代史を論じるP・J・キャロル（Peter J. Carroll）[125]や、各地から物産の集散する明代蘇州の商業機能を論じるM・マルム（Michael Marmé）[126]、実地調査にもとづき蘇州の語りもの・弾詞の歴史を明らかにしたM・ベンダー（Mark Bender）[127]がある。

蘇州とならぶ大運河沿線の大都市・揚州については、一五五〇年から一八五〇年にかけての三百年の揚州の歴史を概観するA・フィネン（Antonia Finnane）[128]や、清初の揚州の都市文化を論じるT・マイアー－フォン（Tobie Meyer-Fong）[129]、揚州の語りもの・説唱の歴史を論じるV・ボダール（Vibeke Børdahl）[130]、揚州の説唱の歌い手を論じる

V・ボダール、J・ロス（Vibeke Børdahl and Jette Ross）[131]がある。大運河交通の全盛期に形成された揚州固有の伝統文化が、揚州の都市的発展や交通網の変化と密接に関連しながら変遷していくことを、上記の研究は明らかにしている。

大運河の南端にあたると同時に起点ともなった杭州には、唐宋期に大都市へと発展する。南宋には臨時の都城となり、江南随一の大都会となった。杭州は、清代北京の頤和園が杭州西湖を模してつくられた例に端的にしめされているように、南宋以後も、江南の都市美を代表する庭園都市として、江南に憧憬をいだく華北の大都市の都市造営に際して、モデルとなりつづけた。

近代都市へと変貌を始める杭州の歴史状況については、十七世紀から十八世紀にかけての杭州のカトリックの活動とその影響の程度を論じるD・E・ムンジェロ（D. E. Mungello）[132]や、中華人民共和国建国直後の一九四九年から一九五四年にかけての杭州の変貌を描くJ・Z・ガオ（James Z. Gao）[133]の研究がある。

杭州の外港として発達した寧波については、斯波義信の古典的ともいえる寧紹平野の地域史研究をふまえ、近年は、小島毅を研究代表者とする、日本学術振興会科学研究費特定領域研究「東アジアの海域交流と日本伝統文化の形成―寧波を焦点とする学際的創生―」（二〇〇六〜二〇一〇年）の共同研究が進展しており、その成果がHPで公開されている。二〇一〇年度には、共同研究の成果が叢書として出版される予定である。

特筆すべきは、東京大学の藤井恵介や法政大学の陣内秀信、高村雅彦を代表とする建築史研究者たちによる、実地調査にもとづく詳細な都市建築構造に関する研究成果である。藤井恵介や高村雅彦の江南都市の建築構造をめぐる調査研究は、従来の文献史学にも影響をあたえており、高村雅彦、田村広子、木津和代等の都市建築構造に関する研究は、現実を見据えた具体的な中国都市史の把握をすすめる上で重要な役割を果たしている。

北　京

経済都市として発達した上海と対照的に、国民党が南京に遷都して北平とよばれた時期においても、中国における政治と文化の中心地だった北京は、上海とは異なる視角にたつ研究書を多数生んでいる。金中都以来の八百年をこす都城の歴史をもつ古都の北京は、十九世紀になって国際社会に躍り出た上海とは、根本的に趣を異にする都市である。北京の歴史は、前近代の都城以来の歴史のもつ伝統要素と、近代首都の新しい要素とが複合的にからみ合って構成されており、両者を切り離して考察することはできない。この点に、北京史の最大の魅力があるといえるだろう。

北京の歴史については、曹子西主編『北京通史 全十巻』（北京・中国書店、一九九四年）が決定版ともいえる。最近、同書刊行後の新たな研究成果を加えて、于徳源他編『北京城市発展史』（北京・北京燕京出版社、二〇〇八年）が刊行され、北京史を知るための必読書となっている。北京史研究に必携の歴史地図集については、侯仁之編の『北京歴史地図集　第一集・第二集』（北京・北京出版社、一九八八年・一九九七年）、侯仁之・岳昇陽主編『北京宣南歴史地図集』（北京・学苑出版社、二〇〇八年）をはじめとする歴史地図があり、考察の基礎をあたえてくれる。

日本語で書かれた近年の北京史に関する概説については、川越泰博、竹内実、村松伸、林田慎之助、春名徹、倉沢進・李国慶、森田憲司等、優れた概説書が多数出版されている。とくに、近年復刊された、岡田英弘・神田信夫・松村潤共著『紫禁城の栄光―明・清前史―』（東京・講談社学術文庫、二〇〇六年、原書一九六八年）は、多文化の輻湊する明清北京城の歴史を体系的にえがきだし、現在に至るまで北京史研究に大きな影響をあたえてきた。最近は、同書の視角を継承して、北京城を支配した満族の観点から、清代北京城の研究に新たな光をなげかける、M・C・エリオット（Mark C. Elliott）や杉山清彦の研究がある。

中国における近年の北京史研究については、なによりも、北京歴史地理研究の第一人者である侯仁之の諸研究があげられ[134]、都市生活史を概観する呉建雍[135]、明清北京城の人口史研究の基本書である韓光輝[136]、北京の都市管理の歴史を明清期に至るまで概観する尹君科[137]、北京とその都市圏の歴史を論じる王玲的[138]、侯仁之の学統を継承する李孝聡、唐曉峰等が、都城としての北京の歴史の重さをつぶさに明らかにしている。

現在の北京城の直接の基礎は、明代第三代皇帝・永楽帝の北京遷都を機に、明朝の諸皇帝によって、従来の元大都が改造された結果、誕生したものである。明代の永楽帝による北京遷都をめぐる諸問題を詳細に明らかにした、新宮学の明代北京城をめぐる諸研究は、現代の北京史研究を代表する成果の一つである[139]。李燮平は、新宮学とは異なる角度から明代北京の都市構造の特色を論じている[140]。

また、宗教社会学者のミルチャ・エリアーデ（Mircea Eliade）の比較宗教史の方法にもとづき、聖なる都市として建築された明清北京の宗教構造を論じるJ・メイヤー（Jeffrey Meyer）の魅力的な研究書[141]や、寺廟の変遷を軸に明清北京城の社会史を詳論するS・ナカン（Susan Naquin）[142]の大著、清末の北京の都市社会構造を論じるJ・K・S・イック（Joseph K. S. Yick）[143]、中華民国期の北京を概観する董玥（Madeleine Yue Dong）[144]、一九二〇年代の北京の人力車と市内交通の問題をてがかりに市民階層の出現を論じるD・ストランド（David Strand）[145]、同じく一九二〇年代の北京市民の誕生を論じるR・ベルスキー（Richard Belsky）[146]、中華民国期の北京の都市改造と近代公共圏の形成の関連を系統的に分析した史明正[147]、天安門広場の来歴を美術史の立場から詳細に論じる巫鴻（Wu Hung）[148]などの研究は、近年の北京史に関する多彩な研究動向をしめしている。最近は、清末民国期における北京の水売りや糞尿処理の問題を分析する熊遠報の研究[149]が、北京社会史の新たな可能性を探っている。北京の近年の研究動向の一端は、妹尾達彦[150]も簡単にまとめている。

天　津

北京の外港として発達したのが天津である。天津と北京の関係は、同じ沿海地帯に位置する上海と南京、寧波と杭州、香港と広州の関係によく似ている。たがいに、外洋船の停泊可能な外港である都市（天津・上海・寧波・香港）とより内陸に位置する大都市（北京・南京・杭州・広州）とが、河川や運河・鉄路・道路を通じて密接につながって、不可分の関係をもちながらともに発達してきた。

天津については、『城市史研究』を刊行する天津社会科学院が中核となって研究をすすめている。劉海岩をはじめとする天津社会科学院の研究者の天津史研究は、現代中国における近代都市史研究の水準を示している。特筆すべきは、天津史を題材に、中国近代都市形成の研究の水準を一挙に高めた吉澤誠一郎の成果である。(151) また、近代天津史の概説である羅澍偉主編書、(152) 天津の租界の研究である尚克強・劉海岩主編書、(153) 中華民国期の天津の金融と経済を論じたB・シーハン（Brett Sheehan）、(154) 一九〇〇年から一九四九年にかけての天津の労働者階級の形成を論じるG・ハーシャッター（Gail Hershatter）、(155) 天津の塩商人を通して市民社会の形成を論じる関文斌（Kwan Man Bun）、(156) 一九四九年から一九五二年にかけての中華人民共和国建国直後の天津の変貌を論じるK・G・リーバーサル（Kenneth G. Lieberthal）(157) の研究がある。

長江上流域・中流域都市

長江流域に発達する近代都市網についても研究が進展している。成都については、一八七〇年から一九三〇年に至る成都の街頭文化の形成と公共圏の誕生の問題を系統的に論じた王笛（Di Wang）(158) の著名な研究や、成都の都市計画を分析する小羽田誠治、(159) 一八九五年から一九三七年にかけての成都の市政改革をめぐるK・ステイプルトン（Kristin Stapleton）(160) の研究がある。重慶については、一九三七年から一九五二年にかけての重慶の軍需工場における労働者をえがくJ・H・ハワード（Joshua H. Howard）[161]、近代重慶史の概説である隗瀛濤主編書[162]がある。

長江中流域を代表する経済都市・漢口については、漢口とその後背地の関係を詳細に復原して、中央政府の統制から相対的に自立した漢口の自治組織の発達を明らかにする、先掲のW・T・ロウ（William T. Rowe）『漢口』（第一部一九八四年、第二部一九八九年）や、一八六一年から一九四九年に至る漢口の都市構造の変遷を論じる李軍[163]の研究がある。漢口をふくむ近代の武漢の歴史を概観する皮明庥主編書[164]もある。

東南海岸部

広州や福州、泉州、厦門、上海等の東南海岸都市の発展の経路については、近年、日本においても、歴史学・地理学・建築学・人類学・民俗学等の異なる分野の研究が盛行している。東南海岸部の沿海都市網の盛衰について系統的な分析をほどこす張仲礼編著[165]や、李東華、H・クラーク（Hugh Clark）、伊原弘、岡元司等の研究は、今後の研究の基礎となる。さらに、九四六年から一三六八年に至る泉州の発展を詳論し、近代の泉州の相対的地位の低下の歴史的要因を論じる蘇基朗[166]、一九〇〇年から一九二七年にかけての広州の都市史を論じるM・ツィン（Michael Tsin）[167]、開放経済のもとで経済的な躍進をふたたび始めた広州とその後背地を論じるE・F・ヴォーゲル（Ezura F. Vogel）[168]の研究がある。東南海岸部の沿海都市は、海路と水路が連結する交通網の形成とともに発展してきており、内陸都市網から沿海都市網に転換する中国都市史の流れを象徴する地域である。今後の研究の進展に期待したい。

西欧の殖民都市から始まり、現在は中国東南部を代表する港湾都市に発達した香港・マカオについては、香港史の概説として広く読まれている中嶋嶺雄[169]や、澳門叢書や嶺南文庫等の叢書に収録された鄧開頌[170]、マカオと広州との関係を論じる梁渭雄[171]の書をはじめ、研究は膨大な量に達している。開放経済の施行以来、香港が核となり深圳・広州・マカオ・仙頭等と一体化して国外に拡大する一大地域経済圏は、上海が核となり南京・蘇州・寧波・杭州等と一体化して国外に拡大する長江下流経済圏とともに、今や東アジアを代表する沿海地帯の地域経済圏をつくっており、スキナーがかつて論じたように、中国大陸の各地域が自立性をもちながら競い合う旧中国社会の特色が、今に生きている思いをいだく。

東北・山東

東北都市については、近代都市ハルピン（哈爾浜）の都市計画についての研究がすすんでいる。建築史にもとづく幅広い視角からハルピンの都市計画の特色を明らかにする越沢明[172]をはじめ、ハルピンとマンチュリアを論じるT・ラフーゼン編（Thomas Lahusen ed.）[173]、一八九八年から一九一四年に至るロシア勢力下のハルピンの歴史を論じるD・ウルフ（David Wolff）[174]、一九一六年から一九三二年に至る中華民国期のハルピンの歴史を論じるJ・H・カーター（James H. Carter）[175]、同じく、中華民国期のハルピンの地志をえがくS・クラウゼン、S・トゲルゼン（Søren Clausen and Stig Thøgersen）[176]の研究がある。瀋陽については、清朝初期のヌルハチの都の都市構造を論じる三宅理一[177]の研究がある。

上海等の長江下流域の沿海都市網と密接な関係をもつと同時に、北京から東北にかけての都市網とも不可分の政治・経済関係をもった山東の済南については、一八九〇年から一九四九年に至る山東省済南の変貌についてのD・D・バック（David D. Buck）[178]や、近代の山東の都市史を概観する王守中・郭太松[179]などの研究がある。

西安と農業=遊牧境界地帯の都市

十六世紀以後に沿海地帯の都市網が発達の速度を早めると、従来、東西をむすぶ幹線陸路の結節点に立地して繁栄をきわめた内陸の都市群は、相対的にその重要性を失っていくようになる。しかしながら、沿海都市に都市史の主要舞台が移動していくなかでも、政治・軍事・経済上の重要性を持続した内陸都市や、新たに勃興する内陸都市も存在した。前者を代表する都市が西安や太原等であり、後者を代表する都市が包頭やフフホト等である。これらの内陸都市は、沿海地帯の都市網と鉄路や幹線道路で連結することで交通幹線上に立地しつづけることに成功し、都市の繁栄を持続させ、また新たに繁栄を生みだした点において等しい。

明清以後の西北都市については、西安についての研究が質量ともに群を抜いている。その理由は、西安が、その名の通り、北京の西方の軍事防衛上の拠点として重視されたからであるが、現在の西安には西北大学文博学院や西安建築科技大学建築学院・陝西師範大学をはじめとする多くの大学・研究機関があり、毎年、西安史を対象とする多くの博士論文が執筆され、西安には出版社も少なくなく、数多くの専著が継続的に出版されるからでもある。

西安における西安史研究は、とりわけ、陝西師範大学西北歴史環境・経済社会発展研究センター（旧中国歴史地理研究所）が、中核的役割を果たしている。同研究センターを創設した元所長の史念海、二代目所長の朱士光、三代目所長の侯甬堅が、それぞれ西安史についての研究論著を多数公刊しているのに加え、同研究所出身の馬馳・辛徳勇・韓茂莉・郭声波・呉宏岐・王社教・李令福・王双懐・張萍・劉景純・史紅帥・肖愛玲等の西安史に関する多彩な研究は、明清西安史の解明を一挙にすすめている。

同研究センターの西安史研究の成果は、同センターの機関誌『中国歴史地理論叢』の各号に論文として公刊されており、侯甬堅主編『長安史学』一～四（北京・中国社会科学出版社、二〇〇七年）の各冊や、古都西安叢書（西安・三秦出版社）、古長安叢書（同上）等の叢書にも網羅されている。中でも、明清西安府の都市構造を詳細に復原する史紅帥『明清時期西安城市地理研究』(180)が、現在の明清西安史研究の基本書というべきだろう。妹尾達彦にも、清代西安府の都市構造の特色について初歩的な分析がある[181]。

遊牧地域と農業地域の交わるフフホトについては、フフホトの漢人居住地区の商業組織を調査した今堀誠二の大著があり[182]、今も研究の基礎をあたえている。近年は、近藤富成[183]や包慕萍[184]の優れた研究がある。近藤富成と包慕萍の研究は、遊牧と農業の複合するフフホト独特の軍事・経済都市の都市構造を、初めて本格的に分析した重要成果であり、今後、フフホト以外の都市の分析を進めることで、農牧複合都市の都市類型を抽出することが可能になるかもしれない。その意味において、フフホトをはじめ、農牧複合地帯の諸都市を幅広く調査する包慕萍の近年の研究は、徹底した実地調査にもとづく建築史学の方法と文献史学の方法を融合し、都市史研究に新たな可能性を開拓している。なお、フフホトと同じく、農業と遊牧の境界地帯に位置するチベットのラサの歴史と現在については、R・バーネット（Robert Barnett）[185]の研究書がある。

遊牧地域や草原地域の前近代の都市史研究は、森安孝夫や林俊雄、臼杵勲、白石典之を始めとする考古学や文献史学の研究者たちによって、文献史料と考古学の物質資料を活用し、自然・社会科学の諸方法を融合する方法にもとづき、近年、飛躍的に発展しつつあり、都市遺跡の発掘もあいついでいる。近年の研究の結果によると、前近代の遊牧・草原地域において、従来考えられた以上に、広範囲に城壁都市が分布していた状況が明らかになりつつあり、これらの「遊牧都市」「草原都市」が、十九世紀から二十世紀にかけて、沿海部の都市網を中核に近代国家が形成される際に、どのような変容をとげたのかという問題が、研究の焦点の一つとなってきている。

海港都市と河港都市をむすぶ都市網の形成——交通網の変革と近代都市

以上の諸研究にもとづくと、とりわけ十六世紀後半以後、中国大陸の沿海地帯においては海港都市（港湾都市）の発達が本格化し、河川を通じて河港都市と連結することで、中国大陸の主要都市網を構成してきたことがわかる。上海や天津、香港等の開港都市の台頭は、十六世紀以来の沿海都市網と連結することで生じたものといえよう。沿海都市の台頭をうけて従来の内陸都市網の都市は、新たに勃興した沿海都市網と鉄路等で連結することで生き延びることを試み、沿海交通網に連結出来なかった場合に相対的な地位の低下をむかえることになった。十八、十九世紀以後、宣化府や張家口、フフホト、包頭等の農業=遊牧境界地帯の諸都市は、沿海地帯の諸都市と直接に陸路で結ばれることで、商業的活況を呈するようになるのである。

ここで注意すべきは、十六世紀後半以後に形成される新たな沿海の海港都市の特色が、前近代に多く見られる入り海や浦に立地する天然の港町とは異なり、海域と内陸の後背地を連結する交通網の要（近代初期は河川交通と海運の要衝、後には鉄道・道路と海運の要衝）に立地したことである。伝統都市である北京も、「山を背にし、海に面する」と称され、沿海地帯の都市網に入る都市だった。内陸の乾燥地帯に接する北京が、近現代に至っても都として存続出来た要因には、沿海部と内陸部の結節点に位置して広範な後背地をもつ立地環境のよさが、第一の要因としてあげられよう。

さらに、ここで重要な点は、中国大陸の海港都市の建築構造や歴史的役割が、ユーラシア大陸の他の地域の海港都市と類似しており、アフロ・ユーラシア大陸の海港都市は、共通性と個性をあわせもつことである。この点において、地中海や北海、インド洋等に面する、ユーラシア大陸各地の海港都市の建築構造と政治・経済・文化機能を分析する、近年の羽田正や深沢克己、応地利明、布野修司、仁木宏等の研究は、中国の海港都市を考える際にも、大きな示唆をあたえてくれる。また、斯波義信は、中国の海港都市をめぐる研究を総括して、他地域との比較を視野にいれて系統的な分析をほどこし、今後の研究の基礎を提供している[186]。

十六世紀前後から始まった沿海都市網の発達は、内陸の鉄道と海路・河川が完全に連結する十九世紀に至って、新たな段階をむかえた。一八四二年の南京条約で開港した条約港（広州・福州・厦門・寧波・上海）や、一九七八年から始まった中国の経済開放政策において定められた経済特区の都市（深圳・珠海・汕頭・厦門・海南島〔一九八八年〕）と、一九八〇年代に指定された最初の国家級経済技術開発区十四都市（大連・秦皇島・天津・煙台・青島・連雲港・南通・上海・寧波・温州・福州・広州・湛江・北海）は、すべて、内陸部の消費・生産地と直接に連結する水路や鉄道・道路をもつ、各種の港湾施設が整備された港湾都市である。

中国大陸における以上の沿海都市網は、二十一世紀初頭の現在、地球経済圏の形成が進むなか、ますます経済・文化的な存在感を増している。とくに、先述のように、香港と広州をもつ珠江デルタと、上海を核とする長江デルタの都市化と都市網の形成が急速に進展しており、珠江デルタと長江デルタのそれぞれが、北京政府から相対的に独立する地域経済圏を形成して、東南アジアや朝鮮半島、日本列島の沿海都市と連結し、国境を越えた沿海都市のネットワークが太平洋の西部に形成されてきている。

この動きは、都市の経済的・文化的ネットワークが、二十一世紀の地球全体の政治・経済・社会にあたえる影響の大きさを考える際に、格好の参照事例となるだろう。国境を越える沿海都市網が、既存の東アジアの各国の近代国家の政治体制にどのような影響をおよぼすのかという問題は、東アジアの政治状況の未来を考える際に、不可欠の視座になると思われる。中国が開放経済に突入してみずから都市化を促進させたことが大きな契機となり、東アジア全域において史上最大規模の都市の時代がきていることの意味は、きわめて大きいといえるだろう。現在、日本列島の全体が、東アジアの沿海都市網の中につつみこまれるようになっている。

このような近年における沿海都市網の発達の歴史的背景を探る時、中国の主要都市網の変遷を新たに探る必要が生じる。とくに、中国大陸では、九世紀以後、内陸部の農業＝遊牧境界地帯を包含する都市網から、沿海地帯の都市網への転換がすすみだし、十六世紀以後、この流れがいっそう加速する事実を再検討する必要がある。環境史の観点からみれば、内陸都市から沿海都市の都市網への変遷は、政治・経済・軍事・文化の重点が、農業地域と遊牧地域を媒介する生態環境の遷移帯《エコトーン》から、陸域と海域を媒介する沿海地帯の遷移帯《エコトーン》への変遷を意味しており、人間と環境との関係に大きな転換をもたらした。そして、この転換は、中国大陸のみならずユーラシア大陸全域の大きな構造的変化の一環をなしていると考えられるのである。

ここで重要な点は、内陸の農業＝遊牧境界地帯をつつむ都市網と、沿海地帯の海港都市の都市網とが、人間活動をささえるさまざま要素で対をなしており、農業＝遊牧境界地帯の都市網の経験をふまえて、沿海地帯の都市網が拡大し整備されていった事実である。農業＝遊牧境界地帯と沿海地帯は、経済の効率や規模において大きな違いをもちながらも、その一方で、ともに生態環境の遷移帯に位置しており、環境の境域という点では類似した特色をもっていた。両地帯ともに、異なる世界が交わる場として共通性をもつのである。この共通点が、二つの地帯における人間活動の類型化を生み出した、といえるのではないだろうか。

たとえば、貿易制度については、農業＝遊牧境界地帯の互市制度と沿海地帯の市舶制度が対をなしており、商業組織については、内陸を往来する駱駝の隊商の商業組織と海域の船舶の商業組織とが対をなし、商業のあり方や商慣行において共通点が多い。また、内陸の隊商の往来を前提とする都市の構造と、海域の沿海商人の来航を前提とする都市の構造とは、沙漠の船（沙船）とよばれる駱駝の隊商と、海洋商人の船舶の出入りを前提としている点で、構造的に対をなしている。内陸都市の城門が、海港都市の港口に匹敵するのである。また、辺境防備についていえば、農業＝遊牧境界地帯の辺防と沿海地帯の海防とが対をなし、両者は防衛上同じ範疇の二類型であった。そして、時間的には、前者の経験は後者に継承される関係になっており、内陸の経験が沿海部で生かされているのである。

ここであらためて問題となる点は、内陸地帯から沿海地帯への都市網の変遷が、いつ、どのような過程をへて、どのように行われたのかという問題である。この転換は、中国の政治・軍事・経済・文化すべての分野に影響がおよぶ、大きな転換をもたらしたと考えられる。この点について、次の第三節において、近年の都市史研究にもとづき問題を整理してみよう。

三　中国都市史の構造——内陸都市網から沿海都市網へ

中国都市史の空間構成

中国大陸の空間構成の変遷を都市史の立場から考える際に、(1) 同じ環境と異なる環境の組み合わせによってアフロ・ユーラシア大陸の歴史が展開するという点と、(2) 歴史の主要舞台は環境の境域に立地し、その環境の境域は、前近代の農業=遊牧境界地帯から近代の沿海地帯に移行するという点が、分析をすすめるための二つの仮説になると思われる。そして、現代社会のかかえる都市問題と環境問題は、農業地域と遊牧地域の複合する農牧複合地帯（農業=遊牧境界地帯）から、沿海地帯へと歴史の主要舞台が拡大していく過程で必然的に生じると思うのである。

まず、第一の論点である「前近代の歴史は、同じ環境の地域と異なる環境の地域の交流によって展開する」という仮説を説明してみよう。

前近代におけるアフロ・ユーラシア大陸の各地域の歴史は、技術の未発達等によって、各地域の生態環境と分かちがたくむすびついていた。大局的にいえば、前近代のアフロ・ユーラシア大陸では、異なる環境と生業をもつ緯度の異なる南北の地域をむすぶ物流と、環境と生業を同じくする同緯度地域を結ぶ東西の物流とが連動することで、歴史の構造がつくられたといえる。

前近代のアフロ・ユーラシア大陸においては、農業や遊牧等の生業は環境によって決定され、異なる生業間の物産の流通こそが物流の根幹をなし、環境と生業を同じくする同緯度地域間の流通が、それを補う役割を演じたのである。この物流の要の地域に、都市と国家が形成される。

前近代のアフロ・ユーラシア大陸の都市・国家の形成と生態環境とは密接に関連していた。すなわち、前近代では、長い間、環境と生業の異なる南北方向と、環境と生業の類似する東西方向の物産の流通が組み合わされることで、歴史の構造を規定していた。この物産の流通は、環境の異同に即した合理的な構造をもつ点に特色がある。このような物産の流通は、人間と環境の不可分の関係を前提としている。この状況のもとでは、人間活動は環境に即応することで初めて可能となり、現在みられるような都市問題や環境問題は、まだ顕在化していない。

都市問題や環境問題が人類の問題として顕在化するのは、環境にもとづく物流の構造が変容し始め、環境に左右されない物流が主流となって以後のことである。すなわち、環境の制約から人間の活動が脱出していくなかで、人類の政治・経済・社会・軍事・文化の組織が全面的に変化を始め、必然的に、都市・環境問題が顕在化するのである。

次に、第二の論点である「歴史の主要舞台は、環境の境域に立地する。そして、歴史の主要舞台となる環境の境域は、前近代の農業=遊牧境界地帯から近代の沿海地帯に移行する」という仮説を説明してみよう。

第一の仮説にもとづくと、アフロ・ユーラシア大陸の政治・経済・軍事・文化の中核地域は、生態環境の境域の上、もしくは境域に接する都市網に立地する。その理由は、環境の境域こそが、物流の要となるためである。この第一の仮説から導き出される第二の仮説は、アフロ・ユーラシア大陸の政治・経済・軍事・文化の中核地域が、前近代の農業=遊牧境界地帯（農牧複合地帯）に接する都市網から、近代の沿海地帯に接する都市網へと転換する点である。この転換は、アフロ・ユーラシア大陸における交通幹線が、陸路から水路・海路に転換し始める九世紀前後に始まり、銀の流通による世界の一体化のすすむ十六世紀以後に加速し、十八、十九世紀にかけて頂点に達して、人類の政治・経済・軍事・社会・文化制度の全体にかかわる変革をもたらした。

その変革とは、(1) 商品流通の飛躍的増加と国家の財政規模の拡大、(2) 商品品目の大衆化と社会の世俗化、(3) 消費が生産を決定する社会から生産が消費を決定する社会への転換、(4) 生態環境に依拠した交易から生態環境を超越する交易への転換、(5) 騎馬軍団から歩兵と海兵の陸海軍への軍事組織の転換であり、(6) 人間の行動の主体化(伝統にもとづく行動様式から自発的な行動様式に転換)である。

要するに、地球に近代社会が形成される際に、沿海地帯に接する都市網の形成は、決定的な意味をもっていた。そして、農牧複合地帯から沿海地帯への主要都市網の移行は、アフロ・ユーラシア大陸の全域で、ほぼ同時に進展したと思われる。ここで重要な点は、環境問題や都市問題を認識する前提となる人間の主体化の進展は、このような歴史の舞台の転換に対応している点である。そして、アフロ・ユーラシア大陸の交通幹線と都市網の転換は、中国大陸においては、主要都城が長安―洛陽の東西両京制度から、開封をへて、北京―南京の南北両京制度に転換する形で、集約的にしめされている。

以上の歴史解釈は、アフロ・ユーラシア大陸の各地域の歴史が、同じ構造をもつことを主張することで、従来の歴史観に根本的な転換を要求することになる。この見方にたてば、一つの地域を絶対視しがちな従来の見方、たとえば、西欧中心史観ないし中国中心史観や、二項対立を強調する歴史観、たとえば、西洋と東洋、農業地域(農耕民)と遊牧地域(牧畜民)、陸の歴史と海域の歴史を対立的にみる史観を、ともに相対化することが出来る。そして、各地域を平等に比較して歴史的に関係づけることで、人類史の叙述が可能となると思われるのである。

そこで、以上の論点のいくつかを、もう少し具体的に検討してみよう。

中国大陸における都市と国家の誕生

地理学では、都市の成立要件として、自然条件と社会条件を挙げる場合が多い。すなわち、自然条件では、水の得やすさや、自然災害をうけにくい場所、生活に適した気候などがあり、社会条件では、交通がとくに重要であり、外敵に対する防御、資源の得やすさなどがある。一般に、交通・軍事・資源にもとづく社会条件の方が、自然条件よりも影響力が大きいとされている。

要するに、自然条件に問題があっても、社会の要請によって都市はつくられ進展するものである。通常、都市がつくられた後に、自然条件の改良が模索され、都市にすむ人間のために自然環境の改造が始まる。中国大陸における都市の誕生の問題を考える際にも、交通・軍事・資源の問題が鍵をなすと思われる。

近年、長江流域で、約五千年前と推測される中国最古の都市遺跡が見つかって大きな反響をよんでいる。かつて黄河文明に集中していた都市研究は、中国都市の多元的発生がとなえられるようになり、中国大陸を広く対象とするようになっている。ただ、図1でしめすように、中国大陸でもっとも密度の濃い都市のネットワークが、黄河の中下流域である中原において、殷・周・春秋・戦国時代、すなわち、前十五世紀から後三世紀にかけて徐々に形成されたことは確かである。長江流域で発見された都市遺跡の数々は、黄河中下流域の都市網に匹敵するほどには、相互に密接に関連する都市網をつくってはいない。

そこで、黄河中下流域で中国最古の都市網が生まれた要因を考える時、まず、都市の誕生と自然環境の関係に注目すべきと思われる。中国大陸では、考古学的遺物にもとづけば、前三千年紀の温暖な気候のもとで、農業が緯度の高い地域まで相当広範囲に普及したとされている。ところが、前二千年紀になると気候の乾燥化と冷涼化が始まり、黄土高原地区では農地が草原へ遷移し始め、農業に適しなくなった土地を活用するために、かつての農業経済圏の多くは牧畜経済圏に変化していった。また、冷涼化にともなう農耕地域の緯度の南下にともない、

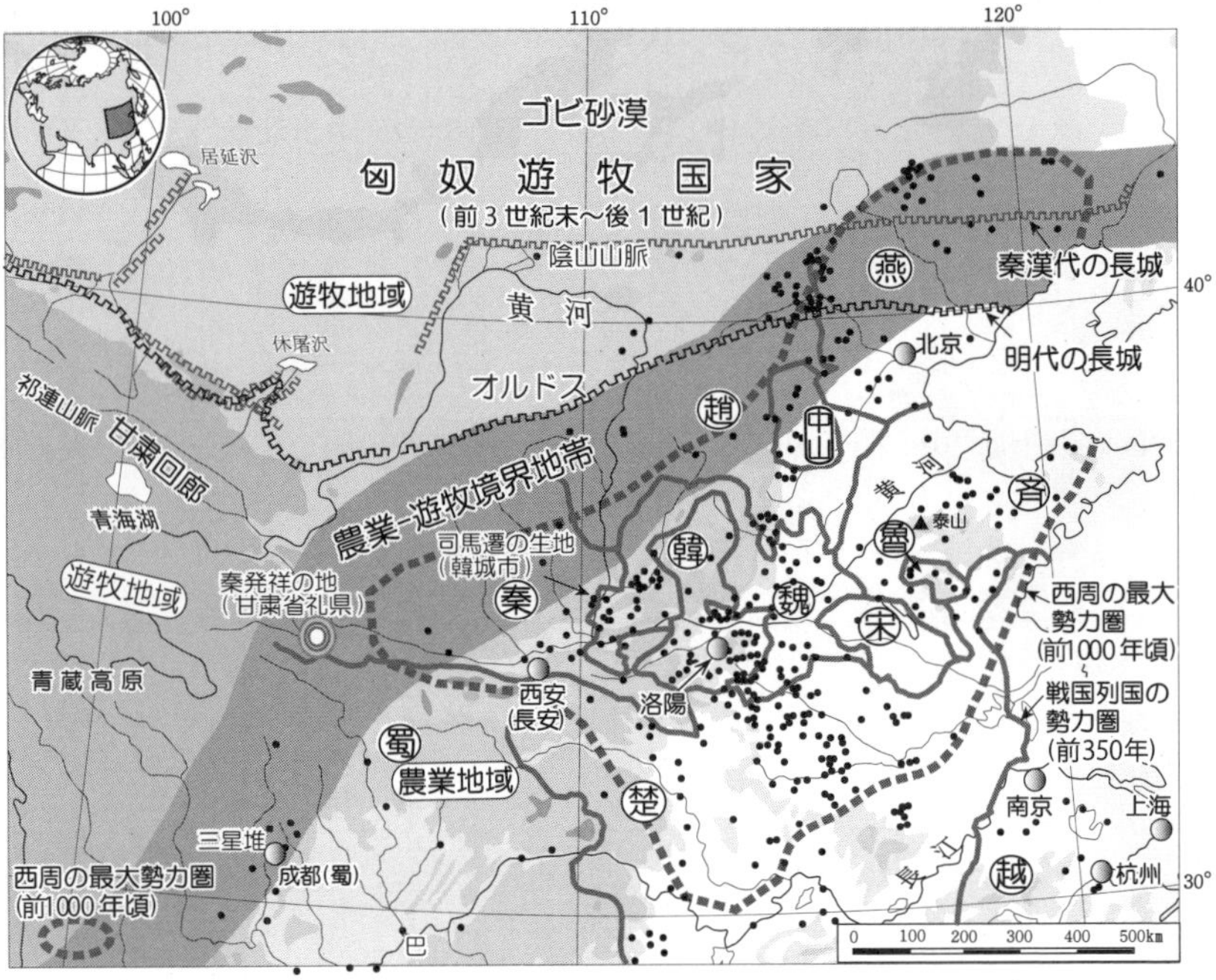

黒点 ● は、春秋・戦国時代の諸国の都城と一般都市の分布（許宏 2000・毛曦2008）
◯印の国家は、前 350 年の状況を示す（譚其驤 1991)。　◉ は現在の都市。
明代の長城　秦漢代の長城

図１　中国大陸における都市と国家の形成

注：本図は、譚其驤主編『中国歴史地図集―原始社会・夏・商・西周・春秋・戦国時期』（香港・三聯書店、1991年）所収「諸侯称雄形勢図（公元前350年）」を底図とし、農業=遊牧境界地帯の位置については、史念海「黄土高原及其農林牧分布地区的変遷」（同著『黄土高原歴史地理研究』鄭州・黄河水利出版社、2001年＜原載1987年＞）所載の「論両周時期農牧業地区的分界線」と、韓茂莉「中国北方農牧交錯帯的形成与気候変遷」（『考古』2005年第10期）所載の図１「中国北方農牧交錯帯形成過程示意図」にもとづき、春秋・戦国都市の分布は、許宏『先秦城市考古学研究』（北京・北京燕山出版社、2000年）所載の図40「春秋時期列国都城与一般城址分布図」と、毛曦『先秦巴蜀城市史研究』（北京・人民出版社、2008年）所載の図11－２「巴蜀郡県城市分布図」にもとづいてえがき直した。海岸線は、現在の状況をしめす。

出所：妹尾、2009。

かつての農業地域と重なる地域やその北方に、新たに遊牧・牧畜地域が形成された。そして、新たに生まれた遊牧地域と農業地域の境界地帯に、農業地域と遊牧地域が複合する地帯が生まれた。本稿でいう農業＝遊牧境界地帯（農牧複合地帯・半農半牧地帯・農牧接壌地帯）の形成である。[187]

重要な点は、前二千年前後に始まる寒冷化・乾燥化と、それにともなう遊牧地域・農業＝遊牧境界地帯・農業地域の形成こそが、中国大陸における都市網の発達の契機になったと考えられる点である。この時期を契機に、洛陽を中核とする黄河中下流域に、中国最古の都市網が形成されるのである。

今後の実証研究の蓄積をまたねばならないが、黄河中下流域に一群の都市網が生まれた重要な理由として、農業＝遊牧境界地帯を媒介とする遊牧経済圏と農業経済圏の形成をあげることは、論理的に矛盾がないと思われる。黄河中下流域は、ユーラシア大陸の東西にのびる北緯三十度〜四十度前後の農業＝遊牧境界地帯の沿線に位置しており、異なる生態系の産物と人間が交通・衝突する場所であった。そのために、軍事と交易の拠点としての都市が次々と建築されたと推定できる。実際に、前近代のユーラシア大陸の都市の多くは、この農業＝遊牧境界地帯に隣接して、河川沿いの高台や地下水の得やすい地に立地している。

この地域の都市の共通の建築構造は、外敵の襲撃を防ぐために例外なく城壁をもつ囲郭都市であり、城内の各居住地区自体も壁に囲まれる場合が多い。個々の住居も壁に囲まれて、等しく中庭から光をとる形式となっている。北京の四合院に代表されるこの建築構造は、改良を加えながら、基本的に、中華人民共和国の成立する二十世紀半ばまで存続した。

農牧複合による中国国家の形成に関しては、近年、考古学や文献史学、建築史学等の分野で、さまざまな角度からの分析が進んでおり、史念海[188]の歴史地理学的研究や、岡村秀典[189]、宮本一夫[190]、許宏[191]、馬世之[192]、曲英傑[193]、佐竹靖彦[194]、劉叙傑[195]、張国碩[196]、江村治樹[197]等の研究が、今後のさらなる研究の基礎をあたえてくれる。前二二一年に中国を初めて統一した秦は、もともと農業=遊牧境界地帯に拠点を置く半農半牧を生業とする政権であり、中国大陸統一後も、農業地域と遊牧地域の両者を見据えた政策をとりつづけた（図1参照）。

秦は、統一以前の春秋・戦国時代に多数建築された城郭都市（邑《ゆう》とよぶ）を再編して、全国を三六の郡（後に四十余）、八〜九百の県に区画し、首都—郡城—県城という行政都市の序列を初めてつくった。前二〇二年に秦の後をついだ漢は、建国当初は秦ほどの集権力をもたなかったが、基本的に秦の首都—郡城—県城の行政都市網を継承した。ここに、皇帝の都を核とする行政都市網にもとづく官僚制度の基礎が出来た。行政都市網にもとづく官僚制度は、皇帝制度が廃される二十世紀初頭まで継承されることになる。このような秦漢の都市と都市網に関しては、徐衛民[198]、張継海[199]、周長山[200]、徐蘋芳[201]、王学理[202]、曲英杰[203]などの研究がある。

内陸都市網から沿海都市網への転換の始まり——九世紀の変貌

四世紀から七世紀にかけて、ユーラシア大陸の古典文化圏は、等しく遊牧・牧畜民の侵入によって分裂期をむかえる。この時期に、略奪と防御の舞台となったユーラシア大陸の農業=遊牧境域地帯の諸都市では、防衛と治安の機能を高めるために、築城技術と都市管理技術、城郭都市の攻撃技術が、各地域で相互に影響をあたえあいながら格段と進歩した。中国大陸の都市でも、外壁の強化や城郭構造の複城化、防御用の専門建築の多様化等が進展し、住民の管理と治安を目的とする城内居住地の囲郭化（城内の居住地区をさらに壁で細かく囲む坊牆《ぼうしょう》制）も生じている。

隋唐王朝は、四世紀以来の移動の世紀をへて誕生する。とくに、唐朝第二代太宗と第三代高宗の時代に、東アジア最強の軍事国家であった突厥の分裂をうけて、一挙に統治空間を遊牧地域に拡大し、七世紀末に、中国史上初めて、遊牧地域と農業地域の両地域を包含するかつてない大きな統治空間をもつ国家となったことの意味は、きわめて大きい。唐王朝は、これ以後の中国王朝が、農業地域と遊牧地域を包含する大きな中国（元・清・中華人民共和国）と、農業地域を核とする国家と遊牧地域の国家とに実質的に分裂する（宋と遼・西夏・金、明と北元、中華民国とモンゴル人民共和国）、規則的なくりかえしの端緒となったのである。[204]

六世紀末の隋の中国再統一と七世紀初の唐の建国は、三世紀近くつづいた中国大陸の分裂期に切断されていた、首都—府州城（八世紀前半に三二八）—県城（同一五七三）の行政都市網を再確立させた。この時つくられた行政制度が後世の制度の基礎となったことは、その後、明清に至るまで、県城の数自体が千二〜三百でほぼ一定し、経済規模の拡大に応じて、県の行政機能を民間社会に譲渡しながらも、既定の行政都市の体系を維持しつづけたことから判明する。唐代に整備される都市の位階にもとづく建築構造が、後代の都市の建築に継承される点については、宿白、傅熹年、佐竹靖彦等の研究がある。

中国再統一にともなう統治・治安の安定化と商工業の発達によって、坊牆制に代表される厳格な都市管理の体制は漸次弛緩し始め、十世紀後半に北宋が成立すると、坊牆制は、農業=遊牧境界地帯に接する地域の都市を除いて消滅していった。十一世紀には、加藤繁や斯波義信の研究で明らかなように、州県城のまわりに鎮や市という商業町が無数に生まれていき、都市と農村は、小商業町を媒介に重層的に連結するようになった。

農業=遊牧境界地帯を媒介に農業地域と遊牧地域を包含する、七世紀末から八世紀初の唐王朝の都の長安は、交通制度の整備にもとづき、ユーラシア大陸東部の都市網の核となり、文字通り、国際的な都城として繁栄するようになる。六世紀から八世紀にかけての内陸のオアシス都市をむすぶ都市網の近年の研究については、日本においては、森安孝夫や荒川正晴、白須浄真、關尾史郎、片山章雄の研究、中国においては、張広達、王小甫、栄新江、王素等の精緻な文献読解にもとづく研究がある。また、実地調査にもとづくオアシス都市の総合的研究には、総合地球環境学研究所の共同研究であるオアシスプロジェクト『オアシス地域研究会報』（二〇〇一〜二〇〇七年）に、オアシス都市研究の成果の一端が収録されている。

安史の乱をへた八世紀後半になると、ウイグルや吐蕃をはじめとする遊牧勢力の再台頭とともに、唐朝の直接の統治空間は一挙に半減し、かつて支配のおよんだ遊牧地域のほぼ全域と、唐前期の税収入をささえてきた農業地域の河北の大部分を失った。のこされた統治空間は、関中平野を核とする黄土高原地区と長江流域以南に限定されてしまう。この国際情勢の転換が、中国大陸における、農牧複合地帯をつらぬく都市網から大運河と沿海部を連結する都市網への交通幹線の転換を促進させた。この結果、九世紀以後、中国大陸史における内陸都市網の時代から水路・海路の沿海都市網の時代への転換が、本格化することになった。

唐王朝の政治・軍事・文化・社会の構造は、沿海地帯に比重を置く都市網への転換にあわせて大きく変貌する。政治的には、農牧複合国家から農業地域を核とする集権国家へ、軍事的には、農牧複合国家をささえる複合的な軍事体制（羈縻州・都督府と州県制度、蕃兵と府兵の併用）から、農業地域の軍事体制（州県・巡院制度と募兵制）へ、経済的には、農業=遊牧境界地帯を媒介とする奢侈品貿易から沿海地帯を媒介とする大衆品貿易へ、局地市場からより全国的な市場へ、文化的には、多文化の併存を前提とする国際主義から漢族意識をもつ人びとによる「民族」主義への転換である。

以上の動勢は、農牧複合地帯の軍事的緊張が高まり、都の長安をとりかこむように西北部・北部軍事前線が形成される、緊迫した国際情勢と密接に関連している。農業=遊牧境界地帯に軍事拠点を置く西夏や契丹、金の興隆は、九世紀以後における農業=遊牧境界地帯の重要性の増加の結果である。

国際情勢の変化をうけて、六世紀末に開削された中国南北をつなぐ大運河は、中国大陸の都市網を内陸型から沿海型に転換させる動力となり、大運河沿線の都市の勃興をうながした。家島彦一が体系的な研究によって明らかにしたように、ユーラシア大陸の中央部においても、七世紀前半にイスラーム王朝が成立し、八世紀半ばには、バグダードを都とするアッバース朝が成立して、九世紀には、イスラーム商人によって、インド洋から太平洋西部におよぶ沿海海路の開拓が始まった。九世紀以後、中国大陸の都市も、ユーラシア大陸の沿海都市網のなかにくみこまれるようになったのである。このような内陸から沿海への主要貿易幹線路の転換に応じて、中国の都の変遷パターンも、長安・洛陽の東西両京制度から、北京・南京の南北両京制度へと転換する。

ただし、イスラーム商人の海洋への進出に比べると、イスラーム国家の統治空間は、騎馬軍団を核とする軍隊組織や、駱駝を主とする交通手段と交通網、乾燥地域にもとづく農業と牧畜の技術体系等におもに依存していることにより、乾燥地域という生態環境の境域をこえることは難しかった。七世紀から八世紀にかけてのイスラーム国家の統治空間の面的拡大が、主として、イベリア半島のカンタブリカ山脈以南とピレネー山脈以西、バルカン半島とイタリア半島の南部、インド亜大陸の北半分、中国大陸西北という乾燥地帯にとどまったのは、イスラーム国家自体が、乾燥地域の政治・軍事・経済・文化組織に主拠していたからだろう。

その点で、十四世紀末以後に顕著となる東南アジアのイスラーム国家の拡大や、東アフリカ沿海部におけるイスラームの拡大は、イスラーム商人による海上交易路の拡大と国際情勢のたまものであり、航路と海港のネットワークが環境の境域をこえる例として重要である。十四世紀以後に東地中海の制海権をにぎったオスマン朝の海港都市網の存在も、忘れてはならない。

ただ、総体的にみれば、七世紀から八世紀にかけてのイスラーム国家が、陸路にもとづく征服をめざしたために、その統治空間を乾燥地域の外に拡大させることが難しかった点と比べると、十六世紀前後から始まる西欧勢力の拡大は、海路と海港にもとづいたために、生態環境の境域をこえることの出来た点に特色がある。西欧勢力の拡大は、おもに人間のつくった船舶を交通手段とし、沿海港湾都市を拠点としておこなわれたために、駱駝や馬などの家畜をおもな交通手段とする七、八世紀のイスラーム国家とは異なり、環境の制約から比較的自由だった。造船技術を比較すると、長い間、イスラーム商人がおもに木造帆船のダウ（dhow）船によって航海したのに対し、西欧商人は、帆船を改良したキャラベル（caravel）船やキャラック（carrack）船、ガレオン（galleon）船をはじめとする新たな帆船を造船してイスラーム勢力に対抗した。十九世紀に入ると蒸気船が普及し、西欧諸国の優位が決定づけられた。

西欧勢力は、どこにでも移動することができる船舶にもとづいて、地球各地の沿海港湾都市を拠点に拡大し、各地の沿海港湾都市を連結する、汎用性のある軍事組織や商業組織、法制度をつくっていった。このように、西欧勢力によって、船舶がむすぶ港湾都市網の拡大が可能となったのは、おそらく、西欧が、遊牧政権のように騎馬軍団という傑出した軍事技術をもたなかったために、馬にかわる船舶の軍事利用の方に、技術力を集中させることが出来たからであろう。十七世紀以後、軍艦が徐々に騎馬軍団に比べうる戦力になり、西欧の世界植民地支配を可能にさせたのである。

都市=農村関係の変貌とモンゴル帝国の都市網

経済活動の活発化する北宋の十一世紀以後になると、長江下流域の経済先進地の農民は、生産した農産物を近くの商業町に出荷し、また商業町から必要な消費物資を購入することで、地域の流通網が有機的にむすびつくようになり、都市と農村は相互補完的な関係になってゆく。十世紀の五代十国時代の分裂の後、歴史や風俗の異なる複雑で広大な中国社会が、二度と長期の分裂期をむかえることなく形式的な統一を維持しつづけることが出来たのは、人口の大半をしめる農村部を、商業町を媒介とする都市のネットワークでつなぐことで、広範囲におよぶ資本・情報・文化の周流が可能になったからである。

ただ、時代をおって経済規模が拡大して商業町が増加してゆくにもかかわらず、国側は、州県と郷村という伝統的な都市と農村の二本立ての統治を保持しつづけ、都市と農村の中間項である鎮や市などの商業町の行政的位置づけは、あいまいなままに据え置かれた。この理由は、中国の官僚制度が、行政の効率と威信を維持するために、統治の拠点となる行政都市と官僚の数を一定数にしぼりつづけたからである。行政都市の系列からずれる鎮などの商業都市に対しては、商税・通過税・塩税・酒税などの間接税の徴収によって間接的に管理する方針をとった。

このような都市行政のなかに、民間の資本を活用しながらも、あくまで官僚制度の効率的かつ柔軟な運用をつらぬき通す中国型統治の特色が端的にあらわれている。この統治のあり方は、外資の導入によって都市を拠点に経済発展を図る現在の中国政府の方針に受け継がれている。

唐代以後、遼・金をへて元王朝に至る都市網の展開の特色は、農業=遊牧境界地帯をはさみ、遊牧地域と農業地域にそれぞれ高度に発達した都市網が、モンゴル帝国によって統合され、ユーラシア大陸をつつみこむ陸海を連結する巨大な都市網が誕生していくことにある。モンゴル帝国のつくりあげた都市網が、屈接をへながらも、その後のユーラシア大陸各地域の歴史に決定的な影響をあたえたことは、近年、岡田英弘や杉山正明、松田孝一、宮脇淳子、白石典之、船田善之、松川節、向正樹をはじめとする研究者たちによって具体的に明らかにされている。とくに、杉山正明の近著『興亡の世界史9　モンゴル帝国と長いその後』（東京・講談社、二〇〇八年）は、十三、十四世紀におけるモンゴル帝国によるユーラシア大陸都市綱拡大の画期性を論述する。

以上の整理にもとづき、中国の沿海都市網の変遷を、ユーラシア大陸の交通幹線と主要都市網の変遷の中で概念化した図が、図2である。この図のように、中国都市史は、内陸の都市網から沿海部の都市網への転換として把握出来ると思われる。そして、この転換は、本図のしめすように、中国大陸のみならず、アフロ・ユーラシア大陸の他の地域の多くにおいても、普遍的にみられる転換と考えられるのである。

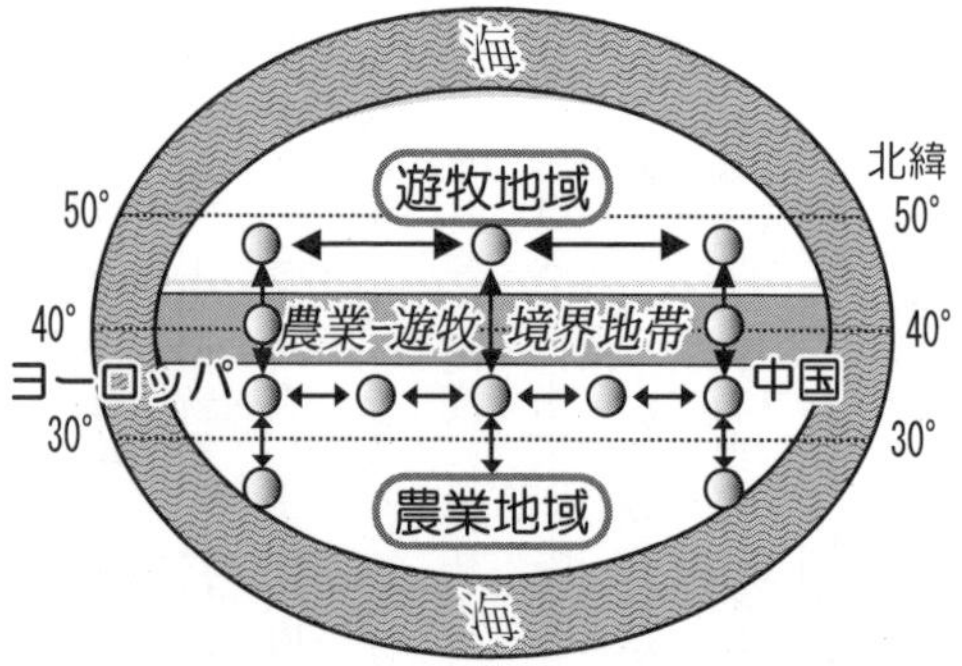

（1）７世紀ごろまでの交通幹線（↔）と都市網（○↔○）
（農業地域と遊牧地域を包む交通幹線と都市網の時代）

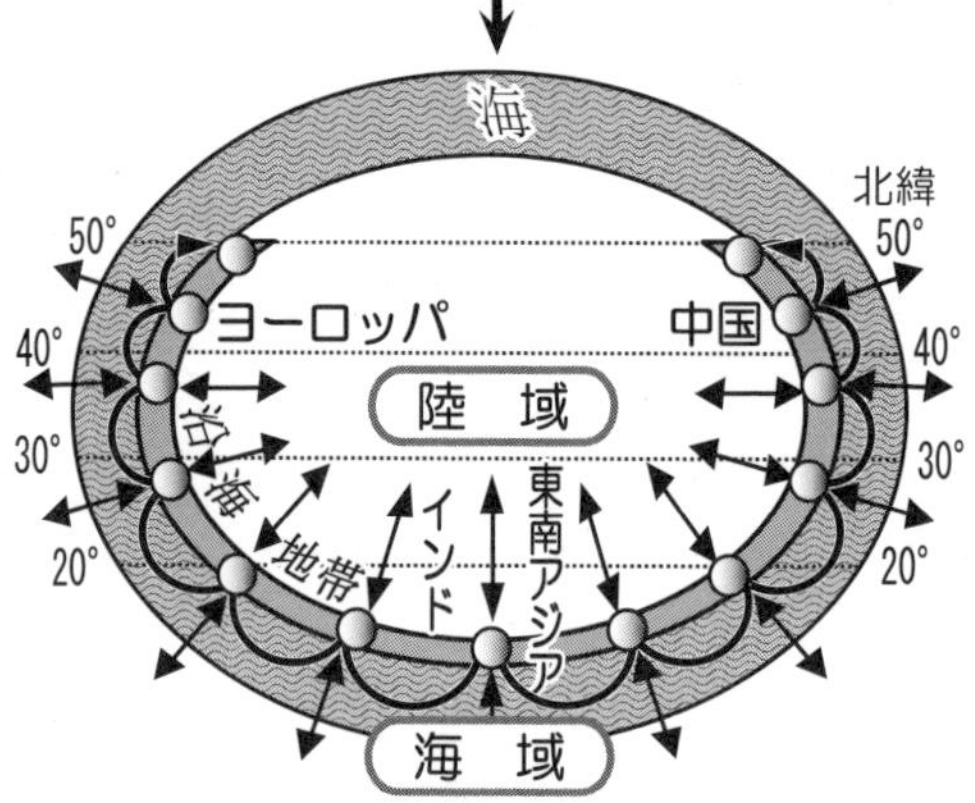

（2）16世紀ごろからの交通幹線（↔）と都市網（○↔○）
（海域と陸域を包む交通幹線と都市網の時代）

図２　ユーラシア大陸の交通幹線と主要都市網の変遷〔概念図〕

注：本図はあくまで現実の地形と歴史を抽象化した概念図であり、ユーラシア大陸の交通幹線と都市網の変遷を単純化して図示している。16世紀になって、突然転換が生じたわけではない。アフロ・ユーラシア大陸の歴史の主要舞台は、本図のしめすように、⑴農業地域と遊牧地域をつつむ交通幹線と都市網から、⑵海域と陸域をつつむ交通幹線と都市網に転換する。このような内陸都市網から沿海都市網への転換は、中国大陸においては、長安を中核とする都市網から、北京を中核とする都市網への転換という形で、具体的に表現されている。注意すべき点は、農業=遊牧境界地域（農牧複合地帯）と沿海地帯とが、ともに環境の境域に位置する環境の遷移帯であり、異なる要素が集う同構造をもっており、そのために、前者の歴史的経験が後者に継承されていることである。
出所：妹尾、2009。

おわりに――グラナダと北京

八世紀以来のイベリア半島におけるイスラーム教徒の王国が、キリスト教徒による再征服によって滅びていく十五世紀末のことである。イベリア半島東南の地中海に面する地域をかろうじて保っていたイスラームのナスル朝（一二三二～一四九二年）の都・グラナダは、いよいよ最後の時をむかえていた。

アンダルシアの豊かな平原を南下するカトリック君主の連合軍が、この最後のイスラーム王朝の重要都市を次々と陥落していくなか、のこされた都市は王都のグラナダのみとなっていた。二年におよぶ激しい攻防戦をへて、グラナダがとうとう落城したのは、一四九二年のことである。これが、イベリア半島におけるイスラーム王朝の最後であった。

イベリア半島におけるイスラーム王朝の消滅が、地中海をはさんでカイロに拠点を置いたイスラームのマムルーク朝（一二五〇～一五一七年）にとって、衝撃的なできごとであったことは、本論文集の松田俊道論文に詳しい。同時に、キリスト教圏にとっても、グラナダの征服は、イベリア半島の再征服の完了を意味し、きわめて重要な政治的事件だった。このことは、グラナダの陥落がキリスト教圏復活の象徴として、後にキリスト教徒によって、多くの媒体にくりかえし表現されていることからも、よく窺える。

グラナダ陥落に際しては、当時の慣例にならい、城下において旧征服者が新征服者に各城門の鍵をわたす儀礼が行われた。無条件降服を意味する「城下の誓い」である。この時の想像を交えた情景は、スペインの画家のフランシスコ・プラディラ（Francisco Pradilla Ortiz, 一八四八～一九二一年）が、一八八二年にカトリック教徒の立場からえがいた油絵「グラナダ降服 La rendición de Granada」によって、よく知られている。絵の左側にえがかれた馬上のイスラームの王が大きな城門の鍵を右手にもち、右側にえがかれた馬上のアラゴン王国のフェルナンド二世とカスティーリャ王国のイザベル女王にさしだす構成は、キリスト教の勝利を高らかにうたいあげて有名である。

また、グラナダ陥落直後に、グラナダを陥落させたカスティーリャ王国の都トレドの大聖堂の聖歌隊席（Coro）の下段に、ロドリコ・エルマン（Rodrigo Aleman, 一四七〇～一五四二年）によって、グラナダ城の攻防戦を再現するレリーフが彫られていることも、よく知られている。攻防の場面をえがく五四枚にもおよぶ精細なレリーフを順番にみていくと、敗れたグラナダのイスラーム教徒が、ひれふしながらキリスト教徒にグラナダ城の城門の大きな鍵をさしだす場面が、くりかえし何度もえがかれていることに気づくのである。戦いの勝者が、敗者から城門の鍵を受け取ることは、完全なる勝利をものがたる象徴的行為であった。

一方、時代が下って二十世紀半ばのことである。中国大陸の黄土高原に拠点を置いた中国共産党の人民解放軍は、中国大陸北部の要地を次々と攻略して、約二十万人の国民党軍のこもる北京城に迫った。北京は、金王朝以来の八百年をこす歴史をもつ都城であったが、当時は、南京に首都を置いた国民党政府により北平とよばれていた。共産党と国民党の交渉により、北平は平和裏に明け渡されることになり、あらかじめ国民党軍の去った城内に、人民解放軍が、西直門・徳勝門・復興門の各門から分かれて進駐したのは、一九四九年一月三十一日のことである。

北平陥落に際し、北平統治の全権を委任する行為として、敗れた国民党の司令官傅作義の部隊から勝者の人民解放軍の将軍にわたされたものが、北平城の各城門の十束の鍵だった。この時の各城門の鍵は、いまも、中国大陸における共産党の軍事的勝利を象徴するイコンとして、北京の中国人民革命軍事博物館二階の全国解放戦争館のガラスケースのなかに展示されている。

一九四九年の二月三日、あらためて、形式を整えた盛大な入城式が挙行された。装甲部隊や戦車部隊、砲兵、騎兵、歩兵等で構成された人民解放軍平津前線部隊約三万人が、人民解放軍の将軍たちの立つ北京内城の正門・正陽門の門楼の下を、北京大衆の人垣を抜けて城内に入城する姿は、共産党の勝利を象徴するものとして、その後の中国のメディアでくりかえしとり上げられ放映されている。二〇〇九年二月三日には、北京解放六十周年を記念して正陽門を一般に無料開放し、人民軍の入城閲兵式の回顧展が催されている。このように、城壁都市では、城門こそが都市そのものをあらわしていたのである。

グラナダと北京の城門の鍵をめぐる以上の二つの事例は、ユーラシア大陸の西端の地と東端の地が、時空をこえて同じ城壁都市の文化を共有していることをしめしている。そして、北京やグラナダに限らず、イベリア半島から朝鮮半島にかけて普遍的にひろがる城壁都市において、都市の城壁のもつ攻防上の決定的重要性や、都市の陥落と征服に際して城門の鍵を新征服者に譲渡する「城下の誓い」の儀礼の存在、都市城壁と城内の建築物の構造、内城につくられた宮殿の建築形式などが、きわめてよく似ているのである。

なお、攻防の要となったグラナダ城や北京城を囲んだ外側の城壁は、後にともにこわされていまや存在しない。いまでも城壁が残る箇所は、王冠に輝くルビーにたとえられた君主（スルタン）の居住したアルハンブラ宮殿と、天空の秩序をうつしだす天子の紫禁城、すなわち現在の故宮だけである。ともに、近代国家の形成に際し国民に開放され、いまは国内のみならず国外からの多数の参観者をあつめている。

前近代の君主の居住地である宮殿の多くが残存し、近代国家の形成期に国民に開放される理由は、近代国家の政権の正統性は国民の支持にあり、国民の支持を得る政策の一つとして、王権を象徴するかつての宮殿の開放が、為政者によって試みられたからである。(205) ちなみに、前近代国家における政権の正統性は、天や神などの超自然界の存在による為政者の承認にあり、国民という観念自体が存在しなかったために、前近代国家においては、近代都市に必要とされる誰にも開かれる公共空間自体が未発達だった。

グラナダのアルハンブラ宮殿に美術館がおかれ、宮殿全体が整備されて市民に開放されたのは、二十世紀半ばになってからのことであり、北京の紫禁城（故宮）が、博物館や図書館などの総合文化施設として市民に開放されたのも、紫禁城に居住していた清朝最後の皇帝・溥儀が北洋軍閥によって退去された、中華民国の一九二四年のことである。宮殿は、近代国家においても、前近代とは異なる目的から必要とされたために残存し、補修を加えて市民に開放されたのである。

以上にあげた例は、あくまで城壁と宮殿の事例にすぎないので、この事例のみから城壁都市の文化を一般化するのは避けなければならない。しかし、北京とグラナダの事例は、アフロ・ユーラシア大陸の歴史が、従来考えられてきた以上に類似しており、アフロ・ユーラシア大陸をつつみこむ大きな歴史構造のなかで、予想以上に相互に関連しながら動いてきたことを示唆しているのではないだろうか。今後、研究が進展すれば、おそらく、世界史のもつ共通構造と相互関連性が、いっそう明らかになると思われるのである。

都市史研究がもっともすすんだ地域は、近代歴史学を最初に構築した西欧諸国家であることはいうまでもない。西欧都市史の流れは、一般の概説書によると、メソポタミアや中近東における都市の誕生から始まり、ギリシャ・ローマの都市国家と殖民都市の拡大、古代ローマ都市の中世的変容、近世バロック都市の形成、近代都市の誕生、ポスト近代都市への模索と時期的に整理されることが多い。

このような西欧都市史の枠組自体に、世界最古の都市文明をうけつぐ西欧という一つの共同体の自成的な歴史を構築しようとする、西欧の歴史家たちの努力の跡をみることは容易である。しかし、より重要な点は、西欧都市史の流れが他の地域の歴史と共通の構造をもっており、西欧都市特異のものではないという点である。

メソポタミアや中近東における都市の発生は、中国大陸やアメリカ大陸における都市の発生と類似した現象であり、メソポタミアや中近東の都市の影響をうけたギリシャ・ローマの都市国家の誕生と植民都市の拡大は、ユーラシア大陸の古典国家に広くみられる都市網拡大の一つのパターンをしめしており、地中海北岸型とでも分類出来るものだろう。

同じく、近世バロック都市の形成は、イスラーム圏の都市においては、イスラームに征服される以前のペルシア型都市への復活運動としてあらわれ、中国大陸の儒教圏においては、仏教が伝播する以前の儒教古典にもとづく理想都市の建築としてあらわれた。いずれも、普遍的な世界宗教（キリスト教・イスラーム教・仏教）に対する、固有・土着の文化からの批判という側面をもっている。要するに、世界宗教に席巻される以前の古典文化の時代への回帰運動であるルネサンス運動を共有しているのである。イタリア・ルネサンスは、ユーラシア大陸各地に展開した古典文化復興運動の一変型である。

幸いなことに、かつて、マックス・ウェーバーがとなえたような自治都市が西欧都市のみに存在すると論じた、ドイツを中核とする西欧近代国家史の正当化を図る仮説に束縛される必要は、いまはない。より客観的に各地域の都市を比較すれば、先掲の『漢口』を著したロウ等が論じるように、西欧以外の前近代の伝統都市にも、都市の自治組織が発達して中央政府から相対的に独立した都市が広くみられるのであり、自治は西欧独自の伝統ではない。都市化と世俗化、職業分化、交通改革、地域経済が進展するなかで、どの地域においても、社会の基層をなす地域社会の自立化は必然的に生みだされることが、近年の各国の研究者によって論証されている。

同じく、近代都市や産業型都市の形成は、近代国家の形成と同様に世界的に普遍的な現象であり、西欧産業都市は、世界の近代都市における西欧型とでも名づけるべきものだろう。この場合、産業革命と産業型都市の形成が他のどこでもなく西欧において生じた理由は、考察に値する重要問題ではあるが、どちらが時間的に先かという問題は、あくまで相対的なものにすぎない。西欧に産業革命が生じていなければ、いずれは、他の地域において、類似の産業や社会構造の変革が生じていたと考えられるからである。

幸いに、現在の都市史研究は、従来の文献研究に加えて、さまざまな分野の研究を総合的に活用できる段階にはいっている。そのために、従来の文献史学を主とする方法に比べると、より客観的な分析が可能となってきた。とくに、情報をいくらでも重ねることのできるレイヤー構造をもつデジタル地図の使用が広まり、情報の共有と加工が容易になっている点は、今後の比較研究の進展にとって、きわめて大きな意味をもっている。

全地球測位システム（ＧＰＳ）や地理情報システム（ＧＩＳ）、インマルサット通信衛星等の活用で、従来の異なるアナログ地図の情報を統合し再加工することが可能となり、究極的には、情報条件のそろった都市の３Ｄ表示の道がひらけてきている。失われた都市を、映像の力で再現することが可能になってきているのである。北京や長安等の中国の伝統都市の３Ｄ復原については、世界各国の研究者によって、相当の水準をもつ成果が出始めている。

地図や図像視覚情報のもつ情報量と説得力は圧倒的であるので、今後、文献研究で積み上げられてきた厳密な文献批判の方法（史料の内的批判や外的批判など）を、視覚情報にも適用して、より客観的な分析を求める必要があろう。そのための方法論の構築を急ぐ時期がきている。

都市の千年紀をむかえた人類は、今後、都市のうみだす諸問題に直面しつづけざるをえず、長い都市の歴史の経験をふまえて、都市問題への解決を模索していかざるをえない。そのために、都市史の比較研究の必要が、いままで以上に求められる時代がおとずれている。そして、世界各地において都市史研究が進展すれば、おそらく、世界の都市史の共通構造と相互関係が、従来考えられた以上に明らかになり、地球各地の人々が、都市をめぐる諸問題に共通にとりくんできた歴史を知ることが出来るようになる、と思われる。

本稿は、このような見通しにたって、中国近代都市の形成についての研究動向を整理したものである。中国大陸における都市史の経験は、他の地域の都市の歴史と類似した構造をもっており、そのために、中国大陸の経験を世界各地域の都市史の比較分析の題材にくみいれることで、世界の都市史が、いままで以上に鮮やかに理解できるようになると考えるのである。

付記　本稿は、二〇〇九年五月より二〇一〇年三月までの期間、訪問学者として滞在したケンブリッジ大学の図書館蔵書と電子情報に依拠してまとめたものである。ケンブリッジ大学図書館の書庫の豊かな蔵書と膨大な電子情報によって、日本では見ることのできなかった中国都市史や西欧都市史に関する数多くの論著を容易に手に取り読むことが出来たことが、本稿執筆の契機の一つとなった。

とくに、東洋学関係の和漢書を多数収蔵するケンブリッジ大学図書館の青井パビリオンの書庫や、同図書館のノースタワーの六階にまとめられている欧文の中国史関係の蔵書から、ここ十数年の間に、中国近代都市史研究が飛躍的に進展している状況を知ることが出来た。そして、ケンブリッジ大学全体の発するさまざまな情報から、現在の欧米の都市史研究が、より精緻な事例研究を積み重ねながらも、つねに他の学問分野と密接な関係をむすび、ますます学際的な展開を強めている様を知ることが出来た。

そこで、中国近代都市史の研究動向を簡潔に整理することで、現代の中国都市史研究の到達点を探り、同時に、世界の都市の比較史に新たな題材の提供を試みようとしたものが本稿である。ただ、本稿が、中途半端で未熟な内容に終始してしまった責任は筆者にあり、今後、本稿をふまえて、より体系的な研究動向がえがけるように努力したい。

本稿執筆に際し、ケンブリッジ大学セント・ジョンズ・カレッジのディヴィッド・マクマラン先生とジョセフ・マクデモット先生には、最高の研究環境を提供していただき、とくに、ジョセフ・マクデモット先生からは、近年における都市史研究に関して多大のご教示いただいた。また、ケンブリッジ大学図書館の中国部長のA・チャールズ氏と日本部長の小山騰氏には、図書閲覧に際し格別のご配慮と便宜をいただいた。ここに深謝申し上げる次第である。

（1）中国新聞網二〇〇九年八月十日「中国城鎮人口明年首超農村、城郷差距拉大」に引用の中国房地産研究会・王涌彬の発言。都市化率は、都市の定義に左右されるので、あくまで一つの目安にすぎない。『中国統計年鑑―二〇〇二』（中国統計出版社、二〇〇一年）に掲載された、中国国務院による中国都市（城鎮）の範疇では、北京・上海・天津・重慶の四つの直轄市を頂点とする六百五十八の市（地級市・県級市）と二万三百五十八の鎮をさしている（二〇〇一年末の時点）。その後、現在に至るまでこの数字に大きな変化はない。このうち、鎮は、農村的都市ともいえる商業町のことで、一九八四年の国務院の定義によれば、県レベルにおける国家機関の所在地であり、総人口二万人以下の場合は非農業人口が二千人以上、総人口二万人以上では非農業人口比率が一〇％以上等の基準をみたす集落地をさす。ただ、鎮の定義は時期的に変化しているので、歴代の都市化率の統計基準には不統一な点が残っている。

（2）国連人口基金（UNFPA）の State of the World Population 2007 report（http/www.unfpa.org/2007）を参照。

（3）G. William Skinner ed., *The City in late imperial China*, Stanford, Calif.: Stanford University Press, 1977, p. 225.

（4）本稿の大きな枠組は、内陸都市網から沿海都市網へ推移を軸に中国の都市と環境の歴史を叙述する、妹尾達彦「都市と環境の歴史学」（同編『都市と環境の歴史学』第一集［増補版］、東京・中央大学文学部東洋史学研究室、二〇〇九年）における分析にもとづいている。

（5）一九二〇年代から三〇年代における中国都市史・建築史研究の形成については、熊月之・張生「中国城市史研究総述（一九八六―二〇〇六）」（『史林』二〇〇八年一期）、徐蘇斌『日本対中国城市与建築的研究』（北京・中国水利水電出版社、一九九九年）を参照。

（6）欧米における都市史研究の動向は、*Urban History* や *The Journal of Urban History*, *Urban History Review* 等に継続的に掲載される研究動向論文から、概要を知ることが出来る。また、陳恒「他山之石、可以攻玉―西方城市史研究的歴史与現状―」（『上海師範大学学報』二〇〇七年三期）や、Gordon, Alan, "New Cultural History and Urban History," *Urban History Review*, Vol. 33, 2004を参照。

（7）Jacques Gernet, *La vie quotidienne en Chine: à la veille de l'invasion mongol 1250-1276*, Paris: Hachette, 1959（ジャック・

ジェルネ著、栗本一男訳『中国近世の百万都市―モンゴル襲来前夜の杭州―』東京・平凡社、一九九〇)。

(8) アナール学派の都市史関係の論文を収録する、二宮宏之・樺山紘一・福井憲彦編集『都市空間の解剖』(東京・新評論社、一九八五年)等を参照。

(9) この点については、中央アジアの東方に延びるイスラーム圏の都市網の拠点都市であるとともに、現在は中華人民共和国の都市網の西端にも位置する、カシュガルやヤルカンド、ホタン、クチャ、トゥルファン等のオアシス都市に顕著である。新免康「中国新疆のウルムチ(烏魯木斉)市の歴史的変遷」(妹尾達彦編『都市と環境の歴史学』第二集、東京・中央大学文学部東洋史学研究室、二〇〇九年)を参照。

(10) イスラーム圏の都市を中国をふくむ他地域の都市と比較して分析する羽田正の諸論考は、中国都市史研究にも大きな示唆をあたえる。また、家島彦一『海域から見た歴史―インド洋と地中海を結ぶ交流史―』(名古屋・名古屋大学出版会、二〇〇六年)を始めとする家島彦一の論著は、とくに九世紀以後における中国沿岸都市とイスラーム圏の港湾都市との関係を明らかにする画期的な研究である。

(11) とくに、G・W・スキナー(G. W. Skinner)の地域分析は、中国の集落を地域の中心地機能の高低で統一的にとらえる視角を提供し、欧米や日本のみならず、中国の陳橋駅の関連論文や、陳君静「施堅雅中国城市発展区域理論及其意義」(『寧波大学学報(人文科学版)』一九九九年第三期)等も指摘するように、その後の中国における地域史や都市史研究に、今日に至るまで多くの影響をあたえつづけている。

(12) 本書の中国語訳である、施堅雅主編・葉光庭等訳・陳橋駅校『中華帝国晩期的城市』(北京・中華書局、二〇〇〇年)を参照。

(13) Skinner, G. W., "Urban Development in Imperial China," in Skinner, G. W., ed., *The City in Late Imperial China*, pp. 3-31, "Urban and Rural in Chinese society," *Ibid*., pp. 253-273, "Urban Social Structure in Ch'ing China," *Ibid*., pp. 521-553. 同上論文の日本語訳として、今井清一訳『中国王朝末期の都市―都市と地方組織の階層構造―』(京都・晃洋書房、一九九〇年)、施堅雅原著・王旭等訳『中国封建社会晩期城市研究』(長春・吉林教育出版社、一九九一年)がある。

（14）史念海主編『西安歴史地図集』（西安・西安地図出版社、一九九六年）、侯仁之主編『北京歴史地図集 一集・二集』（北京・北京出版社、一九八八年・一九九七年）、天津市規画和国土資源局『天津城市歴史地図集』（天津・天津古籍出版社、二〇〇四年）、周振鶴主編『上海歴史地図集』（上海・上海人民出版社、一九九九年）等。

（15）William T. Rowe, *Hankow: Commerce and Society in a Chinese City, 1796–1889*, Stanford: Stanford University Press, 1984. 羅威廉著・江溶等訳『漢口：一箇中国城市的商業和社会　一七九六〜一八八九』（北京・中国人民大学出版社、二〇〇五年）、*Hankow: Conflict and Community in a Chinese City, 1796-1895*, Stanford: Stanford University Press, 1989。

（16）斯波義信「中国の都市をめぐる日本の研究―宋代を中心に―」*Sung Studies Newsletter*, 三、一九七〇年、三－十三頁、同「中国都市をめぐる研究概況―法制史を中心に―」（『法制史研究』二三、一九七四年、一八五－二〇六頁）、同「中国都市史の新動向と二・三のモデル―米国の成果を中心に―」（『比較都市史研究会会報』三―五（総二〇号）、一九七七年、一七－一八頁）、同「中国・中近世の都市と農村―都市史研究の新しい視角―」（『近世都市の比較史的研究共同研究論集』大阪大学文学部、一九八二年、一〇－一九頁）、同「中国都市史研究から」（『講座日本の封建都市』東京・文一総合出版、一九八二年、四二五－四三九頁）、同「中国、中近世の都市と農村―都市史研究の新しい視角―」『近世都市の比較史的研究　共同研究論集（大阪大学文学部）』一、一九八二年、一〇－一九頁）、同「中国における資本主義の展開と都市化」（『社会経済史学の課題と展望―社会経済史学会創立五〇周年記念―』東京・有斐閣、一九八四年、二七八－二九三頁）、同「宋代の都市にみる中国の都市の特性」（『歴史学研究』一九九〇年、一－一六頁、六四頁）。

（17）木田知生「宋代の都市をめぐる諸問題―国都開封を中心として―」（『東洋史研究』三七－二、一九七八年、一一七－一二九頁）。

（18）山根幸夫「中国中世の都市」（『中世史講座三　中世の都市』学生社、七八－一〇一頁、一九八二年）。

（19）中村哲夫「中国封建社会における都市と農村」（『社会経済史学の課題と展望―社会経済史学会創立五〇周年記念―』東京・有斐閣、一九八四年、二三八－二四四頁）。

（20）McDermott, J.P.「中国都市史研究の動向」（『比較都市史研究』四―二、一九八五年、八－九頁）。

（21）伊原弘「宋代を中心としてみた都市研究概論―寄木細工の多面体解剖学―」（『中国―社会と文化―』二、一九八七年、二三五－二四五頁。同「中国都市の研究概要―十～十三世紀を中心に―」（『比較都市史研究』六―二、一九八八年、四五－五七頁。

（22）菊池英夫「中国都市・聚落史研究の動向と『城郷（都鄙）関係』問題についての展望」（唐代史研究会編『中国の都市と農村』東京・汲古書院、一九九二年、五二九－五七四頁）。

（23）中村治兵衛「序章　中国聚落史研究の回顧と展望―とくに村落史を中心として―」（唐代史研究会編『中国聚落史の研究』東京・刀水書房、一九八〇年、五－二二頁）、同「総論」（唐代史研究会編『中国都市の歴史的研究』東京・刀水書房、一九八八年、五－二九頁）。

（24）Elvin, Mark, "Chinese cities since the Sung dynasty", in Abrams, P. and Wrigley, E. A. eds.; *Towns in Societies, Essays in Economic History and Historical Sociology*, Cambridge: Cambridge University Press, pp. 79-89, 1978.

（25）加藤祐三「都市史研究の課題と展望」（共同編集委員会編『横浜と上海―近代都市形成史比較研究―』財団法人横浜開港資料普及協会、横浜開港資料館、一九九五年）がある。

（26）貴志俊彦「中国都市社会パラダイム・モデル構築にむけて―近年の日本における都市史研究からの考察―」（『比較日本文化研究』五、待兼山比較日本文化研究会、一九九八年、六五－八七頁）、同著・汪寿松訳「日本中国城市史研究与評析」（天津社会科学院歴史研究所・天津市城市科学研究会合編『城市史研究』第一五・一六輯、天津社会科学院出版社、一九九八年、二六二－二七八頁）、同「如何理解中国城市史的研究―従近年日本的研究説起―」（天津市地方志弁公室編『海峡両岸地方史志比較研究文集』天津社会科学院出版社、一九九八年、一五四－一六八頁）、同「中国城市史研究的課題及其尋求的理論結構框架」（『中央研究院近代史研究所通訊』三十、台北・中央研究院近代史研究所、二〇〇〇年、七三－八九頁）。

（27）平田茂樹「宋代政治史料と都市研究」（井上徹編『中国都市研究の史料と方法』大阪・大阪市立大学大学院文学研究科都市文化研究センター、二〇〇五年）。

(28)　中村圭爾・辛徳勇編『中日古代城市研究』(北京・中国社会科学出版社、二〇〇四年)。
(29)　妹尾達彦「清代西安府の城市結構―光緒十九年(一八九三)測絵『西安府図』をもとに―」(『イスラムの都市性研究報告 研究報告編』四一、文部省科学研究費重点領域研究「イスラムの都市性」事務局、東京・東京大学東洋文化研究所、一九八九年、一-五九頁)、同「都市の生活と文化」(谷川道雄・堀敏一・池田温・菊池英夫・佐竹靖彦編『魏晋南北朝隋唐時代史の基本問題』(東京・汲古書院、一九九七年、三六五-四四二頁)、同「中国城市建築史研究在日本」(『劉敦楨先生誕辰一一〇周年紀念暨中国建築史学史研討会論文集』南京・東南大学出版社、二〇〇九年、一一七-一二五頁)。
(30)　陳紹棣「加強城市学和城市史的研究」(『中国史研究』一九八九年第三期)。
(31)　皮明庥「城市史研究概論」(『歴史研究』一九九二年第三期)。
(32)　張冠増「城市史的研究―二十一世紀歴史学的重要革命―」(『神州学人』一九九四年第一二期)。
(33)　朱政恵「歴史城市学的崛起―当代中国史学趨勢之一―」(『華東師範大学学報(哲学社会科学版)』一九九五年第五期)。
(34)　Xiong Cuirui(熊存瑞), "Recent Approaches to Studies of Premodern Chinese Urban History," *Journal of Urban History*, 29, 2003, pp. 186-197.
(35)　毛曦「城市史学与中国古代城市研究」(『史学理論研究』二〇〇六年第二期、七一-八一頁)。
(36)　Li Xiaocong(李孝聡), "Research Trends of Urban History in China," *Asian Research Trends*, 3, The Toyo Bunko, 2006, pp. 1-23.
(37)　熊月之・張生「中国城市史研究綜述(一九八六~二〇〇六)」(『史林』二〇〇八年一期、二一-三五頁)。
(38)　姜省「区域・社会・空間・文化―近代中国城市史研究的主要問題―」(『城市問題』二〇〇八年一一期、総第一六〇期、一一二-一一五頁)。
(39)　何一民「中国近代城市史研究述評」(『中華文化論壇』二〇〇〇年一期、六二-七〇頁)、同「歴史時空之城的対話―中国城市史研究意義的再思考―」(『西南民族大学学報(人文社科版)』二〇〇八年六期、総第二〇二期、一〇〇-

一〇五頁）、同「省会城市史―城市史研究的新亮点―」（『史林』二〇〇九年一期、一―七頁）。

(40) 劉士林「中国城市三〇年的塵土与風月―二〇〇八年度中国城市研究（著作類）述評（上）（下）―」（『出版広角　視点』二〇〇九年三月、四七―四九頁）。

(41) 呉良鏞『呉良鏞城市研究論文集』（北京・中国建築工業出版社、一九九六年）。

(42) 定宜荘「有関近年中国明清与近代城市史研究的幾箇問題」（中村圭爾・辛徳勇編『中日古代城市研究』北京・中国社会科学出版社、二〇〇四年）。

(43) 陳薇「九〇年代中国建築史研究」（『建築師』六九、北京・中国建築工業出版社、一九九六年）。

(44) 陳君静「施堅雅中国城市発展区域理論及其意義」（『寧波大学学報（人文科学版）』一九九九年九月第一二巻第三期）。

(45) 徐蘇斌『日本対中国城市与建築的研究』（北京・中国水利水電出版社、一九九九年）。

(46) 魏楚雄「挑戦伝統史学観及研究方法―史学理論与中国城市史研究在美国及西方的発展―」（『史林』二〇〇八年一期、三六―五二頁）。

(47) 盧漢超「美国的中国城市史研究」（『清華大学学報（哲学社会科学）』二〇〇八年第一期）一一五―一二六頁。

(48) 毛曦「全球城市史視域中的中国城市史研究―読橋爾・科特金（Joel Kotkin）『全球城市史（The City A Global History）』引発的思考」（『史学理論研究』二〇〇七年第四期、三六―五二頁）。

(49) Sjoberg, Gideon, *The Pre-industrial City, Past and Present*, New York: The Free Press, 1960（G・ショウバーグ著・倉沢進訳『前産業型都市―都市の過去と現在―』東京・鹿島研究所出版会、一九六八年）、若林幹夫『熱い都市　冷たい都市』（東京・弘文堂、一九九二年）、Colin Chant and David Goodman eds., *Pre-industrial Cities & Technology*, London: The Open University 1999等を参照。

(50) 十六世紀から十七世紀にかけて、世界各地において近世化が始まることは、岸本美緒「『近世化』論と清朝」（『環―特集・清朝とは何か―』一六号、東京・藤原書店、二〇〇九年、二三二―二三九頁）、同『東アジアの「近世」』（世界史リブレット一三、東京・山川出版社、一九九八年）、同編『東アジア・東南アジア伝統社会の形成　十六〜十八世

紀』（東京・岩波書店、一九九八年）を参照。
(51) Back, David D., "The Study of Urban History in the People's Republic of China," *Urban History*, 14, 1987, pp. 61-75.
(52) 姜省、前注（38）「区域・社会・空間・文化―近代中国城市史研究的主要問題―」。
(53) 陳国燦『宋代江南城市研究』（北京・中華書局、二〇〇二年）、同『南宋城鎮史』（北京・人民出版社、二〇〇九年）も、宋代の江南における都市網の形成を論じている。
(54) 明代の都市については、韓大成『明代城市史研究』（北京・中国人民出版社、一九九一年、修訂本二〇〇九年）や、劉鳳雲『明清城市空間的文化探析』（北京・中央民族大学出版社、二〇〇一年）等の包括的な研究がある。
(55) 巫仁恕「明清近代市鎮墟集研究回顧与展望」（『九州学刊』五―三九、五―一一二頁）。
(56) 任放「二十世紀明清市镇経済研究」（『歴史研究』二〇〇一年第五期）。
(57) 范金民「明清江南城市文化研究挙要（一九七六～二〇〇〇年）」（『大阪市立大学東洋史論叢』一三号、二〇〇三年、三―二一頁）。
(58) 川勝守『明清江南市鎮社会史研究―空間と社会形成の歴史学―』（東京・汲古書院、一九九九年）、同『中国城郭都市社会史研究』（東京・汲古書院、二〇〇四年）、同『明清貢納制と巨大都市連鎖―長江と大運河―』（東京・汲古書院、二〇〇九年）。
(59) 劉石吉『明清時代江南市鎮研究』（北京・中国社会科学出版社一九八七年）。
(60) 樊樹志『明清江南市鎮探微』（上海・復旦大学出版社、一九九一年）。
(61) 陳学文『明清時期杭嘉湖市鎮史研究』（北京・群言出版社、一九九三年）。
(62) 茅家琦『長江下游城市近代化軌迹』（南京・南京大学出版社、一九九一年）や、同主編の『長江下游城市近代化研究叢書』（合肥・安徽教育出版社、二〇〇一年～）に収められた研究書を参照。
(63) 張仲礼・熊月之・沈祖煒編『長江沿江城市与中国近代化』（上海・上海人民出版、二〇〇二年）、張仲礼『東南沿海城市与中国近代化』（上海・上海人民出版社、一九九六年）。

(64) 李伯重・周生春主編『江南的城市工業与地方文化　九六〇～一八五〇』（北京・清華大学出版社、二〇〇四年）。

(65) Linda Cooke Johnson ed., *Cities of Jiangnan in Late Imperial China*, Albany: State University of New York Press, 1993.

(66) Li Bozhong（李伯重）, *Agricultural Development in Jiangnan, 1620-1850*, Houndmills and London: Macmillan Press & New York: St. Martin Press, 1998. 同『江南的早期工業化　一五五〇～一八五〇年』（北京・社会科学文献出版社、二〇〇〇年）等を参照。

(67) この点において、明清時代の黄土高原地区の市鎮の形成を明らかにする、劉景純『清代黄土高原地区城鎮地理研究』（北京・中華書局、二〇〇五年）や、張萍『地域環境与市場空間―明清陝西区域市場的歴史地理学研究―』（北京・商務印書館、二〇〇六年）、湖南の市鎮の発展を論じる巫仁恕氏等の研究、四川の市鎮と村落を分析する西川正夫『四川の郷村社会―辛亥革命前夜―』（渋谷文泉閣、二〇〇八年）等の成果は貴重である。

(68) 定宜荘、前註（42）「有関近年中国明清与近代城市史研究的幾箇問題」。

(69) 日本上海史研究会編『上海史―巨大都市の形成と人々の営み―』（東京・東方書店、一九九五年）、同編『建国前後の上海』（東京・研文出版、二〇〇九年）等の研究成果を参照。

(70) 高綱博文『「国際都市」上海のなかの日本人』（東京・研文出版、二〇〇九年）や、榎本泰子『上海オーケストラ物語―西洋人音楽家たちの夢―』（東京・春秋社、二〇〇六年）、同『上海―多国籍都市の百年』（東京・中公新書、二〇〇九年等を参照。日本上海史研究会のＨＰには「上海関係日本文文献目録（初稿）」が公開されている。

(71) 熊月之『上海通史―導論―』（上海・上海人民出版社、一九九九年）。

(72) 張仲礼主編『近代上海城市研究（一八四〇～一九四九）』（上海・上海文芸、二〇〇八年）。

(73) Linda Cooke Johnson, *Shanghai: From Market Town to Treaty Port, 1074-1858*, Stanford: Stanford University Press, 1995.

(74) 忻平『従上海発現歴史―現代化進程中的上海人及其社会生活（一九二七～一九三七）―』（上海・上海人民出版社、一九九六年）。

(75) 李長莉『晩清上海社会的変遷―生活与倫理的近代化―』（天津・天津人民出版社、二〇〇二年）。

(76) Leung Yuen-sang, *The Shanghai Taotai: Linkage Man in a Changing Society, 1843-90*, Honolulu: University of Hawaii Press, 1990. 梁元生著・陳同訳『上海道台研究―転変社会中之聯系人物―一八四三～一八九〇―』（上海史研究訳叢、上海・上海古籍出版社、二〇〇三年）。

(77) 戴鞍鋼『港口・城市・腹地―上海与長江流域経済関係的歴史考察（一八四三～一九一三）―』（上海・復旦大学出版社、一九九八年）。

(78) 張仲礼主編『中国近代城市企業・社会・空間』（上海・上海社会科学院出版社、一九九八年）。

(79) Parks M. Coble, *The Shanghai Capitalists and the Nationalist Government, 1927-1937*, Cambridge, Mass.: Harvard University, 1980, Second Edition, 1986.

(80) 楽正『近代上海人社会心態（一八六〇～一九一〇）』（上海・上海人民出版社、一九九一年）。

(81) 陶水木『浙江商帮与上海経済近代化研究―一八四〇～一九三六―』（上海・上海三聯書店、二〇〇〇年）。

(82) 郭緒印『老上海的同郷団体』（上海・文匯出版社、二〇〇三年）。

(83) Frederic E. Wakeman, Jr., and Wen-hsin Yeh eds., *Shanghai Sojourners*, Berkeley: University of California Press 1992.

(84) Marcia Reynders Ristaino, *Port of Last Resort: The Diaspora Communities of Shanghai*, Stanford: Stanford University Press, 2001.

(85) Robert Bickers, *Empire Made Me: an Englishman Adrift in Shanghai*, New York: Columbia University Press, 2003. ロバート・ピッカーズ著、本野英一訳『上海租界興亡史―イギリス人警察官が見た上海下層移民社会―』（京都・昭和堂、二〇〇九年）。

(86) Ernest G. Heppner, *Shanghai Refuge: A Memoir of the World War II Jewish Ghetto*, Lincoln: University of Nebraska Press, 1993.

(87) Bernard Wasserstein, *Secret War in Shanghai: An Untold Story of Espiomage, Intrigue, and Treason in World War II*, London: Profile Books, 1998.

(88) Emily Honig, *Creating Chinese Ethnicity: Subei People in Shanghai, 1850-1980*, New Haven: Yale University Press, 1992.

(89) Bryna Goodman, *Native Place, City, and Nation: Regional Networks and Identities in Shanghai, 1853–1937*, Berkeley: University of California Press, 1995.

(90) 李瑊『上海的寧波人』(上海・上海人民出版社、二〇〇〇年)。

(91) 蘇智良・陳麗菲『近代上海黒社会研究』(杭州・浙江人民出版社、一九九一年)。

(92) Brian G. Martin, *The Shanghai Green Gang: Politics and Organized Crime, 1919–1937*, Berkeley: University of California Press, 1996.

(93) Frederic E. Wakeman Jr., *The Shanghai Badlands: Wartime Terrorism and Urban Crime, 1937-1941*, Cambridge & New York: Cambridge University Press, 1996.

(94) Jeffrey N. Wasserstrom, *Student Protests in Twentieth-Century China: The View from Shanghai*, Stanford: Stanford University Press, 1991.

(95) Poshek Fu, *Passivity, Resistance, and Collaboration: Intellectual Choices in Occupied Shanghai, 1937–1945*, Stanford: Stanford University Press, 1993.

(96) Emily Honig, *Sisters and Strangers: Women in the Shanghai Cotton Mills, 1919-1949*, Stanford: Stanford University Press, 1986.

(97) Elizabeth J. Perry, *Shanghai on Strike: The Politics of Chinese Labor*, Stanford: Stanford University Press, 1993.

(98) S. A. Smith, *Like Cattle and Horses: Nationalism and Labor in Shanghai, 1895-1927*, Durham, N. C.; London: Duke University Press, 2002.

(99) Elizabeth J. Perry and Li Xun, *Proletarian Power: Shanghai in the Cultural Revolution*, Boulder, Colo.: Westview Press, 1997.

(100) 盧漢超『霓虹灯外―二十世紀初日常生活中的上海―』(上海・上海古籍出版社、二〇〇四年)。

(101) Leo Ou-fan Lee, *Shanghai Modern: The Flowering of a New Urban Culture in China, 1930–1945*, Cambridge, Mass.: Harvard

University Press, 1999.

(102) Hanchao Lu, *Beyond the Neon Lights: Everyday Shanghai in the Early Twentieth Century*, Berkeley: University of California Press, 1999.

(103) Sherman Cochran ed., *Inventing Nanjing Road: Commercial Culture in Shanghai, 1900-1945*, Ithaca, N. Y, Cornell University Press, 1999.

(104) Zhang Zhen, *An Amorous History of the Silver Screen: Shanghai Cinema, 1896-1937*, Chicago, Ill.: University of Chicago Press, 2005.

(105) Yingjin Zhang ed., *Cinema and Urban Culture in Shanghai, 1922-1943*, Stanford: Stanford University Press, 1999.

(106) Christian Henriot; translated by Noël Castelino, *Prostitution and Sexuality in Shanghai: A Social History, 1849-1949*, Cambridge & New York: Cambridge University Press, 2001.

(107) Gail Hershatter, *Dangerous Pleasures: Prostitution and Modernity in Twentiet-Century Shanghai*, Berkeley: University of California Press, 1997.

(108) Catherine Vance Yeh, *Shanghai Love: Courtesans, Intellectuals, and Entertainment Culture, 1850-1910*, Seattle: University of Washington Press, 2006.

(109) Mario Gandelsonas ed., *Shanghai Reflections: Architecture, Urbanism, and the Search for an Alternative Modernity*, New York: Princeton Architecture Press, 2002.

(110) Barbara Mittler, *A Newspaper for China?: Power, Identity, and Change in Shanghai's News Media, 1872-1912*, Cambridge, Mass.: Harvard University Press, 2004.

(111) Christopher A. Reed, *Gutenberg in Shanghai: Chinese Print Capitalism, 1876–1937*, Honolulu: University of Hawai'i Press, 2004.

(112) Ellen Johnston Laing, *Selling Happiness: Calendar Posters and Visual Culture in Early-Twentieth-Century Shanghai*,

Honolulu: University of Hawai'i Press, 2004.

(113) Frederic E. Wakeman Jr., *Policing Shanghai 1927-1937*, Berkeley: University of California Press, 1995.

(114) Christian Henriot, translated by Noël Castelino, *Shanghai, 1927-1937: Municipal Power, Locality, and Modernization*, Berkeley: University of California Press, 1993.

(115) Kerrie L. Macpherson, *A Wilderness of Marshes: The Origins of Public Health in Shanghai, 1843–1893*, Hong Kong & New York: Oxford University Press, 1987.

(116) Christian Henriot and Wen-hsin Yeh eds., *In the Shadow of the Rising Sun: Shanghai under Japanese Occupation*, Cambridge & New York: Cambridge University Press, 2004.

(117) Wen-hsin Yeh ed., *Wartime Shanghai*, London & New York: Routledge, 1998.

(118) Meng Yue, *Shanghai and the Edges of Empires*, Minneapolis: University of Minnesota Press, 2006.

(119) James Farrer, *Opening Up: Youth Sex Culture and Market Reform in Shanghai*, Chicago: University of Chicago Press, 2002.

(120) Pamela Yatsko, *New Shanghai: the Rocky Rebirth of China's Legendary City*, New York: John Wiley & Sons, 2000.

(121) Joseph W. Esherick ed., *Remaking the Chinese City: Modernity and National Identity, 1900-1950*, Honolulu: University of Hawai'i Press, 2000.

(122) Zwia Lipkin, *Useless to the State: "Social Problems" and Social Engineering in Nationalist Nanjing, 1927-1937*, Cambridge, Mass.: Harvard University Press, 2006.

(123) Qin Shao, *Culturing Modernity: the Nantong Model, 1890-1930,* Stanford: Stanford University Press, 2004.

(124) Elisabeth Köll, *From Cotton Mill to Business Empire: The Emergence of Regional Enterprises in Modern China,* Cambridge, Mass.: Harvard University Press, 2003.

(125) Peter J. Carroll, *Between Heaven and Modernity: Reconstructing Suzhou, 1895–1937,* Stanford: Stanford University Press, 2006.

(126) Michael Marmé, *Suzhou: Where the Goods of All the Provinces Converge*, Stanford: Stanford University Press, 2005.

(127) Mark Bender, *Plum and Bamboo: China's Suzhou Chantefable Tradition*, Urbana: University of Illinois Press, 2003.

(128) Antonia Finnane, *Speaking of Yangzhou: A Chinese City, 1500-1850*, Cambridge, Mass.: Harvard University Press, 2004.

(129) Tobie Meyer-Fong, *Building Culture in Early Qing Yangzhou*, Stanford: Stanford University Press, 2003.　梅爾清著、朱修春訳『清初揚州文化』（国家清史編纂委員会・編訳叢刊、上海・復旦大学出版社、二〇〇四年）。

(130) Vibeke Børdahl, *The Oral Tradition of Yangzhou Storytelling*, Richmond: Curzon, 1996.

(131) Vibeke Børdahl and Jette Ross, *Chinese Storytellers: Life and Art in the Yangzhou Tradition*（*C & T Asian Literature Series*), Cheng & Tsui Company, 2002.

(132) D. E. Mungello, *The Forgotten Christians of Hangzhou*, Honolulu: University of Hawai'i Press, 1994.

(133) James Z. Gao, *The Communist Takeover of Hangzhou: The Transformation of City and Cadre, 1949-1954*, Honolulu: University of Hawai'i Press, 2004.

(134) 侯仁之・鄧輝『北京城的起源与変遷』（北京・北京燕山出版社、一九九七年）、同『侯仁之論文集』（北京大学出版社、一九八八年）、同主編『北京城市歴史地理』（北京・北京燕山出版社、二〇〇〇年）等の膨大な侯仁之の研究論著を参照。

(135) 呉建雍等著『北京城市生活史』（北京・開明出版社、一九九七年）。

(136) 韓光輝『北京歴史人口地理』（北京・北京大学出版社、一九九六年）。

(137) 尹君科等『古代北京城市管理』（同心出版社、二〇〇二年）。

(138) 王玲的『北京与周囲城市関係史』（北京・北京燕山出版社、一九八八年）。

(139) 新宮学「近世中国における首都北京の成立」（鈴木博之・石山修武・伊藤毅・山岸常人編『シリーズ都市・建築・歴史五　近世都市の成立』東京・東京大学出版会、二〇〇五年）、同著『北京遷都の研究―近世中国の首都移転―』（東京・汲古書院、二〇〇四年）を参照。

(140) 李燮平『明代北京都城城営建叢考』（北京・紫禁城出版社、二〇〇六年）。

(141) Jeffrey Meyer, *The Dragons of Tiananmen, Beijing as a Sacred City*, Columbia, S. C.: University of South Carolina Press, 1991. 同書については、妹尾達彦の書評論文「表徴の帝国―ジェフリー・マイアー（Jeffrey Meyer）著『天安門の龍―聖なる都市・北京』をめぐって―」（中央大学東洋史学研究室編『アジア史における制度と社会（アジア史研究第二〇号）』東京・刀水書房、一九九六年）を参照。

(142) Susan Naquin, *Peking: Temples and City Life, 1400-1900*, Berkeley: University of California Press, 2000.

(143) Joseph K. S. Yick, *Making Urban Revolution in China: the CCP-GMD Struggle for Beiping-Tianjin, 1945-1949*, Armonk, N. Y.: M. E. Sharpe, 1995.

(144) Madeleine Yue Dong, *Republican Beijing: The City and Its Histories*, Berkeley: University of California Press, 2003.

(145) David Strand, *Rickshaw Beijing: City People and Politics in the 1920s*, Berkeley: University of California Press, 1989.

(146) Richard Belsky, *Localities at the Center: Native Place, Space, and Power in Late Imperial Beijing*, Cambridge, Mass.: Harvard University Press, 2005.

(147) 史明正『走向近代化的北京城―城市建設与社会変革―』（北京・北京大学出版社、一九九五年）。

(148) Wu Hung, *Remaking Beijing: Tiananmen Square and the Creation of a Political Space*, Chicago: University of Chicago Press, 2005.

(149) 熊遠報「清代民国時期における北京の水売買業と「水道路」」（『社会経済史学』六六―二、二〇〇〇年）、同「十八～二十世紀における北京の生活給水と都市の外来労働者」（『伝統都市の文節構造（年報都市史研究一二）』東京・山川出版社、二〇〇四年）を参照。

(150) 妹尾達彦「北京の小さな橋―街角のグローバル・ヒストリー―」（関根康正編『ストリートの人類学』（『国立民族学博物館調査報告』八一、二〇〇九、九五―一八三頁）、同「北京　中国学最前線」（『月刊しにか』二〇〇〇年）。

(151) 吉澤誠一郎『天津の近代―清末都市における政治文化と社会統合―』（名古屋・名古屋大学出版会、二〇〇二年）。

(152) 羅澍偉主編『近代天津城市史』（北京・中国社会科学出版社、一九九三年）。

(153) 尚克強、劉海岩主編『天津租界社会研究』（天津・天津人民出版社、一九九六年）。
(154) Brett Sheehan, *Trust in Troubled Times: Money, Banks, and State-Society Relations in Republican Tianjin*, Cambridge, Mass.: Harvard University Press, 2003.
(155) Gail Hershatter, *The Workers of Tianjin, 1900–1949*, Stanford: Stanford University Press, 1986.
(156) Kwan Man Bun, *The Salt Merchants of Tianjin: State-making and Civil Society in Late Imperial China*, Honolulu: University of Hawai'i Press, c2001.
(157) Kenneth G. Lieberthal, *Revolution and Tradition in Tientsin, 1949–1952*, Stanford: Stanford University Press, 1980.
(158) Di Wang, *Street Culture in Chengdu: Public Space, Urban Commoners, and Local Politics, 1870–1930*, Stanford: Stanford University Press, 2003. 李徳英等訳、王笛『街頭文化：成都公共空间、下層民衆与地方政治　一八七〇～一九三〇』（北京・中国人民大学出版社、二〇〇六年）。
(159) 小羽田誠治「清末成都における都市計画とその変容—空間構造及びその認識の問題から—」（『東洋学報』八四—四、二〇〇三年）。
(160) Kristin Stapleton, *Civilizing Chengdu: Chinese Urban Reform, 1895–1937*, Cambridge, Mass.: Harvard University Press, 2000.
(161) Joshua H. Howard, *Workers at War: Labor in China's Arsenals, 1937–1953*, Stanford: Stanford University Press, 2004.
(162) 隗瀛濤主編『近代重慶城市史』（成都・四川大学出版社、一九九五年）。
(163) 李軍編『近代武漢—城市空間形態的演変（一八六一—一九四九）—』（武漢・長江出版社、二〇〇五年）。
(164) 皮明庥主编『近代武漢城市史』（中国社会科学出版社、一九九三年）。
(165) 張仲礼主編『東南沿海城市与中国近代化』（上海・上海人民出版、一九九六年）。
(166) Billy K. L. So, *Prosperity, Region, and Institutions in Maritime China: The South Fukien Pattern, 946–1368*, Cambridge, Mass.: Harvard University Asia Center, 2000.
(167) Michael Tsin, *Nation, Governance, and Modernity in China: Canton, 1900–1927*, Stanford, California: Stanford University

Press, 1999.

(168) Ezra F. Vogel, with a contribution by John Kamm, *One Step Ahead in China: Guangdong under Reform*, Cambridge, Mass. Harvard University Press, 1989, Ezra F. Vogel, *Canton under Communism: Programs and Politics in a Provincial Capital, 1949–1968,* Cambridge, Mass.: Harvard University Press, 1989. 中島嶺雄監訳『中国の実験―改革下の広東―』(東京・日本経済新聞社、一九九一年)。

(169) 中嶋嶺雄『香港―移りゆく都市国家―』(東京・時事通信社、一九八五年)。

(170) 鄧開頌・陸曉敏主編『粤港澳近代関係史』(広州・広東人民出版社、一九九六年)。

(171) 梁渭雄・李浦彌主編『粤澳関係与澳門発展研究』(広州・広東高等教育出版社、一九九九年)。

(172) 越沢明『哈爾浜の都市計画』(東京・筑摩書房、二〇〇四年)、同『満州国の首都計画―東京の現在と未来を問う―』(東京・筑摩書房、二〇〇二年)。

(173) Thomas Lahusen ed., *Harbin and Manchuria: Place, Space, and Identity,* Durham, N. C.: Duke University Press, 2001.

(174) David Wolff, *To the Harbin Station: The Liberal Alternative in Russian Manchuria, 1898–1914,* Stanford: Stanford University Press, 1999.

(175) James H. Carter, *Creating a Chinese Harbin: Nationalism in an International City, 1916–1932,* Ithaca & N. Y.; London: Cornell University Press, 2002.

(176) Søren Clausen and Stig Thøgersen, *The Making of a Chinese City: History and Historiography in Harbin,* Armonk, N. Y.: M. E. Sharpe, 1995.

(177) 三宅理一『ヌルハチの都―満洲《マンジュ》遺産のなりたちと変遷―』(東京・ランダムハウス講談社、二〇〇九年)。

(178) David D. Buck, *Urban Change in China: Politics and Development in Tsinan, Shantung, 1890–1949,* Madison: University of Wisconsin Press, 1978.

(179) 王守中・郭太松『近代山東城市変遷史』(済南・山東教育出版社、二〇〇一年)。

(180) 史紅師『明清時期西安城市地理研究』(北京・中国社会科学出版社、二〇〇八年)。

(181) 妹尾達彦「清代西安府の都市構造」(『イスラムの都市性研究報告　研究報告編』文部省科学研究費重点領域研究「イスラムの都市性」事務局、一九八九年)。

(182) 今堀誠二『中国封建社会の機構』(東京・汲古書院、二〇〇二年、原書一九五五年)。

(183) 近藤富成「清朝後期の地方都市の構造―帰化綏遠城一八一三～六一―」(『中国史学』三、東京・中国史学会、一九九三年)、同「清代帰化城遠隔地交易路」(『人文学報』二五七、東京都立大学、一九九五年)。

(184) 包慕萍『モンゴルにおける都市建築史研究―遊牧と定住の重層都市フフホト―』(東京・東方書店、二〇〇五年)をはじめとする諸研究を参照。

(185) Robert Barnett, *Lhasa: Streets with Memories*, New York: Columbia University Press, 2006.

(186) 斯波義信「港市論」(荒野泰典・石井正敏・村井章介編『アジアのなかの日本史三　海上の道』東京・東京大学出版会、一九九二年)。

(187) 中国大陸における農業＝遊牧境界地帯(農牧複合地帯)の形成については、韓茂莉「中国北方農牧交錯帯的形成与気候変遷」(『考古』二〇〇五年第一〇期)をはじめとする、近年における中国の研究者の研究成果にもとづいている。

(188) 史念海『中国古都和文化』(北京・中華書局、一九九八年)に収録された中国都城史に関する諸論考に加えて、同氏の個人論文集である『河山集』(第一輯―第一〇輯)に収録された関連諸論文を参照。

(189) 岡村秀典『中国古代王権と祭祀』(東京・学生社、二〇〇五年)、同『中国文明　農業と礼制の考古学』(京都・京都大学学術出版会、二〇〇八年)を始めとする近年の研究を参照。

(190) 宮本一夫『中国の歴史〇一神話から歴史へ―神話時代・夏王朝―』(東京・講談社、二〇〇五年)をはじめとする研究を参照。

(191) 許宏『先秦城市考古学研究』(北京・北京燕山出版社、二〇〇〇年)。

(192) 馬世之『中国史前古城』(武漢・湖北教育出版社、二〇〇三年)。

(193) 曲英傑『先秦都城復原研究』（哈爾浜・黒竜江人民出版社、一九九一年）。
(194) 佐竹靖彦『中国古代の田制と邑制』（東京・岩波書店、二〇〇六年）。
(195) 劉叙傑主編『中国古代建築史（第一巻）』（北京・中国建築工業出版社、二〇〇三年）。
(196) 張国碩『夏商時代都城制度研究』（鄭州・河南人民出版社、二〇〇一年）。
(197) 江村治樹「戦国時代の出土文字資料と都市の性格」（同『春秋戦国秦漢時代出土文字資料の研究』東京・汲古書院、二〇〇〇年）。
(198) 徐衛民『秦都城研究』（西安・陝西人民教育出版社、二〇〇〇年）。
(199) 張継海『漢代城市社会』（北京・社会科学文献出版社、二〇〇六年）。
(200) 周長山『漢代城市研究』（北京・人民出版社、二〇〇一年）。
(201) 徐蘋芳『中国歴史考古学論叢』（台北・允晨文化出版、一九九五年）。
(202) 王学理『咸陽帝都記』（西安・三秦出版社、一九九九年）。
(203) 曲英傑、前注（193）『先秦都城復原研究』。
(204) 唐代都市史の研究動向は、妹尾達彦「都市の生活と文化」谷川道雄他編『魏晋南北朝隋唐史の基本問題』（東京・汲古書院、一九九六年）、程存潔『唐代城市史研究初篇』（北京・中華書局、二〇〇二年）等を参照。
(205) 都市の公共空間の拡大が近代国家に不可欠の政策であり、中国も例外ではなかったことは、李徳英「城市公共空間与社会生活—以近代城市公園為例—」（『城市史研究』十九・二〇輯、天津社会科学出版社、二〇〇〇年）を参照。

Ⅱ　イスラーム教圏・キリスト教圏の都市と宗教

オアシス都市ヤルカンドとイスラーム聖者廟

新免　康

はじめに

現在の中国・新疆ウイグル自治区に位置する、天山山脈より南側の地域には、タリム盆地周縁に点在する諸オアシスにそれぞれの中心となる都市が存在する。歴史上、この地域が、これらオアシス都市を結ぶ形で古来より東西交渉路の要衝を構成してきたことは周知の通りである。また、北方草原地帯の遊牧勢力がオアシス地域を積極的に掌握しようと図る理由の一端は、都市のもつ富と交易拠点としての経済機能にあったと考えられる。このようにタリム盆地周縁オアシス都市の成り立ちと様態は、中央ユーラシアにおける東―西・南―北の諸関係が交錯する場として特徴づけることが出来よう。

他方、これらのタリム盆地周縁オアシス都市のもう一つの顕著な特徴は、イスラーム化の進展以後、ムスリムが居住する都市として歴史的に展開してきたという点である。現在もムスリムであるウイグル人がその居住人口の大半を占めている。このことは、イスラームの宗教施設がその都市の景観や都市住民の社会生活の内実を決定的に特徴づけるという点に象徴的にあらわれている。とりわけ都市中心部の大モスク（ジャーミー、金曜モスク）

は、都市及び周辺地域の人々の金曜日における集団礼拝の場という点をはじめとして、都市民としての社会生活における一つの結節点であり、その都市景観においてもランドマークをなしている。また、まちを構成する各街区（マハッラ）はモスクを中心として存立し、コミュニティとして機能しているといっても過言ではない。このような状況は、ムスリム居住地域の都市に共通するものであり、新疆におけるオアシス都市も例外ではない。

これに対し、当該地域のオアシス都市における宗教施設としては、モスクのほかに、イスラーム聖者廟（＝マザール）が、モスクとは異なる側面において重要な意義を担ってきた。マザールは、正統的なイスラーム信仰にもとづきながらも、現世利益追求のメンタリティに沿った民衆信仰としての側面や、土着的なシャーマニズムの痕跡なども含みこむ独特な形態として、信仰体系において重要な位置を占めている。また、廟によっては多数の参詣者を集めるという点から、社会経済的にも一定の機能を果たしてきたと考えられる。都市に限らず当該地域全域に広く分布するこれらマザールについては、濱田正美の先駆的研究[1]を嚆矢として、各主要マザールの辿った歴史的経緯が文字史料をもとに明らかにされるとともに、現地調査にもとづく研究報告も発表されてきた[2]。しかし、とくに都市のムスリム住民と都市に所在する聖者廟との歴史的な関係性、住民の社会生活やメンタリティにおける聖者廟の役割や位置づけについては、関連する知見が豊富とはいい難い。

そこで本稿では、その一つの事例として、タリム盆地周縁オアシス都市のうちでカシュガルと並び有名なヤルカンドのまちと、ヤルカンドの市内にある代表的な聖者廟である「ハフト・ムハンマダーン Haft Muḥammadān」（「チルテン Chiltān」とも呼称される）のマザールをとりあげ、都市と聖者廟との歴史的な関係性について初歩的な検討を加えたい。具体的には、一、ヤルカンドの都市としての歴史的展開の概要を踏まえた上で、二、ハフト・ムハンマダーンのマザールとヤルカンドのまちをめぐる歴史的状況を文字史料により可能な限り明らかにするとともに、三、葬られているとされる聖者ハフト・ムハンマダーンの伝説について若干の考察を加える、という手順を踏むこととする。

一　ヤルカンドのまちの歴史的展開

ヤルカンドのオアシスは、紀元前からの歴史をもつ古いオアシスであり、ウイグル人をおもな居住民とするタリム盆地周縁オアシス地域のなかの主要オアシスの一つといえる。これらのオアシス及びその中心都市の歴史的状況については、堀直によって多くの論稿が発表され、とくにヤルカンドの十八〜二十世紀における都市のプランや内部の形態的な構造、通りやマハッラ（街区）の名称と配置などが詳細に明らかにされている。これら一連の堀の研究にもとづきつつ、形態面を中心に政治史とのかかわりにおけるヤルカンドのまちの歴史的な変転の概要を辿る。

古代には、漢代に莎車というオアシスが『漢書』などに記されており、現在のヤルカンド・オアシスと対応すると考えられるけれども、都市について具体的なことは明らかでない。現在のヤルカンド市に直接つながる形において、ヤルカンドのまちが歴史上に明確に姿をあらわすのは、十五世紀末以降のことといえる。すなわち、モグールの有力者であるミールザー・アバー・バクル Mīrzā Abā Bakr がヤルカンド・オアシスを拠点として地方政権を立てた際、ヤルカンド・オアシスのなかのヤルカンドの都市に城を築いたとされる。この時の都市が、空間的に現在のヤルカンド市に相当することは間違いない。十六世紀に著作された本地域の代表的な歴史書の一つであるミールザー・ムハンマド・ハイダル・ドグラート Mīrzā Muḥammad Ḥaydar Doghlāt の『ターリーヒ・ラシーディー *Tārīkh-i Rashīdī*』（ペルシア語）によれば、アバー・バクルは、都市の城塞を築き、ヤルカンド河から水路をまちに引くとともに、庭園を造成したといわれ[3]、都市基盤の整備に努めた様子が窺われる。

十六世紀初頭になると、モンゴル帝国の流れを汲むチャガタイ家の末裔に属するサイード・ハーンが、遊牧系の軍事力を背景に、アバー・バクルにかわってヤルカンドを首都とする政権を樹立し、その後その子孫がタリム盆地周縁オアシス地域を統治する政権を担うこととなった。このヤルカンド・ハーン国の時代、ヤルカンドのまちは政権の首都として、政治・経済面において重要な地位を占めたといえよう。一八八九年にヤルカンドを訪問したイギリス人のランズデル（Henry Lansdell）は、ヤルカンド市内のマドラサの一つとしてアブドゥッラー・ハーン'Abd Allāh Khān のマドラサを掲げており、[4] このアブドゥッラー・ハーンがヤルカンド・ハーン国のハーンである十七世紀のアブドゥッラーを指すことは間違いない。[5] この人物が当該マドラサの実際の創建者であったかどうか断定は出来ないものの、ハーン国時代に首都として都市施設の充実化が図られた形跡がある。

やがて十八世紀半ばに至ると、現在の新疆に当たる地域は清朝によって征服され、ヤルカンドも清朝の統治下に置かれることとなった。都市景観という側面から見ると、この時代に本来のヤルカンドの都市形態に大きな変化があったとは考えられないものの、その西隣にまったく新しい都市構造が政策的に付加されたことは特筆に価する変化といえる。一八二八年、コーカンド・ハーン国領よりカシュガル方面に侵入し、暫時政権をとった、いわゆるカシュガル・ホージャ家のジャハーンギール・ホージャJahāngīr Khwāja の乱が鎮圧された後、[6] ヤルカンドのまちの西方二キロメートルの場所に新城が築造され、従来ヤルカンドのまちの内部の一隅に駐在していた清朝官吏及び兵隊たちはこの新城の方に移駐した。[7] これ以後、本来のヤルカンドのまちは、漢語では旧城あるいは回城、テュルク語では「クフナ・シャフル」kuhna shahr（旧都市）と呼称されることとなる。このようにして、一八二八年以降のヤルカンドのまちは、旧来のムスリム在住の都市と、その西に隣接する方形の新しい都市とが並存する、ユニークな景観を具えることとなった。[8]

十八〜二十世紀における都市の具体的な様相については、堀直が詳細に検討している。まず、旧城は城郭によって囲まれた城郭都市であり、囲郭の延長は五〜六キロメートルと考えられる。囲郭には五つの門があり、これらの門を通じてのみまちの内と外との通行が可能であった。まちの内部には、「アルトゥン」と呼称される歴代のヤルカンド・ハーン国ハーンの墓所とともに、イスラーム圏の都市に共通に見られる金曜モスクとその傍らの広場（レギスターン）が位置していた。また、ロシアのワリハノフ(9)（Ch. Ch. Valikhanov）やイギリスのフォーサイス(10)（Sir T. D. Forsyth）など、十九世紀に外部からヤルカンドを訪問した観察者の記録には、都市の随所にマドラサが設置されていたという指摘がある。ランズデルは、ユーヌス・ワン(11) Yūnus Wāng（清朝期のハーキム・ベグ（＝知事））のマドラサ、ヤークーブ・ハーン Ya'qūb Khān（十九世紀後半、清朝に対するムスリム反乱のなかでタリム盆地周縁オアシスを統合する政権を樹立したヤークーブ・ベグ）の金曜モスク、前述アブドゥッラー・ハーンのマドラサを三つの代表的な宗教施設としてあげており、堀の研究ではそれぞれそれらを創立した政治権力者の名前を冠しているとされている(12)。要するに、当時のヤルカンドは、ムスリムの政権担当者や行政担当者の政策のもと、ムスリム居住の都市に相応しい相貌を具えていたといっても過言ではない。

さて、その後ヤルカンドのまちに重大な形態的変化が引き起こされるのは、中華人民共和国期に入ってからのことである。すなわち、一九五八年に城市の囲郭の破壊が開始され、一九六五年からは新しい計画道路の建設が始まったとされる(13)。堀直によれば、道路建設は旧囲郭内の市内ではあまり進んでいないものの、囲郭については、現在はわずか一部を残してほぼ消滅しているという。したがって、ヤルカンドのまちは、その伝統的な景観の一部を喪失したのである。しかし、その住民構成がムスリムであるウイグル人を中心とする構成をとっているという点については、現在も根本的な変化はないといってよいであろう。

二　ハフト・ムハンマダーンのマザールをめぐる歴史的状況

1　ハフト・ムハンマダーンとは

ハフト・ムハンマダーンのマザールは、現在のヤルカンド市の北西部に位置している。まちの西部にある、前述したヤルカンド・ハーン国のハーンたちの墓所である「アルトゥン」[14]の東方・北方にまちの広大な墓地が広がっており、その北東の隅の小高くなった場所に位置する。[15]つまり、ヤルカンドという都市そのものに位置するといっても過言ではない。歴史的に見ると、中華人民共和国期に人為的に破壊されるまで存在したヤルカンドのまちの囲郭の内側、すなわち物理的空間として城市域に位置していたと考えられる。

そもそもマザールは、新疆のタリム盆地周縁オアシス地域の至るところに点在し、そのロケーションには、都市内部、都市近郊、農村部、街道沿い、オアシス辺縁の山地部、砂漠のなか、といった著しい多様性がある。そのなかでこのハフト・ムハンマダーンのマザールは、都市にある比較的大規模な聖者廟という点に、まずもって大きな特徴を具えているといえよう。[16]

ハフト・ムハンマダーンのマザールに葬られているとされる「聖者」の事跡や聖者廟としての由来については、非常にユニークな伝説が残されている。その伝説の特徴については第三節において具体的に検討するけれども、歴史的状況について跡づける前提として簡単に紹介すると、預言者ムハンマドと深いかかわりをもつ空想上の「チルテン」（Chiltän＜Chehel tan ＝四十の身体）という四十人の聖者のうちの七人（ハフト・ムハンマダーン）が、世界を放浪した末にヤルカンドの地に至ってとどまり、葬られた、その場所が聖者廟とされたとされる。すなわち、歴史上この地域に実在した人物の墓とはいい難い。七人（「ハフト」はペルシア語で「七」）の聖者（ムハンマド[17]の廟なので、ハフト・ムハンマダーンと呼称され、あるいはチルテンのうちの七人なので、チルテンとも呼称されるのである。

現在の本マザールは、門をともなった外壁に囲まれた敷地をもち、その敷地内部にモスクと「墓」廟が残存する。廟自体は、二十メートルほどの高さの、グンバズ（＝ドーム）状の屋根をもつ建造物である。内部には、七人の聖者が葬られたという伝説に因んだ七つの墓形がある。[18]このような外観は、二十世紀初頭にスウェーデン伝道団の残した記録及び写真から窺われる様相[19]と大きな変化がないことを示している。現行の建造物は、十九世紀後半に、前述のヤークーブ・ベグの政権により再建されたものと推定される。

堀直の研究においては、『ヤルカンド県地名図志』（一九九六年）の記述にあらわれるヤルカンド市の通り（kocha）が、都市プラン上に明確にプロットされ、位置が確定されている。その通りの名称一覧によると、「チルテンリリム・コチスィ」Chiltänlirim kochisi という通りがまちの北西部にあり、南はギョル・バグ Gör-bagh 路から始まり西はギョル・バグ路に出る袋小路がそれに該当することがわかる。[20]この通りの名称にある「チルテンリリム」（御チルテン様）が、ハフト・ムハンマダーンのマザールに因んだものであることは間違いない。本マザールは、マザールの近くにある街路の名称にもその存在を示しており、ヤルカンドのまちの人々にとって身近な施設であるといえるであろう。

2 歴史上のハフト・ムハンマダーンとヤルカンド住民

本マザールをめぐる歴史的状況については、残念ながら体系的に伝える史料が存在しない。また、関連するワクフ関連文書など、根本史料を決定的に欠いている。ただ、断片的ながらいくらか記録を見出せるので、それらをもとに可能な限りヤルカンドのまちと本イスラーム聖者廟との関係性について、とくにヤルカンドのまちの人々にとってこの聖者廟がどのような存在であったのか、その具体的な歴史的局面について検討してみる。

この聖者廟がいつごろの創建になるものかは不明であるけれども、遅くとも十六世紀半ばに存在したことは間違いない。すでにラヒレ・ダウトが指摘しているように[21]、前述の『ターリーヒ・ラシーディー』には、ハフト・ムハンマダーンに関する言及が見られる（括弧〔　〕内は本稿筆者による補足・説明）。

> ヤルカンドのマザールは歴史書や他の書物で述べられている誰にも属さない。しかし、ヤルカンドのまちの人々は、ハフト・ムハンマダーンがそこに葬られていると信じている。彼らの物語は、〔マザールの〕関係者たちによって語られたけれども、ここで記録するほどのものではない。イーシャーン猊下 Hażrat-i Īshān の弟子であり、善良で勤勉なマウラーナー・ホージャ・アフマド Mawlānā Khāwaja Aḥmad は、私にハフト・ムハンマダーンは貴顕だと語ったけれども、私はどんな歴史書においても彼らについて読んだことがない。

とあり[22]、著者自身は合理的精神で、伝説中の聖者が歴史書の叙述に見出されないことをもって、このマザールの由来に懐疑的な態度をとり、物語られた伝説についても記していない。しかし、この叙述からは、ヤルカンドのまちの人々がこのマザールに対する信仰心を抱き、重要視していることが窺われる。この十六世紀の段階で、本マザールがよく知られた、ヤルカンドのまちの人々にとって特別な存在であったことは疑う余地がない。

その後、十七世紀の状況は判然としないけれども、十八世紀前半期になると、ヤルカンド出身のザリーリー（ムハンマド・スィッディーク・ザリーリー Muḥammad Ṣiddīq Zalīlī）という詩人が[23]、ハフト・ムハンマダーンに関する伝説を中央アジア・テュルク語（チャガタイ語）の韻文作品として残している[24]。著作年は、ヒジュラ暦一一四七年（西暦一七三四／三五年）である[25]。本作品の創作は、ヤルカンドの有力者であるアホン・ホージャなる人物の求めに応じてなされたとされる。[26]
後述するように、後世の写本と思われるものの、現在残存している本マザールにかかわる聖者伝は、ザリーリー作の韻文作品とほぼ同様の構成と各モチーフを具えている。ザリーリーの作品こそが伝説のオリジナルであり、他の聖者伝はそれにもとづいて著された可能性もなくはないものの、ザリーリーの時代に、現存する聖者伝につながる内容のオリジナルの伝説がすでに存在し、それを記した聖者伝もしくは口頭伝承をもとにザリーリーにより韻文作品が創作された、という推測も成り立つ。前述の『ターリーヒ・ラシーディー』には「彼らの物語」(=伝説)に関する言及があり、十八世紀にザリーリーの作品に示された伝説と類似するものが十六世紀段階から存在した可能性も考えられるのである。
いずれにしても、聖者伝説に関する文学作品が、まちの有力者の求めにより、まちの著名な詩人によって創作されたとすれば、それは十八世紀段階において本聖者廟に対してヤルカンドのまちの有力者や知識人たちが抱いていたであろう、特別な宗教的感情に依拠していた動向であったと思われる。周知のように、『ターリーヒ・ラシーディー』の時代以降、十六世紀にはヤルカンド・ハーン国のアブドゥル・ラシード・ハーンの尊崇を受けたホージャ・ムハンマド・シャリーフの活動や、[27]その後のホージャ・イスハークをはじめとする、いわゆるカシュガル・ホージャ家の活動と、その一派である黒山党(カラ・タグリク)のヤルカンドにおける地歩の確立など、[28]ヤルカンドをめぐって有力な宗教指導者たちが勢力の拡大を図ったけれども、そのような歴史的局面のなかにおいても、本廟の宗教的権威には、それから二世紀を経た十八世紀前半の段階で依然として顕著なものが見られたと考えて大過あるまい。
このようなヤルカンドのまちの住民・地域社会とこの聖者廟との特有な関係性が、十八世紀半ばにおける清朝の当該地域征服後、異教徒による統治のもとにおいてどのような状況にあったかを直接的に示す資料は見出せない。しかし、外部から当該地域を訪問した観察者による若干の記録が残っているので、それらをもとに十九世紀半ば～二十世紀前半期における聖者廟の具体的な様子についていくらか検討してみる。

清朝による統治開始後約一世紀を経過した十九世紀の半ば、清朝領の新疆を実地調査した前述のワリハノフは、すでに澤田が指摘するように、ヤルカンドのおもな宗教施設として、アルトゥン、ムハンマド・シャリーフ・ピール Muhammad Sharīf Pīr、ムーイ・ムバーラク Mūy-i mubārak とともに、[29]「最大の聖堂」として「Aftu-Moodan」について記している[30]。これがハフト・ムハンマダーンを指すことは間違いない。十九世紀半ばの清朝統治下の状況において、外部からの訪問者の観察からも、宗教施設として際立った存在であったことが窺われる。

十九世紀後半、一八六四年に新疆で清朝の統治に対する大規模なムスリム反乱が発生すると、隣接するコーカンド・ハーン国から進出したヤークーブ・ベグは、各反乱勢力を併呑することを通じて、タリム盆地周縁オアシス地域を統合する政権を樹立した。これがいわゆるヤークーブ・ベグ政権（一八六七～七七年）である。清朝が軍事力でもって新疆を領域として回復するまで約十年間存続したこの政権下における本マザールの状況について、直接的に伝える史料は見出せないけれども、伝承の形で若干の材料が残されている。二十世紀初頭（一九〇〇・一〇年代）にこのマザールを訪問し、観察及び聞き取りにもとづいてマザールに関する論文を執筆したスウェーデンのキリスト教伝道団[31]のミッショナリであるラケット（Gustaf Raquette）は、そのなかで下記のような伝説を記している。

聖者たちが預言者からいただいた杖は大きな木に育った。ポッペルという木で、ヤークーブ・ベグの時代まで墓地の横に立ち続けていた。ヤークーブ・ベグは東トルキスタンの聖墓を大変特殊な方法で保護してきたのであるが、今では朽ちてしまったチルテン〔のマザール〕再建の決心を固め、この聖なる木を切り倒して建材として使用するよう命じたのだった。しかしこの木を切り倒すことに対して、信者の中から強く反対の声が出た。それで誰も伐採を意図してこの木に近づく勇気を持つことができなかった。とうとう偉大なる王子がその命を実行しなければならないことになった。しかしその木に手を触れた者はみな即座に、あるいは数日後に命を落としてしまった。

とあり[32]、ヤークーブ・ベグ政権によって本マザールの廟の建造物が改築されたことが伝えられている。実際、ヤークーブ・ベグは政権樹立後、イスラーム法を政権領域内に貫徹させるとともに、ウラマーたちを優遇するなど、ムスリム居住地域であるタリム盆地周縁オアシス地域を統治するにあたり、みずからがムスリムであるという点から、イスラームを政治体制の基軸に位置づけた。そのなかで、具体的な政策面においても、イスラーム聖者廟を重視し、カシュガルのホージャ・アーファーク廟など各地の主要なマザールに対して、再建・修理の実施や大鍋等の廟に付属するアイテムの寄進など、保護政策を推進したことで知られる[33]。上記の伝説からは、本聖者廟がヤークーブ・ベグ政権により、その施策の対象として選定されるに相応しい意義をもつ施設と認識されたことが窺われる。

これに関連して想起されるのは、ウイグル人の歴史家ムッラー・ムーサー・サイラーミーMullā Mūsā Sayrāmīが『ターリーヒ・ハミーディー*Tārīkh-i Ḥamīdī*』(テュルク語)において伝える一エピソードである。ヤークーブ・ベグは、カシュガル地域においてみずからの権力を確立すると、クチャの反乱政権に対抗する形で、本格的な征服活動に着手した。その第一歩として、クチャの政権から派遣されたイスハーク・ホージャなる人物によって掌握されていたヤルカンドに進撃した際、ヤークーブ・ベグは、「ハフト・ムハンマダーンという偉大なマザールの前にある、広くて高い平坦な広場に軍営を設置し、駐屯した」という。[34] すなわち、ヤークーブ・ベグは征服事業の途上においてすでにこのマザール、つまりマザールの管理者や信徒の指導者などと何らかの交渉をもち、そのヤルカンドにおける影響力について注視していた可能性があるのである。このような経緯が、その後の政権下における保護対象化につながったとも考えられる。

しかし、ラケットの聞き取りによる前述の伝説においてむしろ注目されるのは、ヤークーブ・ベグのマザール重視政策が、この廟において円滑に受容されたとはいい難いことを示唆する本エピソード特有の傾向性である。後述するように、ハフト・ムハンマダーンの聖者伝によれば、かれらは夢のなかにあらわれた預言者ムハンマドから奇跡の杖をもらい、その杖が緑化した、その場所に定着するよう指示を受け、世界を放浪した末に現在のヤルカンドの地に定着したことになっている。上記のヤークーブ・ベグ時代に関する伝説で、マザールにあった大きな木は、その杖が変化したものといわれているのである。ヤークーブ・ベグは再建に際してその木を切り倒すように命じたものの、信者が反対して誰もそれをする勇気をもたず、手を触れた者は落命した、という逸話から窺われることは、建造物の再建という表面的なマザール尊重の裏面におけるヤークーブ・ベグの強権的な態度と、それに対して本マザールのもつ呪力が対抗的に働いている有様である。少なくとも、ヤルカンドにおけるこの伝説には、伝説の出所と推測される本マザール関係者の、ヤークーブ・ベグ政権の政策に対するある種の嫌悪感と、その政治権力に対して、自分たちのマザールであるハフト・ムハンマダーンのもつ宗教的権威の威力を強調しようとする志向性とが反映していると考えて大過ない。想像をたくましくすれば、このエピソードは、コーカンド・ハーン国出身で外来の征服者であったヤークーブ・ベグの政権の政策が、イスラームの尊重という側面にもかかわらず、地元のマザールをめぐってヤルカンドの地域社会と何らかの軋轢を起こしたことを仄示するものかもしれない。

以上の諸点を勘案すれば、十八世紀半ばに新疆が清朝の統治下に組み込まれ、清朝の満洲人官吏・軍隊などがウイグル人居住地域に駐在するようになった段階においても、ハフト・ムハンマダーンのマザールは、ヤルカンドにおける主要な宗教施設としての地位を保持していたと考えられる。ただし、ラケットの採取した伝説中に、本廟が朽ちていたという記述があることから、清朝統治下において改築や修理など整備事業が実施されず、経済面で芳しくない条件下にあった可能性がある。[35]これに対し、ヤークーブ・ベグ政権のもとでは、保護の対象として改築作業がなされたものの、その過程において政権側と聖者廟との間である種の軋轢が生じた形跡がある。

さて、清朝はヤークーブ・ベグ政権に対して大規模な軍事行動を組織してこれを打倒し、新疆全域に対する統治を回復するとともに、一八八四年には新疆省を設置して、新疆に対する行政上の統合化を強めた。その後の清朝末期から中華民国期にかけての本マザールの状況については、前述のように、実際に訪問したラケットが、伝説などとともに、当時の具体的な状況に関してもいくらか記録を残している。すなわち、

〔預言者ムハンマドがかれらに与えた杖が変わったとされる〕木が立っていた場所は今でも位置が表示され、とくに神聖であると考えられている。墓室に直接通じる入り口前には、巨大な角をつけた野生羊の頭蓋骨が山のように積み重ねられている。墓室の内部には、燈と錦織の旗で飾られた七つの石棺型のモニュメントを見ることができる。

とあり、[36]併せてマザールの外観と内部を写した写真が三枚掲載されている。[37]この記録は、具体的な歴史過程における外観・外面的特徴を伝える記述が希少であることを考慮すれば、高い史料的価値を具えているといっても過言ではない。

しかしラケットの叙述で注目されるのは、上記のような記録性はもちろんのこと、本マザールの取り上げられ方そのものである。この文章は、新疆におけるスウェーデン伝道団の諸活動にもとづき、新疆のとくにウイグル人社会に関する体系的な紹介をテーマ軸の一つとする伝道団本部出版の書籍の一部として掲載されたものであり、「チルテン」として独立した一項を構成している。本書のなかで、イスラーム聖者廟に特化した内容としては、この項が唯一のものである。すなわち、カシュガル、ヤルカンド、ヤンギ・ヒサール、カシュガルのヤンギ・シャフル（新城）という四都市に拠点を置いて活動を展開していたスウェーデン伝道団のミッショナリにより、これら複数のオアシスを含む広域的な領域が俯瞰された上で、ハフト・ムハンマダーンが聖者廟の代表的事例として掲げられているということを意味する。このことは、記事のなかで触れられているように、ハフト・ムハンマダーンの伝説がとりわけユニークであるという点にのみもとづくものではあるまい。二十世紀初頭の状況として、当該地域に長期に滞在したスウェーデン人の目に、他のマザールとの比較においても、ヤルカンド住民たちの本マザールに対する尊崇にとくに顕著なものがあると映じていたと想像されるのである。

その後、二十世紀半ば前後の状況に関して窺い知ることの出来る材料は見出せないけれども、幸いなことに二十世紀末に本マザールを実見した日本人研究者によって貴重な記録が残されている。すなわち、一九九八年八月にヤルカンドの主要マザールを訪問した澤田稔は、このマザールに対する観察として、

この墓地〔「アルトゥン」（黄金の墓園）〕の北・東方に広がる広大な墓園〕の北東隅にハフト・ムハンマダーン・マザール（「七人のムハンマドのマザール」）がある。このマザールには数人の参詣者がいてお祈りをしており、入口には管理人らしき男性が坐っていた。マザールの建物のなかには、その名の由来となっている七つの墓があり、旗竿や多数の大きな山羊の角で飾られていた。同じ敷地内に礼拝所の建物もある。

と述べている。[38] 本マザールは、近年もヤルカンド住民の参詣者を集めており、とくに中華人民共和国成立以後の激しい社会的変動を乗り越えて、信仰対象としての命脈を保ち続けてきたのである。また、旗や野生羊の角により「墓」が飾られているという有様は、前述ラケットの記す二十世紀初頭の情景と変化なく、興味深いものがある。

以上述べてきたなかで明らかになった、十六世紀から近年までの数百年間にわたる当該聖者廟のもつ宗教的権威と住民による尊崇は、住民の間におけるこの廟と自分たちのまちであるヤルカンドとの特有な関係性に関する認識に裏打ちされていると考えられる。近年のラヒレ・ダウトによる実地調査によれば、ある年配のウイグル人男性のインフォーマントは、本マザールをはじめとして、ヤルカンド市内及びその周辺にはいくつかのマザールが存在し、その加護によりヤルカンド市内は大きな自然災害や飢饉に襲われることがなく、平穏に生活出来るという考えを提示したという。[39] このような住民メンタリティの存在を安易に歴史的状況にまで普遍化することは出来ないけれども、本聖者廟がそれが位置するまちを守護すると信じられた特別な宗教的パワーの源泉として多数の参詣者を集めてきた、という可能性は想定してよいであろう。

他方、廟の宗教施設としてのあり方について考える上でもう一つ看過できない点は、まちにおける住民の社会経済活動及び生活空間とのかかわりである。前述のラヒレ・ダウトの調査によれば、毎週日曜日、本マザール下方の街道において南新疆地域における有名なバザールが開かれ、そこに集まった民衆たちがこのマザールに参詣するといわれる。すなわち本廟は宗教施設として、まちの住民の社会生活と密着した形で機能していると考えられる。このことに関連して注目されるのは、歴史上のヤルカンドの都市プランにおける聖者廟のロケーションである。都市の囲郭が残存していた時期においてこの廟は、まちの城門のうちの一つであるアルトゥン門から市内に入り東方に進む道の左方にあり、まちの中心部のすぐ北側に位置している。十九世紀半ばの状況として、アルトゥン門から都市東北部のカバガト門に至る大通り沿いに、多くの常設店舗が立ち並び、またその中心部の十字路にあたる「チャルス」が交易広場として賑わっていたといわれること、(40)廟の場所がこの区域と至近であったことを考え併せれば、本聖者廟は都市における社会経済活動とのつながりという文脈において、参詣場所として絶好の空間配置を確保していたといえるであろう。

3　他オアシス地域のムスリム住民から見たハフト・ムハンマダーン

ハフト・ムハンマダーンの位置するヤルカンド・オアシスの外のオアシス地域において、このマザールはとくにヤルカンド住民との関係性においてどのように認識されていたであろうか。

清朝の新疆回復後の時代に、反乱期の様相を主要な題材として執筆され、二十世紀初頭に完成した、前述の『ターリーヒ・ハミーディー』においてムッラー・ムーサーは、ヤルカンドの主要マザールの一つとしてハフト・ムハンマダーンに言及している。

〔ヤルカンドの〕有名なマザールの中では、光輝あるホージャ・ムハンマド・シャリーフ・ピールという〔聖者の〕マザールがある。また、ハフト・ムハンマダーンという高貴なマザールもある。ハフト・ムハンマダーンというところから見ると、この場所にムハンマドという名の七人の聖者が葬られているに相違ない。彼らはチルテンのうちの〔七人〕だという話がある。さらに、アルトゥン・マザールという参詣場所もあり、これは、古代のムスリムのハーンたちからなる、……二〇〇年間、あるいはおそらくそれよりも長い期間、幾代にもわたるハーンたちが「イェッテ・シャフル Yettä shahr」〔＝七都市〕を統治し、ヤルカンドを首都として過ごした、〔そういった〕モグールのハーンたちの遺骸のある場所を、ハーンたちの遺骸をも尊崇して「アルトゥン」〔＝黄金〕と名づけたものであろう。

とあり、(41) 前述ムハンマド・シャリーフのマザールと「アルトゥン」と並んで、ハフト・ムハンマダーンが登場する。この部分の叙述は、本歴史書の末尾に配された「イェッテ・シャフル」（タリム盆地周縁オアシス地域に対する呼称）のマザールに関する紹介の節におけるヤルカンド地域の条に掲げられたものである。著者のムッラー・ムーサーは、クチャ西方のサイラムという地の出身であるので、他オアシスの知識人の視線において、タリム盆地周縁オアシス地域全体における主要なマザールのうちの一つとして掲げるに価する、そしてヤルカンドを代表する聖者廟のうちの一つと評価されていたことがわかる。

しかし、ムッラー・ムーサーの記述は、各主要マザールの由来などにかかわる基本データのみをいわば並列的に提示する様態をとっているため、ハフト・ムハンマダーンのヤルカンド地域における宗教的権威とヤルカンド住民との関係性に関する、他オアシスの人々の認識がどのようなものであったかについて窺わせる材料を含んでいない。そこで注目したいのは、他のマザールの聖者伝に見られるハフト・ムハンマダーンへの言及のされ方である。モグーリスターンのトゥグルク・ティムール・ハーン Tughluq Tīmūr Khān をイスラームに改宗させた伝説をもつイスラーム聖者、マウラーナー・アルシッディーン・ワリー(42) Mawlānā Arshidīn Walī のマザールは、クチャ市近郊にあり、タリム盆地周縁オアシス地域における主要聖者廟の一つである。(43) 濱田正美の研究において提示された、そのアルシッディーンの聖者伝（テュルク語）には、アルシッディーンの父であるジャラール・アッディーンが死ぬ前に、預言者ムハンマドが霊夢にあらわれ、以下のようなやりとりがあったという記述が見られる。濱田の翻訳にしたがって掲げる。

〔ムハンマドはジャラール・アッディーンに〕仰せになりました。「息子よ、そなたの息子、ホージャ・アルシッディーンに余は命ずる。トゥグルク・ティムール・ハーンをムスリムとなしたのち友たちとクーサン〔＝クチャ〕に居を定めよ。そこに葬られよ。クーサンの布施とキヤンの布施を余はホージャ・アルシッディーン、サハーバ・ジャーンバーズ、シャイフ・ニザームッディーン・ディフラヴィーに与える。」と仰せになりました。マウラーナー猊下、シャイフ・ニザームッディーン、サハーバ・ジャーンバーズは敬礼しました。トルファンの布施をスルターン・アスハーブカフフ(44)とアルプ・アタ(45)に与えられました。彼らも敬礼しました。「アルダヴィールとベルベルの町の布施をイマーム・バッタール・ガーズィーとそなたに与える」と仰せになりました。イマーム猊下とマウラーナー猊下は敬礼しました。「カシュガルの布施をばスルターン・サトゥク・ボグラ・ハーン・ガーズィー(46)陛下、アリー・アルスラン・パーディシャー(47)、スルターン・カラスターン・パーディシャーに与える」と仰せられました。彼らは敬礼いたしました。「タルタルの布施をハフト・ムハンマダーンに与える」と仰せになりました。彼らは敬礼いたしました。……

とあり(48)（傍線：新免）、この聖者伝の主人公であり、クチャにマザールのあるホージャ・アルシッディーンにクチャの布施が与えられること、新疆の諸オアシス地域において、それぞれの地域に固有の聖者、正確にいえばその地に葬られたとされるマザールのある聖者（つまりはそのマザールの管理者）に布施が与えられることが（夢のなかの）預言者ムハンマドによって認められたという筋書きを読み取ることが出来る。すなわち、この聖者伝においては、各々の主要なマザールがそれぞれ位置しているオアシスが、その主要マザールの宗教的権威の及ぶに相応しいテリトリーとして規定されているのである。そしてそのなかで「タルタル」の地、すなわちヤルカンドは、もっぱらハフト・ムハンマダーンに帰せられている。クチャという他の地域を根拠とする聖者廟とそこに葬られた聖者の宗教的権威を称揚することを趣旨として書かれたと思われる聖者伝において、このような叙述が見られることは、少なくとも本伝説が創作された時点におけるタリム盆地周縁オアシス地域の人々の認識に、ハフト・ムハンマダーンのマザールが、マザールが存在するヤルカンド地域及びヤルカンドのまちのムスリム住民に対する宗教的権威において優位性を確保していると感じられていた様子が反映している可能性を示唆する。

以上のように、本聖者廟は遅くとも十六世紀以来、現代に至るまで、ヤルカンドのまちと深いかかわりをもちながら、まちの人々の間において卓越した宗教的権威をもつ、そしてヤルカンド・オアシスの外のタリム盆地周縁オアシス住民のムスリムたちから見ても、ヤルカンドの人々との特別な結びつきを想起させる、当該オアシス地域における有力なマザールの一つであったと考えられる。

三　聖者伝説とヤルカンド住民

ハフト・ムハンマダーンのマザールは、ユニークな聖者伝説をともなっている。主要な参詣者と考えられるヤルカンドのまちの人々のこの聖者廟に対する認識のあり方とその背後にある住民の意識を探る上で、その内容を具体的に見てみよう。

1　伝説の構成・内容

本マザールにかかわると考えられる聖者伝説の、現存する文字化された文献のおもなものとしては、下記の九点があげられる。

（A）　前述のザリーリーの作品（韻文）

（B）『ハフト・ムハンマダーンの伝説』（韻文）（ヤルカンド・マザール伝説集成の写本に収載された作品）[49]
（C）『ハフト・ムハンマダーン猊下の伝説』（散文）（Jarring Collection, Prov. 413, ff. 75a-81b）
（D）『ハフト・ムハンマダーン・パーディシャーの伝説』（散文）（Lund University Library, Jarring Collection, Prov. 13）
（E）『ハフト・ムハンマダーンの伝説』（散文）（Jarring Collection, Prov. 414, ff. 1b-12a）
（F）『偉大なハフト・ムハンマダーン猊下の伝説』（韻文＋散文）（Jarring Collection, Prov. 414, ff. 18b-35a）[50]
（G）前述のラケットが二十世紀初頭に訪問した際に採取し、本マザールに関する記事に掲げた伝説。[51]
（H）一九五〇年代にロシアのテュルク言語学者のテニシェフ（Tenishev）が聞き取り調査によりヤルカンドで採取した伝説。[52]
（I）ウイグル人の人類学者ラヒレ・ダウトが近年の調査で採取した伝説。[53]

これらのヴァージョンにおける各モチーフの内容とその構成様態について、大雑把ながら比較して吟味してみると、以下のようなある種の系統性が見えてくる。

まず、（A）は前述のように十八世紀前半という、現存するもののなかではもっとも著作年代が古いものであり、（B）はヒジュラ暦一二三〇年ラビー一月（西暦一八一五年二～三月）に著述もしくは書写されたものと見られる。[54]これら韻文の二点は、語句や表現の多少の違いは見られるものの、きわめて類似している。（C）は散文の作品であるが、全般的に文章表現が異なり、また、内容面でも細部に多少の違いが見られるものの、物語を構成する各モチーフの基本的な内容とその構成のされ方は、（A）及び（B）と類似している。その書写年代は不明ながら、紙質から見ると写本自体として比較的古いように感じられる。また、（D）と（E）は、（C）とかなり類似した散文の物語であるけれども、写本の紙質からすると、書写された年代としては比較的新しいと考えられる。

これらに対し、（F）は韻文と散文が混在した作品であり、その韻文部分はザリーリー作とされる韻文作品と酷似している。そして興味深いことに、（A）～（E）で語られる物語の時間経過において、それより以前の段階における逸話を伝える、（A）～（E）にはないモチーフが、散文部分（ff. 20a-22b）として韻文部分の間に挿入される形をとっている。この作品にはヒジュラ暦一二九〇年（西暦一八七二／七三年）という、著作年と思われる年記載が見られるので、すなわち、ザリーリーの作品など、より古い段階から存在する韻文作品に、そこにはないエピソードを散文として加えて作品として成立させたのが、まさに前述したヤークーブ・ベグ政権下の時代における、この年ということになると想像される。ただし、散文として加えられた部分が、この「作品」の「著者」によって創作されたものであるかどうかは定かではない。興味深いことに、前述のラケットによっておそらくは二十世紀初頭に採取されたと思しき（G）は、（F）で散文として挿入されたエピソードも含む、いわばフル・ヴァージョンとなっている。[55]

要するに、韻文や散文という違いはあれ、（A）～（E）はほぼ同じ各モチーフ内容と構成様態をもち、（F）と（G）は同じ構成内容をとりつつさらに最初の部分に別エピソードが加わっている、ということである。便宜上、下記に（A）～（G）にほぼ共通する物語の梗概について紹介する。[56]

① 預言者ムハンマドの時代、〔ムハンマドの教友たる〕ペルシア人のサルマーン Salmān が預言者ムハンマドに子供ができるようにとお願いすると、妻が四十人の息子を産んだ。それらは聖者であったが、サルマーンはそのうちの三十九人を籠に入れて沙漠に捨てた。後から、残る一人もそれに加わった。ムハンマドが彼らを見に行くと、籠はドーム状の屋根に変化して、第四天にあり、その中に四十人がいたのである。〔以上の部分が

〔F〕・〔G〕のみに含まれる〕

② メディナで、木の上に獣が現れ、神の災いと自称した。すると〔ムハンマドの娘である〕ファーティマが病気になった。預言者ムハンマドは天使ジャブラーイール〔＝大天使ガブリエル〕とともに、例の四十人の所に行った。四十人の中の七人が地上に降りて来て、災いをなくすよう祈った。ファーティマは全快した。

③ 七人は元いた第四天に戻ることを許されず、預言者ムハンマドの死後も地上を放浪した。彼らがムハンマドの墓に行って念じたところ、ムハンマドが現れて彼らに杖を与え、その杖が緑化した場所にとどまるようにと彼らに指示した。七人は世界を放浪し、タタルの地(57)に至った際に、杖が緑滴る木になったので、そこにとどまった。当時のヤルカンドは異教徒の土地であった。

④ 数百年後、ヤルカンドがアバー・バクル王の時代になったとき、ブハラのシャー・ターリブ Shāh Ṭālib Sarmast は、四十人〔もしくは四十一人〕(58)の弟子とともにメディナに行き、預言者ムハンマドの墓において、夜半に出現したムハンマドより、ヤルカンドに行って例の七人の地を、ムスリムとなった当地の人々に示すようにと指示された。そこでシャー・ターリブはヤルカンドに行き、〔彼らのいた地に〕マザールを設けた(59)。

⑤ アバー・バクルは、シャー・ターリブを試すために、猫の肉でつくったカバーブ〔＝串焼き肉〕を供した。シャー・ターリブはそれを見破って、猫を生き返らせた。憤ったシャー・ターリブはヤルカンドを去ったが、アバー・バクルは使いを送って許しを乞うとともに、このマザールを尊崇した。土地を寄進し、管理者を定めた。

以上のストーリーのうち、①のモチーフを除く、伝説の基幹部分の諸モチーフとその展開のあり方は、少なくとも文字テキストとして書写されて残存しているものに関していえば、おそらく十八世紀以前から遅くとも二十世紀初頭まで、ほぼ同じ形態で伝えられてきた可能性がある。

　他方、聞き取りにより、二十世紀半ば以降に採取されたものとして、テニシェフの取得した伝説（H）を見てみると、（F）・（G）の冒頭部分にあり、他には欠けているモチーフ要素（上記の①）が含まれている。しかし（H）には、シャー・ターリブによるかれらの墓所発見の話が完全に抜け落ちており、猫の再生という奇跡に関するエピソードは、シャー・ターリブではなく、七人の聖者自身に関する話としてあげられている。また、ラヒレ・ダウトの取得した伝説（I）は、冒頭の①を欠いているほか、七人がヤルカンドに到来したのが「アイ・ジャンジュン」の時代とされるものの、墓が発見されたエピソードにおいては、（A）～（G）が伝える、アバー・バクルという歴史上の実際の為政者、墓「発見」の主体であるシャー・ターリブという宗教指導者の具体的な名前はあらわれない。

　すなわち、（A）～（G）の類似するヴァージョンが、伝説ではあっても、墓の発見とその参詣場所としての形成を実際の歴史的な文脈の中に位置づけ、歴史事実としての装いを凝らしているのに対し、（H）・（I）は歴史的な説明の欠落により、寓話的色彩が強まっている印象を与える。（H）・（I）が二十世紀半ば以降に、口述資料として得られたものである点を勘案すると、二十世紀初頭以降の時代を経た伝説の変化の過程を投影しているか、あるいは民衆の間に口承で存在した物語のさまざまなヴァリエーションの一端を反映している可能性があり、興味深い。

　以上より、（A）～（G）の伝説の中核部分はほぼ共通する内容の諸モチーフによって構成されており、少なくとも文字テキストのレベルにおいては、おそらく十八～二十世紀の約二百年間にわたりほぼ同じ形で伝えられてきた（書写されてきた）ものと推測される。

2　伝説の特徴

次に、これらの点を踏まえた上で、古くから伝えられてきたと考えられる伝説の中核部分をとりあげ、本聖者伝説のもつ特徴について検討する。(60)

まず新疆や中央アジアの他のイスラーム聖者の伝説と比較すると、共通する要素がいくつか見られる。

第一に、ハフト・ムハンマダーンという七人の聖者の母体が四十人の聖者、(61)すなわち「チルテン」であるというところから、この伝説は、中央アジア地域におけるチルタン（=チルテン）伝説と関連がある可能性がある。「チルタン」というのは、四十人（もしくは四十一人）の聖者が世界を放浪するというもので、ある場合には、ヒズル聖人(62)がそのリーダーとなっているという。(63)ハフト・ムハンマダーンの伝説においては、その墓所を発見したシャー・ターリブが旅のなかで引き連れていた弟子たちもまた四十人（もしくは四十一人）とされており、二重にチルタン伝説、もしくはその四十という数字のもつある種の象徴性(64)とつながりがあるといえそうである。

第二に、彼らが預言者ムハンマドよりもらった杖を持ち歩き、ヤルカンドにおいてそれが緑の木に変わったというモチーフは、他の聖者伝にもあらわれる、聖者が操る神秘的な杖のイメージと重なる部分がある。たとえばホージャ・ムハンマド・シャリーフ・ピールの聖者伝には、聖者が杖を曳いた跡に水が湧き出して流れたという奇跡譚が見られる。(65)

第三に、伝説において、本マザールが為政者をはじめとする人々によって認められ、祀られる機縁を作ったのは、中央アジアの聖者たるシャー・ターリブによる聖者墓の発見である。このような聖者墓の「発見」に関する逸話は、サトゥク・ボグラ・ハンの墓を見つけた前述のホージャ・ムハンマド・シャリーフの聖者伝など、中央ユーラシアにおいて広く見いだされる、聖者墓を「発見」する聖者の伝説(66)と共通する。

第四に、細かいモチーフにも、中央アジアの後の時代における他の「聖者」の伝説・伝承と共通の要素がある。たとえば、政治権力者によって試されたシャー・ターリブの力によって、調理された猫が生き返ったという奇跡譚については、歴史上中央アジアでもっとも旺盛な活動を展開したイスラーム神秘主義の教派であるナクシュバンディーヤの著名な指導者であるマフドゥーミ・アーザム Makhdūm-i A'ẓam の子孫を称するマルギランの聖者裔にかかわる聖者伝(67)にも、まったく同様の伝説があらわれる(68)。

これらの諸点にもとづけば、各要素がさまざまな伝説中にあらわれる時代的な前後関係と相互の関連性などを度外視した大雑把なとらえ方ながら、ハフト・ムハンマダーンの伝説は、新疆や中央アジアのムスリムが居住するオアシス地域で知られた、共通の伝説的世界を下敷きとしつつ、また、奇跡の典型的な様式として他の聖者伝にも見られるような逸話をモチーフとして組み込みながら、巧みに物語が総体として構築されていることがわかるであろう。いうなれば、中央アジアのオアシス地域のムスリム住民にとって、イスラーム聖者への信仰心を喚起させる傾向があり、感化度の高いと思われる要素を複合的に内蔵しているとも考えられる。

ただし、ヤルカンド住民にとっての本廟の位置づけという点からいえば、本伝説の特徴として、上記のような側面にとどまらず、ヤルカンドのまちに関連する別の要素や物語の構図にも着目すべきであろう(69)。

第一に、前述のように、ヤルカンドの都市史の上で決定的な役割を果たしたアバー・バクルの時代に墓が「発見」され、アバー・バクル自身によってその正統性が認定され、尊崇されたとされていることである。つまり、まちにとって重要な為政者に関する歴史的記憶が、参詣場所としての聖者廟の生成という事象と巧妙に接合されて語られている。

第二に、七人の聖者の地上への到来(降臨)・滞留、かれらの放浪、シャー・ターリブによるかれらの墓の発見、これらのいずれのモチーフにも預言者ムハンマドが関与しており、七人の聖者の放浪とヤルカンドへの定着、シャー・ターリブによる聖者墓発見の契機をなしたのは預言者ムハンマドの直接的な教導である。すなわち、この聖者伝には、七人の聖者の存在（及びいわば仲介者たる墓「発見」者のシャー・ターリブ）を介して預言者ムハンマドとヤルカンドのまちという特定の土地を結びつける物語の枠組が織り込まれている。

このような物語としての構図の提示は、伝説を読む、もしくは聴くと想定された当地域、とくにヤルカンドのムスリム住民の意識に何らかの作用を与える側面を具えていたと推測される。(70) すなわち、上記の第一点においては、まちをめぐる重要な歴史的な記憶の介在により、物語の真実性を増す効果が期待されているように思われる。第二点においては、本マザールの存在を通して、イスラームの教祖ムハンマドをみずからの土地との関連性において身近に感じさせ、ヤルカンドというまちに在住するムスリムとしての意識を高揚させる枠組が組み込まれている可能性がある。

換言すれば、およそ具体的な歴史的文脈を無視したきわめて乱暴ないい方ながら、この伝説は、荒唐無稽な空想性を軸としながらも、さまざまなモチーフ要素の複合的な組成を通じて構築された物語の様態が、土地のムスリムとしてのヤルカンド住民のメンタリティに巧みに働きかける要素を具備していたと考えられる。この点に、長期間にわたり伝えられ、このマザールに対する住民の尊崇を支えてきたであろう伝説の生命力の真髄が隠されているのではないだろうか。

おわりに

以上のように、ヤルカンドの都市の聖者廟である「ハフト・ムハンマダーン」のマザールは、十六世紀以降の歴史のなかで、いわば都市の守護聖廟ともいえる存在として、ヤルカンドのまちと密接な関係をもち、まちの人々にとっての参詣場所として卓越した宗教的権威を具える宗教施設であったと考えられる。また、そのユニークな伝説には、ヤルカンドの住民たちのムスリムとしての特有な意識との何らかの対応性を窺うことができるといえよう。

このようなイスラーム聖者廟とそれが位置する都市との関係性の具体相は、当該地域の地域性のなかにおける都市のあり方を考える上で、なんらかの示唆を与えるものと思われ、他のオアシス都市における聖者廟の事例に関する検討が俟たれる。今後の課題としたい。

付記　本稿で扱ったマザールに関する資料について、菅原純氏より貴重なご教示をたまわった。記して感謝の意を表したい。

（1）たとえば、Hamada, Masami, "Islamic Saints and Their Mausoleums," *Acta Asiatica*, No. 34, Tokyo: Toho Gakkai, 1978. 参照。

（2）たとえば、澤田稔「オルダム・パーディシャー聖域について」（『内陸アジア史研究』一四号、一九九九年）、同「タリム盆地周縁部イスラーム史跡調査報告」（『帝塚山学院大学人間文化学部研究年報』創刊号、一九九九年）、また、新免康、真田安、王建新『新疆ウイグルのバザールとマザール』東京・東京外国語大学アジア・アフリカ言語文化研究所、二〇〇二年、などを参照。中央アジアのフェルガナと中国領のカシュガルのマザールについての、澤田稔編『中央アジアのイスラーム聖地―フェルガナ盆地とカシュガル地方―』（シルクロード学研究 二八　シルクロード学研究センター研究紀要、シルクロード学研究センター、二〇〇七年）もある。

（3）Elias, N., Ross, D. E., *A History of the Moghuls of Central Asia. Being the Tarikh-i-Rashidi of Mirza Muhammad Haidar, Dughlat.* London: Curzon Press, New York: Barnes and Noble, 1972（First published 1895, Second edition 1898）, p. 296; Mīrzā Muḥammad Ḥaydar Doghlāt, *Tārīkh-i Rashīdī*, 'Abbāsqulī Ghaffārī Fard ed., Tehrān: Mīrāth-i Maktūb, p. 428.

（4）Lansdell, Henry, *Chinese Central Asia: A Ride to Little Tibet*, vol. 1, vol. 2, London: Sampson Low, Marston & Company, Ltd.,

1893, p. 106.

(5) ジャリロフ・アマンベク、河原弥生、澤田稔、新免康、堀直『『ターリーヒ・ラシーディー』テュルク語訳附編の研究』NIHUプログラム「イスラーム地域研究」東京大学拠点、二〇〇八年、一四七頁。

(6) この反乱については、佐口透『十八―十九世紀東トルキスタン社会史研究』吉川弘文館、一九六三年、第七章を参照。

(7) 堀直「回疆都市ヤールカンド―景観復原の試み―」(『甲南大学紀要・文学編』第六三号、一九八七年)四二頁。

(8) 都市のプランについては、De Filippi, Filippo, *The Italian expedition to the Himalaya, Karakoram and eastern Turkestan (1913-1914)*, London: E. Arnold, 1932, p. 477. を参照。

(9) カザフ出身のロシア帝国軍人、東洋学者。清朝領のオアシス地域を調査したことで知られ、多くの記録を残した。

(10) ヤークーブ・ベグ政権の時期にヤルカンド・カシュガル地域を訪問したイギリスの使節団の団長。その報告書として、Forsyth, T. D., *Report of a mission to Yarkund in 1873, under command of Sir T. D. Forsyth, K. C. S. I., C. B., Bengal Civil Service, with historical and geographical information regarding the possessions of the ameer of Yarkund*, Calcutta: Printed at the Foreign Department Press, 1875. がある。

(11) 第四代の吐魯番(トルファン)郡王で、ヤルカンドやカシュガルの知事を歴任した。ジャリロフ・アマンベク、河原弥生、澤田稔、新免康、堀直前掲書、一七五―一七七頁を参照。

(12) 堀前掲論文、四七―四八頁。

(13) 堀直「ヤルカンドの街区―旧城内の歴史的プラン復原の試み―」(『甲南大学紀要・文学編』第一四四号、二〇〇六年)二〇頁。

(14) アルトゥンについては、新疆を訪問した中華民国(南京政府)官吏の謝彬も見聞記録を残している(謝彬『新疆遊記』中華書局、一九二三年、二〇九―二一〇頁)。

(15) 澤田稔「タリム盆地周縁部イスラーム史跡調査報告」(『帝塚山学院大学人間文化学部研究年報』創刊号一九九九年)六四頁、及び、Rahilä Dawut, *Uyghur Mazarliri*, Ürümchi: Shinjiang Khälq Näshriyati, 2001, p. 83. を参照。

(16) ラヒレ・ダウトは、マザールのロケーションを、（一）人口の密集する都市・村落の中、（二）交通の幹線路沿い（宿場・宿駅）、（三）砂漠の中、の三種類に分けて論じ、ハフト・ムハンマダーンのマザールを（一）の代表例として掲げている（熱依拉・達吾提『維吾爾族麻扎文化研究』新疆人民出版社、二〇〇一年、四七－五一頁）。

(17) ルント大学図書館のヤーリング・コレクションに所蔵される一写本によれば、これら七人の名前はそれぞれ、Muḥammad Fāżil, Muḥammad Ibrāhim, Muḥammad Qāsim, Muḥammad Rāżī, Muḥammad Saʿīd, Muḥammad Zāhid, Muḥammad Ṣābit（sic. →正しい綴りは Thābit）とされる（Lund University Library, Jarring collection, Prov. 414, f. 18a, *Hażrat-i Khwāja Haft Muḥammadān Buzrukwārlarimning ismlari*）。

(18) Rahilä Dawut, *op. cit.*, pp. 84-85.

(19) Lundahl, J. E.（ed）, *På Obanade Stigar: Tjugofem år i Ost-Turkestan*, Redigerad av J. E. Lundahl, Stockholm: Svenska Missionsförbundets Förlag, 1917, p. 213.

(20) 堀直「ヤルカンドの街区―旧城内の歴史的プラン復原の試み―」一五頁。

(21) Rahilä Dawut, *op. cit.*, p. 84.

(22) Elias & Ross, *op. cit.*, p. 299; Mīrzā Muḥammad Ḥaydar Doghlāt, *op. cit.*, p. 430.

(23) ザリーリーについては、Shinjang Uyghur Aptonom Rayonluq Ijtima'i Pänlar Akademiyisi Millätlär Ädäbiyati Tätqiqat oruni, *Uyghur Adäbiyati Tarikhi*, 2, Beyjing: Millätlar Näshriyati, 2006, pp. 672-703、及び、李国香『李国香文集』第一集、中国文聯出版社、二〇〇四年、二〇八－二一三頁を参照。

(24) Zälili, *Zälili Diwani*, Näshrgä täyyarlighuchi: Imin Tursun, Beyjing: Millätlär Näshriyati, 1985, pp. 456-477.

(25) Zälili, *op. cit.*, p. 476.

(26) Zälili, *op. cit.*, p. 457; 菅原純、アブリズ・オルホン（編）『新疆およびフェルガナのマザール文書（影印）』第二集、東京外国語大学アジア・アフリカ言語文化研究所、二〇〇七年、一〇頁。

(27) カシュガル地域で最初にイスラームを受け容れたという伝説のあるカラ・ハーン朝のサトク・ボグラ・ハーンの墓を

発見したとされる十六世紀の聖者。詳しくは、濱田正美「サトク・ボグラ・ハンの墓廟をめぐって」（『西南アジア研究』第四三号、一九九一年）九四－九八頁を参照。後述のように、ヤルカンド市にマザールが存在する。このマザールの近年における状況については、前掲の澤田「タリム盆地周縁部イスラーム史跡調査報告」六五－六六頁を参照。

（28）澤田稔「ホージャ・イスハークの宗教活動―特にカーシュガル・ハーン家との関係について―」『西南アジア研究』第二七号、一九八七年、六六－七二頁。

（29）「ムーイ・ムバーラク」は一般に、預言者ムハンマドの髪の毛と称されるものを納めた廟を指す。ヤルカンドのムーイ・ムバーラクについては、いわゆる『ホタン史』に言及がある（Hamada, Masami, "*L'Histoire de Ḥotan* de Muḥammad A'lam (II): Un essai de traduction du text turc oriental", *ZINBUN*, No. 16, 1980, p. 189）。

（30）Валиханов, Ч. Ч., *Собрание сочнений в пять томов*, Алма-Ата, том 3, 1985, p. 122; 澤田前掲論文、六五頁。

（31）十九世紀末～一九三〇年代にカシュガル、カシュガル・イェンギシャフル（新城）、ヤルカンド、イェンギヒサールの四都市に拠点を設置して、スウェーデン伝道団（誓約教会）が活動を展開していた。詳しくは、Hultvall, J., *Mission och Revolution i Centralasien. Svenska Missionsförbundets mission i Östturkestan 1892-1938*, Stockholm: Gummessons, 1981. 及び Jarring, Gunnar, *Prints from Kashghar. The printing office of the Swedish mission in Eastern Turkestan. History and production with an attempt at a bibliography*, Stockholm: Swedish Research Institute in Istanbul, 1991. を参照。

（32）Lundahl, *op. cit.*, p. 213.

（33）Kim, Hodong, *Holy War in China: The Muslim Rebellion and State in Chinese Central Asia, 1864-1877*, Stanford: Stanford University Press, 2004, p. 130; Mulla Musa Sayrami, *Tarikhi Hämidi*, Näshrigä täyyarlighuchi: Änwär Baytur, Bejing: Millätlar Näshriyati, 1988, pp. 502-503. を参照。ヤークーブ・ベグによる大鍋の寄進については、ニヤのイマーム・ジャーファル・サーディクのマザールの例がある（澤田稔「タクラマカン砂漠南辺の聖墓」（『帝塚山学院大学人間文化学部研究年報』第二号、二〇〇〇年）一七四頁）。

（34）Mulla Musa, *op. cit.*, p. 355; Пантусов, Н. Н., *Тарих-и Эмение. История владетелей кашгарии.* Сочнение Муллы

Мусы бен Мулла Айса Сайрамца. Изданная Н. Н. Пантусовым, Казань, 1905, p. 152. ただし、前掲の『ホタン史』の叙述においては、「ムーイ・ムバーラク」に営地を置いたことになっている。

（35） 異教徒の政権である清朝の統治時代においては、ウイグル人行政担当者である吐魯番郡王やハーキム・ベグ（知事）によって聖者廟の建造物の改築や付設マドラサの寄進などが行われた例が知られる（Kim, Hodong, "The Cult of Saints in Eastern Turkestan: The Case of Alp Ata in Turfan", *Proceedings of the 35th Permanent International Altaistic Conference*, Taipei, 1992, pp. 25-27; ジャリロフ・アマンベク、河原弥生、澤田稔、新免康、堀直前掲書、一八四頁）ものの、清朝政府自体によってイスラーム聖者廟に対する保護政策が行われた形跡は見出せない。

（36） Lundahl, *op. cit.*, pp. 201-215.

（37） Lundahl, *op. cit.*, pp. 205, 209, 212. また、スウェーデン国立公文書館には、やはりスウェーデン伝道団によって撮影された、本マザールと思われる建造物の写真が数画像所蔵されている（Riksarkivet, *Öst-turkestan samlingen*, 149 : "Helgongravar" ark 8-9）。Jarring, Gunnar, "Eastern Turkestanica in the Swedish National Archives," *Central Asiatic Journal*, Vol.35, No. 1-2, 1991, pp. 58-59. も参照。

（38） 澤田「タリム盆地周縁部イスラーム史跡調査報告」六四頁。

（39） 熱依拉・達吾提前掲書、四七頁。

（40） Валиханов, *op. cit.*, p. 120.

（41） Mulla Musa, *op. cit.*, p. 641; Пантусов, *op. cit.*, p. 307. 当該部分の一部についてはすでに澤田によって訳文が示されている（澤田「タリム盆地周縁部イスラーム史跡調査報告」六五頁）。

（42） Hamada, "Islamic Saints and Their Mausoleums," pp. 81-83.

（43） 新免、真田、王前掲書、一九三－一九四頁。

（44） Shinmen, Yasushi, "The History of the Mausoleum of the *Aṣḥāb al-kahf* in Turfan," *Memoirs of the Research Department of the Toyo Bunko*, No. 61, Tokyo: Toyo Bunko（Oriental Library）, 2004. を参照。

(45) 前掲の Kim, Hodong, "The Cult of Saints in Eastern Turkestan: The Case of Alp Ata in Turfan" を参照。

(46) 濱田「サトク・ボグラ・ハンの墓廟をめぐって」を参照。近年のそのマザールの状況については、澤田「タリム盆地周縁部イスラーム史跡調査報告」五五－五七頁、新免、真田、王前掲書、一六二－一六七頁を参照。

(47) 新免、真田、王前掲書、一七三－一七六頁を参照。

(48) 濱田正美『東トルキスタン・チャガタイ語聖者伝の研究』京都大学大学院文学研究科、二〇〇六年、五六－五七頁。

(49) 菅原純、アブリズ・オルホン（編）前掲書、六九－五九頁（ff. 80b-90b）。

(50) （C）～（F）は、いずれもスウェーデンのルント大学図書館に所蔵されるいわゆるヤーリング・コレクション中の諸写本に含まれている。言語はテュルク語。これらの写本はスウェーデン伝道団によりスウェーデンにもたらされたものである。

(51) Lundahl, *op. cit.*, pp. 202–213.

(52) Тенишев, Э. Р., *Уйгурские тексты*, Москва: Изд-во《Наука》, 1984, pp. 67–68.

(53) Rahilä Dawut, *op. cit.*, pp. 85–88.

(54) 菅原純、アブリズ・オルホン（編）前掲書、九頁及び五九頁（テキスト f. 90b）。

(55) （F）の書写年は、ヒジュラ暦一三二五年（西暦一九〇七年）とされるので、年代が二十世紀初頭であること、書写年がヒジュラ暦と西暦の両方で記載されている点から見て、書写がスウェーデン人ミッショナリの求めに応じてなされた可能性がある。（G）との関連が気になるところである。また、同じ写本に含まれる（E）も書写年が同じ可能性がある。

(56) 菅原純、アブリズ・オルホン（編）前掲書、九頁には、（B）の内容構成に関する簡単な紹介が掲げられている。

(57) ザリーリーの韻文作品では、トルキスタンの地のヤルカンドとされている。

(58) 韻文作品では四十一人、散文作品では四十人。

(59) シャー・ターリブは、十五世紀後半に中央アジアで活動したスーフィー（イスラーム神秘主義者）といわれるが、アバー・バクル時代のヤルカンドでこの人物により聖者の墓所が「発見」され、さらに為政者のアバー・バクルによって認定されたというこの伝説中の叙述が、なんらかの事実関係に由来するものかどうかは不明である。ラヒレ・ダウトは、おそらくはこの伝説にもとづき、本マザールの場所が特定されたのがこの人物によってであると見なしている（Rahilä Dawut, *op. cit.*, p. 83）。

(60)『ターリーヒ・ラシーディー』の叙述からすると、ザリーリーの作品以前に本マザールの伝説がなんらかの形で存在した可能性が高いが、それがどのようなもので、それを基に著されたザリーリーの作品がそれ自体でどの程度のオリジナリティをもち、どの程度の改変なり脚色なりが加えられたのか、という点については、残念ながら現在のところ定かではない。散文テキストに関する細かい分析と、書写年代の記載のある散文作品の発見が今後の課題であろう。後の時代の諸テキストがザリーリーの作品とされるものとかなり類似した様態をとっている以上、本項における伝説の検討も、場合によってはザリーリーの創作に関する考察という側面が強い可能性もある。

(61)「七人」の七という数自体に、なんらかの象徴的な意味合いが含まれているかもしれない。たとえば、フェルガナ盆地においては、「七聖兄弟」と呼称されるマザール群の存在が指摘されている（Абашин, С. Н.,《Семь святых братев》, *Подвижники Ислама*, Москва: Издательская фирма《Восточная литература》РАН, 2003, pp. 18–40）。

(62) 周知のように、ヒズルについては、水をコントロールする聖者として、ムスリム諸民族の居住する地域に広く共通して伝説が知られている（家島彦一「ムスリム海民による航海安全の信仰—とくにIbn Baṭṭūṭaの記録にみるヒズルとイリヤースの信仰—」『アジア・アフリカ言語文化研究』第四二号、一九九一年）。

(63) Абашин,С.Н.,《Чилтан》, *Ислам на территории бывшей Российской империи, Энциклопедический словарь*, Вып3, Москва: Издательская фирма《Восточная литература》РАН, 2001, pp. 118-119; Чвырь, Л. А., *Обряды и верования уйгуров в XIX-XX вв.*, Москва: Издательская фирма《Восточная литература》РАН. 2006, p. 186.

(64) 中央アジアには、「四十人の娘」（チル・ドゥフタラーン）に対する信仰も見られる。つまり「四十」という数字になんらかの呪術的な意味が込められているといえる（ナーディルベク・アブドゥルアハトフ「フェルガナ盆地における女性のマザール」（澤田編前掲書）一一六－一一七頁）。

(65)　濱田前掲書、一五九頁。

(66)　濱田正美「聖者の墓を見つける話」（松原正毅・小長谷有紀・佐々木史郎編『ユーラシア遊牧社会の歴史と現在』（国立民族学博物館研究報告別冊二〇号）国立民族学博物館、一九九〇年）、三〇一－三〇三頁。

(67)　河原弥生「コーカンド・ハーン国におけるマルギランのトラたち―ナクシュバンディー教団系の聖者一族に関する一考察―」（『日本中東学会年報』第二〇巻第二号、二〇〇五年）二七八頁。

(68)　もう一つの例として、シャー・ターリブが預言者ムハンマドの墓でムハンマドより墓を見つけるよう直接的な指示を受けたというくだりについては、かなり時代が下る事例であるけれども、一八九八年にフェルガナのアンディジャンで発生したロシアに対するムスリム蜂起を主導したドゥクチ・イシャーンが、やはり巡礼の際に預言者ムハンマドの墓で異教徒に対する「聖戦」の「啓示」を受けたという伝承を想起させる。ただし、ドゥクチ・イシャーンの場合は、神よりの啓示であったとされる。小松久男「アンディジャン蜂起とイシャーン」『東洋史研究』第四四巻第四号、一九八六年、四頁、及び *Красный архив*, T. 88, 1938, p. 172. を参照。

(69)　ここでは、物語の想定される読み手・聞き手の心理面への「効果」に着目したが、もとよりなんらかの方法論にしたがったものではなく、印象論の域を出ない。

(70)　伝説は文字化された写本の形態で残存しているが、おそらくはこのような写本をいわば種本として、聖者廟の関係者などから聖者廟を訪問した参詣者たちに対し、あるいはバザールなどに集まった人々に対し、ある程度のヴァリエーションを含みながら語り物として伝えられた可能性が高い。実際、二〇〇一年における筆者の観察によれば、トルファンのトヨクにある「眠り人」マザール（アスハーブ・アルカフフ）では、講談のように物語られる聖者伝説に参詣者たちが熱心に耳を傾ける光景が観察された。Shinmen, op. cit., p. 99. を参照。

マムルーク朝によるナスル朝の救援

松田俊道

はじめに

イスラーム世界は、領域内の宗教の異なる集団をズィンミーとして位置づけ社会の構成員として容認してきた。さらにイスラーム世界の外の異教の世界との関係にも多大な関心を示し、その外交関係を規定して両者の間で関係を維持してきた。とくに、イスラーム世界とキリスト教世界との関係は長い間重要な意味をもってきた。キリスト教世界との外交関係に関しては、さまざまな研究がなされてきた。マムルーク朝時代に関していえば、ホルト P. M. Holt による *Early Mamluk Diplomacy (1260-1290): Treaties of Baybars & Qalāwūn with Christian Rulers.*(1) がある。本書は、イスラーム世界がキリスト教世界とどのように外交関係を取り結んできたかを、実際に取り結ばれた協約を提示しながら明らかにしたものである。

一方でマムルーク朝は、そのようなキリスト教諸国との外交関係を維持するとともに、イスラーム世界の盟主であることを強く意識し、キリスト教勢力の攻撃からイスラーム世界を防衛することにも多大な関心を払ってきた。とりわけイベリア半島で長い間キリスト教世界と直接対峙してムスリム政権を維持して存亡の危機に立たされていたナスル朝に対しては、特別な意識を抱いていた。そのような状況のなかでナスル朝はマムルーク朝に救援を求める使節を繰り返し派遣してきた。そのためマムルーク朝はナスル朝を救援することには特別の意味を見出していた。また、マムルーク朝は聖地エルサレムを支配しているという点でキリスト教諸国に対して優位性があり、それはキリスト教諸国との外交関係を優位に進めることに効果的であった。

本稿は以上のような状況を鑑み、主としてグラナダを拠点とする末期のナスル朝政権とマムルーク朝との間で交換された外交使節が残した書簡の写本にもとづき、ユーラシアの西方を舞台に展開された、マムルーク朝によるナスル朝救援のための方策を明らかにすることを目的とする。また、前作の「ナスル朝外交使節のマムルーク朝への来朝」（『アジア史における社会と国家』中央大学人文科学研究所叢書三七）は、グラナダのナスル朝政権からマムルーク朝に派遣された第一回目の外交使節を取り扱ったものであるが、本稿は前作を補完するものでもある。

一　写本の解説

本稿で依拠する写本は、パリ国立図書館所蔵の四四四〇番が冠せられ、「ヒジュラ暦九世紀におけるマムルーク朝スルターンとイスラーム世界のアミールたちとの間で取り交わされた書簡集」と題された写本である。(2) 書誌情報がほとんど記されていないので詳細は不明であるが、二一一頁にわたるこの写本のなかには、

インドの支配者への書簡
トゥーニスの支配者への書簡
イエメンの支配者への書簡

スルターン・ジャクマクのティムールへの書簡
などが含まれている。グラナダ政権とマムルーク朝との間で取り交わされたものは、五八頁から六五頁に至る。内容は以下の通りである。
1．アンダルスの支配者ムハンマド・ブン・ナスル・アルハザルジーへの書簡の断片、六〇b—六一b頁。
2．アンダルスの支配者ムハンマド・アルアフナフ・ブン・ウスマーンの書簡、五八a—五九a頁。
3．アンダルスの支配者ワーリドのスルターン・フシュカダムへの書簡、六二b—六五a頁。
4．スルターン・イーナールのもとに届けられたウシュブーナ在住のムスリムたちからの嘆願書の写し、五九a—六〇b頁。

二　外交使節の派遣

1　ナスル朝からの第一回目の使節

アンダルスにおけるムスリム政権は、レコンキスタの流れのなかでアンダルスにおける最後のイスラーム政権の維持のためにさまざまな試みを行っていた。

マムルーク朝のスルターン・ジャクマクの時代に、グラナダを拠点とするナスル朝とマムルーク朝との間で援軍や支援を求める使節や書簡の交換が初めて行われた。ジャクマクに送られた使節の最初のものは、ナスル朝とカスティリャのファン二世との間で行われた戦いの勝利の後のことであった。そして八四三年（一四三九年）にフドナ(3)が両者の間で結ばれた。その直後にナスル朝から派遣された最初のグラナダの使節は、メンバーとともに八四四年ラジャヤブ月二十二日（一四四〇年十二月十七日）カイロに到着した。この使節については使節団の一員が書き遺した記録から、マムルーク朝領土内でのかれらの活動の様子が窺がえる。(4)

かれらはスルターンの歓迎を受け、かれらの王の書簡を差し出した。そこにはグラナダのムスリムの困窮が記されていた。かれらはジャクマクに援軍を要請し、かれらに軍隊を派遣してくれるように求めていた。この使者はかれの記述のなかで、スルターンは援軍の要請に対して、かれらの国が遠く軍隊をそこに派遣する準備が難しいと辞退したことを述べている。またかれはそれではオスマン朝のムラド二世に援軍をそこに求めるであろうことを述べている。しかしそれにもかかわらず、この使者はジャクマクを偉大なる王のなかの王、スルターンのなかのスルターン、聖地の守護者という表現で讃えている。そしてもし、かれがかれらに援軍を準備することが出来ないならば、資金や物資で支援して欲しいと伝えた。ジャクマクはそれに同意した。

ジャクマクは、資金と武器とグラナダへのムスリムの援軍の約束を保つことは出来なかったと思われる。このことはジャクマクのこの使節への答礼としてムハンマド・ブン・ナスルへあてたかれの書簡の断片から窺える。この書簡は残念ながら一部が欠損しているのか写本ではその部分が空白になっている。そこにはグラナダの支配者の名前以外は、ラカブ等は記されていない。友情と勝利を望む言葉の取り交わしの後で、かれの書簡が届いたことを認めることでかれへの気遣いをしている。またグラナダへの派遣を命じられたエジプトの使者はスルターンの言葉を伝えるであろうことを記している。(5)

2　第一回目の使節への返書

使節団がジャクマクにもたらしたムハンマド・ブン・ナスルの書簡に対する返書が前述の写本のなかに残されている。それは、前半部分及び中間部分が失われていて完全なものではなく、断片だけである。しかし、そこにはグラナダの王の名前もマムルーク朝のスルターンのラカブも記されている。友情の表現や勝利を祈願する表現、かれの書簡を受け取ったことを認める表現を取り交わした後で、グラナダへの派遣を委任されたエジプトの使者がかれの言葉を伝えるであろうことを述べている(6)。

アンダルスの支配者ムハンマド・ブン・ナスル・アルハズラジー Amīr Abū ʿAbd Allāh Muḥammad b. Naṣr al-Khazrajī Ṣāḥib al-Andalus への書簡の断片

書簡がわれわれの手元に届いた。われわれはそれを読んだ。われわれはそれに対する返書を記すつもりである。それはわれわれのもとに届いたもっとも偉大なる喜びであることをわれわれは理解した。われわれはそれをわれわれに対する長年の親愛であること、途切れることなき誠実さにおける奮闘であると察します。われわれのもとに提出したかれの弁明、その望みを得るために送られたかれの弁明にわれわれは感謝します。

神かけて閣下のもとにイスラームやムスリムの言葉を結びつけ、敵に勝利しますように。そして領土から破壊の扉を遮断しますように。

われわれは閣下のもとに使節を整えました。もっとも輝いているかの地、外見上も理念的にも優れた支配に呼びかける言葉を運ばせました。

ジャクマクは上記の書簡を使者にもたせグラナダの政権からの期待に応えようとする試みを行ったのである。マムルーク朝からアンダルスへの援軍を派兵することは、遠さのため、また軍隊を移送する船の組織はそう容易いことではなかった。そのようなことはこの時代には不可能ではないにしても相当な軍事力と経済力を必要とするものであった。「ナスル朝外交使節のマムルーク朝への来朝」ですでに記したように、グラナダの使節団は、ジャクマクがロードス島征服のために派遣した一回目の海軍の失敗の直後にカイロに到着した。またその時はロードスに対する二回目の派遣に向けて準備をしている時であった。そのため、マムルーク朝の船団をアンダルスに派遣し、ナスル朝の期待に効果的に応えることは出来なかった。返書はそのことを含めて記されている。

3　ナスル朝からの第二回目の使節

しかし、ナスル朝の支配者ムハンマド・アルアフナフ・ブン・ウスマーンは、ジャクマクのもとに第二回目の使節を派遣してきた。かれはムハンマド・ブン・ナスルがグラナダの支配者に後継者として任命した人物であった。かれが派遣した使節は八五五年ジュマーダー・アルウーラー月十三日（一四五一年六月十三日）にやってきた。同じく援助を求めることが目的であるが、マムルーク朝がイスラーム世界のリーダーシップを発揮して盟主としての義務を遂行してくれることをはっきりと期待している。この書簡は、スルターンは状況が許す限り、かれに助けを求めるこの遠く離れた地域のムスリムたちにこれまで約束を守り、援助の手を差し伸べていたからである。

アンダルスの支配者ムハンマド・アルアフナフ・ブン・ウスマーン Muhammd al-Ahnaf b. Uthmān の書簡(7)

われらは閣下の政権に書簡を書きました。神がイスラームの精神を喜ばすものをそれに運命づけたのです。またその卓越さのおかげで、見えないお方に、遠く離れたアンダルスの港からジハードの王の館へ、グラナダのアルハンブラから運ばれます。

このスルターンへの書簡の使者は、商人アルアトキー・アルアフダル・アブー・アブド・アッラーフ・アルバニユーリーAbū 'Abd Allāh Muḥammad al-Baniyūlīであります。かれとその従者は、一艘の船を借りて貴国に向かいました。それは神が、この西の港、敵に囲まれた国のための援助を可能にするためです。神は、かれらが必要とするムスリムのサダカ及びかれらの慈善の贈物を準備することでしょう。

神のご加護で前述の船が無事にアレクサンドリアの港に着きますように。貴国に使節を派遣する目的は、貴国が、船荷を降ろし船を停泊させること、及び貴国との強固な関係において貴国に助けを求めるこの国への援助が完了するまで必要な物資のすべてを準備することに関与するよう命じて欲しいことであります。

前述の船の往復の費用の総額はペルシア金貨で一三、五〇〇ディーナールである。貴国に神が名誉を増大させますように。いと気高きイスラーム世界が貴国を長らえますように。

八五五年ジュマーダー・アルウーラー月十三日（一四五一年六月十三日）。

この書簡は、ナスル朝の支配者であるムハンマド・アルアフナフ・ブン・ウスマーンがマムルーク朝スルターン・ジャクマクにあてたもので、商人アルアトキー・アルアフダル・アブー・アブド・アッラーフ・アルバニユーリーによってもたらされたものである。書簡では、この使節団がアンダルスからアレクサンドリアまで一艘の船を借りて来航していることが記されている。地中海を横断して必要な援助物資を運ぶ大きな船が必要であったこともあると思われるが、それは明らかにナスル朝の窮乏を示しているといえよう。また、往復の費用として記されている一三、五〇〇ディーナールは、帰路、武器などの援助物資を積載して帰国することを見込んでの費用といえよう。マムルーク朝側の年代記には、この使節の来航を伝える記述は見当たらない。したがって、マムルーク朝が援助を行ったかどうかは定かではない。

た。

4　ナスル朝からの第三回目の使節

ナスル朝からはマムルーク朝スルターン・フシュカダムにあてて一四六四年に第三回目の使節が来航した。この使節も前回と同様、スルターンへの書簡を携えて、マムルーク朝に援助を求めるために派遣されたものであった。

アンダルスの支配者ワーリドのフシュカダムへの書簡(8)

シャイフ・アブー・アブド・アッラーフ・ムハンマド・ブン・アルファキーフ al-Shaykh Abū ʻAbd Allāh Muḥammad b. al-Faqīh の手によって運ばれた。かれに援助を求めるものであった。

もっとも偉大な、高貴な、いと気高き、フランクの覇者であるスルターン。両聖地のスルターン。

この多神教の敵はカスティリャの支配者で、毎年われらが領土や港を攻撃し、われらの心配事をあらゆる時に繰り返してきた。かれらは昨年アルヘシラスの街(9)を占領した。そこは最初の征服の場所であった。拠り所となる城塞であった。そこではイスラームの言葉が止んだ。ミナレットは鐘楼に再建された。モスクには偶像が飾られ、かれらの偶像を崇拝する人々で溢れた。かれらは十字架を強いた。そこでは四六時中かれらが見受けられた。ムスリムたちはかれらから激しい攻撃を受けた。心は張り裂け、精神は熟慮で満たされた。

この年、敵はまたムスリムの砦の中からルクーク al-Luqūq の砦を占領した。砦は異教徒の土地にとっては警戒する眼であった。情報を注意深く聞く耳であった。異教徒の大地を攻撃する者が依存する場所であった。爪や牙による多神教徒の手から逃れた者が避難する場所であった。多神教徒の力が一段と増した。敵の旅行者たちの道は安全になった。

今、敵はウルジュズーナ Urjudhūna の砦を占領した。そこは光り輝く強固な城砦であった。敵の大地を砂丘から見ることができ、もし敵が突撃してくればそれを見ることが出来、かれらの策略に備えることが出来、敵の斥候に注意を払うことが出来る。しかし、軍隊が弱まり、苦難が集まった。その苦難はさらに大きくなった。領地は狭まり、希望が薄れ、策略が必要となった。神に、ムスリムたちに！ 困難はわれにあり。神かけて見放されているのは統合の言葉であり、あなた方のなかには援助者がいます。弱められているのは統合の言葉です。あなたがたのもとには多くの繁栄があります。われわれはあなた以外誰とも結びつきません。あなた以外には属する支配者も国もありません。あなた以外には保護者はおりません。

もし神が言葉を支援されるならば、抑圧者に対する勝利によって、この不正な敵の軍隊に対する勝利によってこのムスリムの集団の命の息吹に保障をお与えになるでしょう。

この書簡は、シャイフ・アブー・アブド・アッラーフ・ムハンマド・ブン・アルファキーフがあなた方のもとに差し出されることでしょう。かれはこのゲジーラ（アルヘシラス）に対してあなた方が神の道において提供してくれるであろうもののすべてをお伝えします。

八六八年ジュマーダー・アルウーラー月（一四六四年一月）。

この書簡も、以前のものと同様に、アンダルスでの窮状を克明に知らせている。しかし、ここではアンダルスにおけるレコンキスタの実情が生々しく記されている。アルヘシラスの町ではアラビア語が聞こえなくなり、ミナレットが鐘楼に代わり、モスクには偶像がかけられ、ムスリムたちが攻撃されるという状況は、あたかもイスラームの街がキリスト教の街に塗り替えられていくことを物語っているかのようである。

三　マムルーク朝のナスル朝救出の政策

すでに記したように、グラナダのナスル朝政権からは、度重なる外交使節がマムルーク朝に来航した。いずれの外交使節も本国の窮状を訴えイスラーム世界の覇者であると認識するマムルーク朝に援軍や援助を求めることを目的としていた。マムルーク朝はこれに応えて、ナスル朝救済のために動いたはずであるが、いかなる政策を試みたのかを整理してみよう。

イスラームとキリスト教諸国との関係は、すでに記したようにイスラームの外交手段に則って行われる。ところが、イスラーム諸国間の外交関係は、つねにこれまで続けられた伝統を踏襲することになる。したがって実際の国際的情勢によって左右されるというよりも、イスラーム宗教共同体の理念にもとづき、イスラーム諸国間の友情や互助精神がはたらいていた。つまりイスラーム世界の異教の世界からの防衛の精神がはたらいていた。

しかし、一方ではイスラーム諸国は、キリスト教諸国との関係をもったのも事実である。それはこの時代はとくにヨーロッパ諸国が、交易、政治、戦争において、時代の影響や国際情勢に従って動いていたからである。[10]

このため、マムルーク朝は、アンダルスのキリスト教諸国との関係にイスラームの外交的手段を発揮して、アンダルスのムスリム政権の救済のための政策を行った。マムルーク朝はキリスト教諸国との外交活動に関しては長い間指導的位置を占めていた。十字軍戦争以来この分野で中心的な位置を占めていたからである。それはエルサレムやキリスト教の聖地を支配していたからであった。聖地エルサレムにはキリスト教諸国から、巡礼者、商人、聖職者などが数多く往来するが、マムルーク朝は巡礼者などエルサレムに入る人々に細かな規定で課税を行い支配するとともに、各宗教の聖地に関してはそれを保護するという基本的な政策を施行してきた。[11]

しかし聖地エルサレムには、宗教的にも政治的にも大きな力が及んだ。したがって、宗教的な影響力は政治的目的を実現するための手段としてもしばしば利用されたのも事実である。マムルーク朝は、王朝が抱えるさまざまな問題に対処しなければならないなかで、アンダルスのムスリム政権からの救援を求める声に対して、可能な限りにおいて援助の手を差し伸べなければならなかったのである。当時のマムルーク朝は、すでに王朝の末期であり余力を残していたとはいえ、オスマン朝の脅威が感じられていた。しかしスルターンはマムルーク朝がイスラーム世界の指導的地位にあることを自覚し、さまざまな政策を実施した。

マムルーク朝から遠く離れたアンダルスのイスラーム政権の最後を記した同時代のマムルーク朝史家は少ない。イブン・イヤースはアンダルスで起こった出来事に注意深い関心を惹いていた。かれは遠く離れたかの地の出来事を比較的多く記録している。その記述を検討してみよう。

マムルーク朝によるナスル朝の救援

> （八四四年）ラジャブ月（一四四〇年）、グラナダの支配者ガーリブ・ビッラーヒ・アブー・アブド・アッラーフ・ムハンマド・ブン・アルアフマル al-Ghālib bi-llāhi Muḥammad b. al-Aḥmar al-Andalusī の使者が到着した。かれの書簡の内容は、かれのもとに攻め込んでくるフランクに対処するためにスルターンに援軍を求めて使者を派遣したというものであった。スルターンはかれに対して武器、銃、それ以外のものを準備した[12]。

これは、第一回目の使節がマムルーク朝に来航したことを記した記述である。第二章の1に記した使者のことであり、イブン・イヤースが記すアンダルスからの使者の最初の記述である。グラナダの窮状を訴える王からの書簡に応えてマムルーク朝のスルターンが援助の手を差し伸べようとしたことが窺える。この時期、グラナダではグラナダを支配する王とその周辺を支配する王との間で争いが起こっていた。その事が以下のように記されている。

（八六九年）ムハッラム月（一四六四年）、アンダルスから知らせが届いた。アンダルスの王とグラナダの支配者との間で対立がすでに起こっていた。ムスタイーン・ビッラーヒ al-Mustaʻīn bi-llāhi は彼の息子アブー・アルハサン Abū al-Ḥasan に代わってグラナダを支配していたが、事は、かれをグラナダから追放したことから起こった(13)。

（八六九年）サファル月（一四六四年）、知らせが届いた。グラナダの支配者ムスタイーン・ビッラーヒ・サアド・ブン・アルアフマルは、かれの息子アブー・アルハサンが彼を包囲していたが、難を逃れてグラナダから脱出した。その後、かれはグラナダに戻り、かれの父を捕えた。それからかれの父の息子への敵意が強まった。両者の間で説明が長くなるような事が起こった。両者の間では報復の戦いが、ムスタイーン・ビッラーヒの死まで長い間続いた(14)。

この年（八八七年）の終わりに（一四八二―八三年）、西方の国から以下のような知らせが届いた。アブー・アブド・アッラーフ・ムハンマド・ブン・ハサンは、グラナダの支配者で息子のガーリブ・ビッラーヒ・アブー・アルハサン al-Gharib bi-llāhi に対して反乱を起こした。かれはかれの伯父のおかげでかれに代わってアンダルスを支配した。するとそのことでかれに対する嫌悪の感情を抱いた。そのためかれをグラナダから追放し、息子に代わってグラナダを支配した。両者の間では説明を超えるほどの事が起こった。事はその後ムスリムたちやフランクの王によってアンダルスの外に伝えられた。[15]

(八九〇年) ラジャブ月 (一四八五年)、アンダルスの王・グラナダの支配者ガーリブ・ビッラーヒ・アブー・アルハサンの死の知らせが届いた。かれは西方の卓越した諸王の一人であった。かれは公正で名を馳せ、王国の統率力で良く知られ、人生の素晴らしさといったことに意義を挟むものはなかった。[16]

(八九一年) ジュマーダー・アルアーヒラ月 (一四八六年)、フェズの国で大きな内乱が起こったという知らせが届いた。フェズの支配者とフランクの間で戦い以外には方法がないことが起こった。グラナダの王 (アブー・アブド・アッラーフ) はかれの伯父のもとに向かい、カスティリャの支配者と戦うための援軍の要請を行ったことが知らされた。[17]

このようにアンダルスの困窮した知らせがイスラーム世界に届けられたのである。それによれば、グラナダでは支配権をめぐって内紛が起きてしまい、敵との戦いのなかでさらに不利な状況に陥ってしまったことがわかる。

マムルーク朝によるナスル朝の救援

イブン・イヤースはその後にカイロに来航したアンダルスの使者について以下のように記している。

(八九二年) ズー・アルカーダ月 (一四八七年) にアンダルスの王〔ガーリブ〕からの使者がかれの書簡を携えて到着した。使節がもたらした書簡の内容は、フランクとの戦いを支援する援軍をスルターンが派遣して欲しい、かれらはグラナダを占領しようとしている、グラナダはかれらによって包囲されているというものであった。スルターンはこのことを聞くと、エルサレム在住の修道士の一団のもとに人を派遣し、修道士の有力者の手で書簡をナポリの支配者であるフランクの王に届けるというかれの意見を主張した。また、カスティリャの王との書簡の交換、アンダルスの人々を解放し、かれらを移動させること、もしそうしなければ、スルターンは聖墳墓教会の人々に危害を加え、かれらの有力者を捕え、フランクの地からやって来るあらゆる集団が聖墳墓教会に入ることを禁じ、それを破壊するであろうという意見ももっていた。そしてかれらの使者に書簡をもたせスルターンが支持したようにナポリの王に派遣した。しかし、そのことで何も得るものはなかった。その後フランクはグラナダを支配した[18]。

その当時のエジプトのスルターンはカーイト・バーイであった。アンダルスの使節がもたらした書簡に記されていた援軍の要請に対して、スルターンはマムルーク朝からの使節を教皇とキリスト教国諸王に派遣することで応えた。かれはそれにムスリムの使節を選ばなかったのである。かれはキリスト教徒の使節を編成した。そしてその任務にフランシスコ会の二人の修道士を選んだ。そのうちの一人はエルサレムのフランシスコ会修道院の院長であるアントニオ・ミラーン Antonio Millan であった。スルターンはかれら二人に書簡をもたせローマ教皇インノケンティウス八世、及びナポリのフェルナンド一世のもとに派遣した。また、アラゴンとカスティリャのフェルナンドとイサベラのもとに派遣した。その書簡にはエジプトのスルターンがキリスト教の諸王を非難することが記されており、グラナダのムスリムに対する攻撃、かれらの大地の征服、流血、かれらの財産を奪うことのないようにということが記されていた[19]。

このように、マムルーク朝はアンダルスのムスリム政権のために可能な方策を実行したのである。そしてマムルーク朝は、エジプト及びエルサレムのキリスト教徒にあらゆる自由や保護を付与し、かれらの信仰、かれらの思想、かれらの財産を保障しているのだから、カスティリャとアラゴンの王は、これらの敵対行為を止め、奪ったものを返還すべきであることを求めたのである。また教皇及びナポリの王には、カスティリャとアラゴンの王に干渉し、ムスリムを害すること、かれらへの暴力を止めさせるように働きかけることを求めるのである。もしそうしないならば、エジプトのスルターンは両者への対立を強行するであろうし、キリスト教徒の臣民には報復の政策を行い、エルサレムのキリスト教徒の指導者を攻撃し、すべてのキリスト教徒のエルサレムへの往来を禁止するばかりか、聖墳墓教会、あらゆる修道院、教会、キリスト教の遺跡を破壊するであろうと主張したのである。

二つの使節団は一四八九年にはスペインに到着したようである。アンダルスからカイロへの使節が到着してから一年半後のことである。かれらはフェルナンドに謁見し、スルターンの書簡を届けた。かれらはそこに到着する前にローマとナポリを訪ねてスルターンの書簡を教皇インノケンティウス八世とナポリの王に手渡していた。教皇はフェルナンドとイサベラにスルターンの申し出に応えるようにかれらに書簡を書き記した。また、ナポリの王は両者がムスリムを攻撃することを非難する書簡を書き記している[20]。

以上のことから、マムルーク朝のスルターンはイスラーム世界の防衛のため、もっとも影響力があると考えられた方策を実施し、そのことがおおむね実施されたことがわかる。それではマムルーク朝が行ったこれらの方策はアンダルスにおいていかなる効果があらわれたのであろうか。前述のイブン・イヤースの記述には、「そのことは何も効果がなかった。フランクはその後グラナダを支配した」とあり、教皇やナポリ王の影響力もアンダルスのキリスト教国には効力を発揮しなかったのである。その後のアンダルスでのムスリム政権の動向については、イブン・イヤースは以下のように記述している。

（八九五年）ズー・アルヒッジャ月（一四九〇年）、アレクサンドリアの港からフランクがグラナダを占領したという知らせが届いた。そこはアンダルスの王の居城であった。それによって言い尽くせないほどさまざまな事が起こった。西方の軍隊やフランクの軍隊が殺された。その後、グラナダの住民とフランクとの間で和約が成立したが、住民には彼らに毎年賠償金を支払うことが課せられた。[21]

（八九七年）シャーバーン月（一四九二年）、西方の国から知らせが届いた。カスティリャの王アルフォンソ Alfunsh はグラナダを支配した。そこはアンダルスの王国の拠点であった。この出来事はイスラーム世界においてはもっとも恐ろしい出来事の一つであった。[22]

（九〇六年）サファル月（一五〇〇年）、マグレブ方面から知らせが届いた。アンダルスの王の居城であったグラナダをフランクが占領した。ムスリムたちに剣を振るった。かれらは言った。もしわれらが宗教に改宗した者は解放しよう。改宗しない者には死をと。するとムスリムたちは再び抵抗し、かれらに正義を求めた。かれらの間で戦いが続いた。[23]

マムルーク朝には、アンダルスにおけるムスリム政権が崩壊したことが知らされた。実際には八九七年ラビー・アルアッワル月二日（一四九二年一月二日）のことであるので、イブン・イヤースの同年の記述によれば、マムルーク朝にはそれから五ヶ月後に知らせが届いたことがわかる。イブン・イヤースによるムスリム政権の崩壊に関する記述は紹介したように三ヶ所に見られる。イブン・イヤースの記述の意図は何であったのだろうか。イナーンは、最後の記述の九〇六年（一五〇一年）という時期は、マムルーク朝のスルターンが、カーイト・バーイ（九〇一年〔一四九六年〕死去）→カーイト・バーイの息子ナースィルの第一回目のスルターン位（在位九〇一—九〇二年〔一四九六—一四九七年〕）→カーンスーフ（在位三日間）→ナースィル第二回目（在位九〇二—九〇四年〔一四九七—一四九八年〕）→ザーヒル（在位九〇四—九〇五年〔一四九八—一四九九年〕）→ジャーン・ブラート（在位九〇五—九〇六〔一四九九—一五〇〇年〕）というようにめまぐるしく交代した時期であり、情報が錯綜したことが考えられるとしている。[24] しかし、イブン・イヤースが意図したことは、和約や賠償金のこと、改宗を迫られたことなどを記述する意図があったのではないだろうか。何よりもこの出来事が、イスラーム世界の一部の喪失という恐ろしい出来事であったことが印象的に記されている。

さてスルターンは、カスティリャの王がマムルーク朝の申し出を受け入れない場合は、エルサレムのキリスト教徒を抑圧しキリスト教の聖地に対する破壊行為を行うとしたが、マムルーク朝領域内のキリスト教徒やその聖地の保護に関しては、これまでの政策がゆるぎなく行われ、さすがにキリスト教徒に対する抑圧をマムルーク朝政権が行うということはなかったと思われる。

おわりに

アンダルスのグラナダ政権は、レコンキスタが進行し窮地に陥ると、その時のイスラーム世界の覇者と認識したマムルーク朝に度重なる援軍を求める使節を派遣した。外交使節が携行した書簡の写しが写本の形で残っているのは、第二回・第三回目のもののみであるが、イブン・イヤースの記述からその後さらにもう一回使節が来航したことがわかる。それらの使節がもたらしたグラナダの王の書簡に対してマムルーク朝のスルターンは丁重に返書を記し、要請に可能な限り応えてきた。

結局、マムルーク朝が行ったアンダルス救済のいくつかの試みは直接的には実を結ばなかった。また、教皇やナポリの王の影響力も発揮できなかった。マムルーク朝がキリスト教の聖地を支配していることの優位性による効果もほとんど期待出来なかったのである。しかし、マムルーク朝は、地中海を舞台にしてユーラシア大陸の西に遠く離れた同胞のムスリムをキリスト教徒の攻撃から救済し、イスラーム世界を防衛しなければならないという強い意識を抱いていた。そのために、マムルーク朝は当時の国内事情や国際情勢のなかで可能な限りの方策を行ったのであるが、それはイスラームの外交政策に従い、これまでのイスラームの諸制度の伝統を超えることはしなかったのである。すなわち、異教の世界との外交交渉の規定に従い、またズィンミー政策を逸脱するような、キリスト教徒やその聖地を害するようなことは実際には行わなかったのである。

（1）　P.M. Holt, *Early Mamluk Diplomacy (1260–1290): Treaties of Baybars & Qalāwūn with Christian Rulers*. Leiden, 1995.

（2）　MS. 4440, アラビア語、パリ国立図書館蔵。*Majmū'at Rasā'il Mutabādala bayna Salāṭīn al-Mamālīk wa-Salāṭīn wa-Umarā' al-'Ālam a-Islāmī fī* al-*Qarn al-Tāsi'* al-*Hijrī*.

（3）　イスラーム法で休戦条約を意味する。伝統的なイスラーム法によれば、イスラーム世界と異教の世界との間では両世界の支配者は永続するいかなる合意も取り結ぶことが出来ないとされた。両者の間では、期限限定付きの休戦条約であるフドナのみが結ばれていた。フドナに関しては、P. M. Holt, *op. cit*., pp. 3–6. Al-Qalqashandī, *ṣubḥ al-A'shā fī Ṣinā't al-Inshā*, al-Qāhira, 1919, vol. 14, pp. 2-78., 拙稿「マムルーク朝のエルサレム問題」（『中央大学文学部紀要』史学科　第四九号、二〇〇四年）四－六頁。

（4）　拙稿「ナスル朝外交使節のマムルーク朝への来朝」（『アジア史における社会と国家』中央大学人文科学研究所研究叢書三七）三一五－三三四頁。

このナスル朝の外交使節のカイロ到着については、マクリーズィーによれば八四四年ラジャブ月二十四日（一四四〇年十二月十九日)(*al-Sulūk*, vol. 4-3, p. 1219) になっているが、この使節の随行員が書き残したと思われる記録によれば、ラジャブ月二十二日になっている。

(5) MS. 4440, pp. 60–61.

(6) *Ibid.*, pp. 60–61. Aḥmad Darrāj, *al-Mamālīk wal-Franj fī al-Qarn al-Tāsiʻ al-Hijrī al-Khāmis ʻAshra al-Mīrādī*, al-Qāhira, 1961, pp. 178–180.

(7) MS. 4440, pp. 58–59. Aḥmad Darrāj, *ibid.*, pp. 181–184.

(8) MS. 4440, pp. 62–65. Aḥmad Darrāj, *ibid.*, pp. 191–199.

(9) Jabal al-Fatḥ については、al-Shaykh Aḥmad b. Muḥammad al-Maqqarī al-Tilimsānī, *Nafḥ al-Ṭayyib min Ghuṣn al-Andalus al-Raṭīb*, Bayrūt, 1988, vol. 1, p. 230.

(10) Muḥammad ʻAbd Allāh ʻInān, *Miṣr al-Islāmīya wa-Taʼrīkh al-Khiṭaṭal-Miṣrīya*, al-Qāhira, 1969, p. 195.

(11) 拙稿「マムルーク朝のエルサレム問題」一一―一四頁。

(12) Muḥammad b. Aḥmad b. Iyās, *Badāʼiʻ al-Zuhūr fī Waqāʼiʻ al-Duhūr*, al-Qāhira, 1984, vol. 2, p. 227. 拙稿「ナスル朝外交使節のマムルーク朝への来朝」三二七頁。

(13) Ibn Iyās, *Badāʼiʻ al-Zuhūr*, vol. 2, p. 424.

(14) Ibn Iyās, *Badāʼiʻ al-Zuhūr*, vol. 2, 425.

(15) Ibn Iyās, *Badāʼiʻ al-Zuhūr*, al-Qāhira, 1963, vol. 3, pp. 198–199.

(16) Ibn Iyās, *Badāʼiʻ al-Zuhūr*, vol. 3, p. 218.

(17) Ibn Iyās, *Badāʼiʻ al-Zuhūr*, vol. 3, p. 230.

(18) Ibn Iyās, *Badāʼiʻ al-Zuhūr*, vol. 3, pp. 244–245.

(19) Muḥammad ʻAbd Allāh ʻInān, *op. cit.*, pp. 201–202.

(20) *Ibid.*, pp. 202–203.

(21) Ibn Iyās, *Badā'i' al-Zuhūr*, vol. 3, p. 276.
(22) Ibn Iyās, Badā'i' al-Zuhūr, vol.3, p.292.
(23) Ibn Iyās, *Badā'i' al-Zuhūr*, vol. 3, p. 448.
(24) Muḥammad 'Abd Allāh 'Inān, *op. cit.*, p. 205.

中世エジプトの寄進文書

五十嵐　大介

はじめに

前近代イスラーム世界の都市社会を見る上で、無視しえない重要な制度が、ワクフ（waqf; pl. awqāf）制度である。ワクフとは、個人が土地や建物などの自身の私有財（milk; pl. amlāk）の所有権を放棄してその移動を「停止（waqafa）」し、そこからの収益を特定の宗教・慈善施設／活動のために支出する、イスラームの寄進制度である。ワクフ制度の普及・発展は、都市における宗教・教育・公益施設の設立・運営を支え、他方でその財源となる商業施設や住宅の建設を促し、都市の発展とインフラ整備に寄与した。同時に、商業、市民生活、その他都市社会のさまざまな活動にも大きな影響を与えた。ある人物が自身の財産をワクフとして寄進する場合、寄進対象となる施設・人・活動や財源となる物件、その他さまざまな規定について文書に記録された。このような寄進文書をワクフィーヤ（waqfīya：ワクフ設定文書）という。マムルーク朝時代（七四八～九二二年／一二五〇～一五一七年：ヒジュラ暦／西暦。以下同）エジプトのワクフ関連文書は、アミーン Amīn の作成したカタログによれば、カイロのワクフ省（Wizārat al-Awqāf：以下 WA）に五六九点、国立公文書館（Dār al-Wathāʾiq al-Qawmīya：以下 DW）に二九二点、国立図書館（Dār al-Kutub al-Miṣrīya）に九点の計八七〇点が保管されている。マムルーク朝以前のものがわずか十九点にすぎないことと比べ、この時代の残存状況のよさは際立っている。[1] このような史料状況から、近年マムルーク朝史研究の分野においてもワクフ関連文書に対する関心が飛躍的に高まり、それを史料として用いた研究が数多く著されるようになった。このような文書を史料として扱うためには、何よりもまず、それがどのような様式で書かれ、そこにどのような情報が含まれているのかといった、文書そのものについての研究が必要不可欠であることは論をまたない。ワクフ関連文書の様式・用語にかかわる研究は、とくに前述のアミーンとイブラーヒーム ʻAbd al-Laṭīf Ibrāhīm によって進められ、豊富な文書読解の経験に裏打ちされたかれらの研究は、これらの文書に取り組もうとする研究者たちにとって不可欠な基礎的情報を提供している。[2]

ところで、ワクフィーヤを始めとするワクフ関連文書は、決して任意の形態で書きとめられたわけではなく、専門的知識を備えた書記により、規定の文書書式（shurūṭ）に則って作成された。このため、文書の形態様式やそこで用いられる専門用語を正しく理解するためには、同時代の文書書式について解説した史料を参照することが必要不可欠であり、アミーンやイブラーヒームも、おもにカルカシャンディー al-Qalqashandī の *Ṣubḥ* を参照している。[3] しかし、*Ṣubḥ* がマムルーク朝時代におけるこの類の史料のなかでもっとも大部かつ基本となる史料とはいえ、これが国家の行政文書をおもな対象としていることを考えれば、ワクフ関連文書を見る上では最適な史料とはいい難い。また、書式の時代的な変化についてはこれまでほとんど考慮されてこなかったが、*Ṣubḥ* の内容が、それが執筆された九／十五世紀初頭時点のルールにもとづいていることを考えれば、[4] 現存する文書の多数を占める九／十五世紀後半以降のワクフ関連文書を扱う上では不十分であろう。

一方、マムルーク朝時代の別の文書書式集として、アスユーティー Shams al-Dīn Muḥammad b. Aḥmad al-Asyūṭī (d. ca. 889／1484)[5] の *Jawāhir* がある。[6] この著作は、九／十五世紀中ごろに書かれた売買、契約、婚姻その他各種のイスラーム法廷文書の書式集であり、そのなかでワクフ関連の諸文書についても解説されているにもかかわらず、これまで文書研究ではほとんど参照されてこなかった。この史料の解説と実際の文書を比較することにより、マムルーク朝期エジプトのワクフィーヤの様式とそこに含まれる情報についてより正確な理解が出来ると考える。

このため本稿では、*Jawāhir* で解説されているワクフィーヤの様式と、現存する文書とを比較しながら、マムルーク朝期エジプトのワクフィーヤがどのような様式で書かれ、そこにどのような情報が含まれているのか、文書における記述の配列に従って、トピックごとに概観する。併せて、ケーススタディーとして、八二三年ジュマーダーⅡ月四日／一四二〇年六月十六日付のスルターン・ムアイヤド・シャイフ al-Mu'ayyad Shaykh（r. 815–24／1412–21）のワクフィーヤを取り上げ、その内容を紹介・検討する。[7] なお本稿でおもに対象とするのは、マムルーク朝最盛期のスルターン・ナースィル al-Nāṣir Muḥammad b. Qalāwūn の没後（741／1341）からマムルーク朝滅亡（922／1517）まで、とくに七八四／一三八二年のチェルケス・マムルーク朝成立以降のマムルーク軍人のワクフが中心となる。この時代は、スルターンを含むマムルーク軍人がワクフを私的財源確保のための手段として積極的に利用するようになり、それとともにワクフ財源に設定された農地「ワクフ地」の規模が急速に拡大し、既存の体制への影響が顕著となるなど、ワクフ制度が飛躍的な発展を見せた時代である。[8]

・ムアイヤド・シャイフのワクフ

かれは八二三年ジュマーダーⅡ月四日／一四二〇年六月十六日、以下の四つの施設を受益対象として、大規模なワクフを設定した。

第一が、カイロ（al-Qāhira）の南の大門、ズワイラ門（Bāb al-Zuwayla）に隣接して建設された、金曜モスク（jāmiʻ）兼学院（madrasa）である（以下ムアイヤディー・モスク）。この建設理由として、同時代の歴史家マクリーズィー al-Maqrīzī（d. 845／1442）は以下のように伝えている。すなわち、かつてアミール（軍団長）・ミンタ－シュ Minṭāsh が時のスルターン・バルクーク al-Ẓāhir Barqūq に対して反乱を起こし（791–2／1389–90）、王都カイロを占拠してバルクークを逮捕・追放した。その際、バルクークのマムルーク軍団の一員であったシャイフもまた逮捕され、当時この場所にあった牢獄（Khizānat Shamā'il）に幽閉された。獄中のシャイフは、もし自身がエジプトの王となった暁には、この場所を神のためのモスクと知識人のための学院に造り替えると誓いをたてたという。その後紆余曲折を経て八一五／一四一二年にスルターンとなったシャイフは、即位から三年後の八一八年ラビーウⅠ月四日／一四一五年五月十四日に、この場所にあった牢獄その他の建物の取り壊しを開始した。翌八一九年サファル月五日／一四一六年四月四日に施設の建設作業が開始され、三年後の八二二年シャウワール月二十一日／一四一九年十一月十日に、シャイフ本人と政府高官列席のもと、ムアイヤディー・モスクの開設記念式典が盛大に催された。ただし施設はこの段階では未だ完成しておらず、建設作業はその後も継続された。八二四年ムハッラム月八日／一四二一年一月十三日にシャイフが没し、このモスク内に付設された墓に埋葬された後も建設は続き、最終的に完成したのは同年ズー・アルカーダ月／十～十一月であった(9)。着工から開設まで足掛け五年、完成まで七年を要した、シャイフの治世の一大事業であったといえよう。

第二が、王城（Qal'at al-Jabal）のあるムカッタムの丘の麓に建設された病院（ムアイヤディー病院 al-Bīmāristān al-Mu'ayyadī）である。八二一年ジュマーダーⅠ月一日／一四一八年六月六日にスルターン・シャーバーン学院（Madrasat al-Sulṭān al-Ashraf Sha'bān）の跡地にこの病院の建設が開始され、八二三年ラジャブ月／一四二〇年七～八月に完成した。しかし完成翌年にシャイフが死去すると、この病院は使われなくなり、カイロを訪れる外交使節の宿泊先となった。最終的に、八二五年ラビーウⅡ月／一四二二年三月に金曜モスクに転用されたという(10)。

第三が、ナイル川西岸・ギザ（al-Jīza）地区の修道場（khānqāh）であり、ナイル川の水位計測施設（ミクヤース

Miqyās）の向かいにあったという。これはそもそも有力商人のハッルービー家 Banū al-Kharrūbī の一員のアブー・バクル Zakī al-Dīn Abū Bakr b. ʻAlī が建設した修道場であったが、八二二年ラジャブ月／一四一九年七～八月にシャイフがこれをハッルービー家の者から買い取り、自身の修道場として再建し、そこに十人のスーフィー（ṣūfī：修道者）とその導師（shaykh）を任命・配置したという。(11)

第四が、給水場兼コーラン学校（maktab al-sabīl）であり、文書によれば王城の門近くに建設されたとされるが、年代記その他の史料には記述は見出せない。(12)

一　書出し

Jawāhir によれば、ワクフィーヤの書出しの文言はワーキフ（wāqif：ワクフ設定者）の地位に応じて異なり、それは大きく以下の二つに分けられる。(13)

まず、よりランクの高いものが、ワーキフの地位に応じたフトバ（khuṭba：序文）で書出すものになる。このフトバとは、まず神や預言者に対する賛辞から始まり、その上で神に対してワーキフに対する恩寵・報いを要求する、という形をとり、数行の短いものから数十行にも及ぶものまであった。(14) ただし、現存する文書では、文書の損耗により頭の部分が欠けているものが多く、この部分が全文確認出来るものは少ない。

フトバが省略されているものはこれよりもランクが落ちるが、同じくワーキフの地位に応じて以下のような書出しで区別される。ランクの高いものから順に、

①「これは某が記述・記載を命じたところの適法にして合法的なワクフ文書である（Hādhā kitāb waqf ṣaḥīḥ sharʻī. . . amara bi-kitābat-hi wa-tasṭīr-hi. . . Fulān al-Fulānī）」

②「これは某が書くことを命じたワクフ文書であり、その正しさについて保証されたものであるということについて証人をたてた。すなわち彼はワクフを設定した（Hādhā kitāb waqf iktataba-hu Fulān al-Fulānī wa ashhada ʻalay-hi bi-maḍmūn-hi fī ṣiḥḥat-hi. . . wa huwa anna-hu waqafa. . .）」

③「これは某が自身に対して以下のことについて証人をたてたものである。すなわち彼はワクフを設定した（Hādhā mā ashhada bi-hi ʻalā nafs-hi al-karīma. . . Fulān al-Fulānī anna-hu waqafa. . .）」

④「これは某がワクフを設定したものである（Hādhā mā waqafa wa ḥabbasa wa sabbala. . . Fulān al-Fulānī）」

⑤「某はワクフを設定した（Waqafa wa ḥabbasa. . . Fulān al-Fulānī）」

全体的に、某がワクフを設定した、という内容が、ランクが高い様式のものほど婉曲な表現で述べられるのに対し、ランクが低くなるに従い単純かつ直接的表現になるといえよう。

以上の*Jawāhir*による解説と、現存するワクフィーヤを比較してみた場合、一字一句まったく同じとまではいかないものの、基本的には上記のパターンに則っている。ただし、スルターンによるワクフであっても、文書余白に後から書き加えられたような、既存のワクフに対して物件を追加するタイプのワクフィーヤでは、スペースの都合もあろうが、フトバが書かれず、低いランクとされる書出しで書かれる場合が多い[15]。

二　ワーキフ

書出しのなかで、当該ワクフを設定したワーキフの名前が言及される。デノワ Denoix によれば、現存しているエジプトのワクフィーヤにあらわれるワーキフは全部で二三一人にのぼるが、そのうち一七一人（七四%）が軍人及びその家族であるのに対し（軍人一三七、家族三十四）、書記・ウラマー（ʻulamāʼ：知識人）ら文民は二十人

表1　ラカブ・官職対照表

高↑ランク↓低	基本ラカブ	派生ラカブ	武官	文官
	al-Maqām (المقام)	al-Sharīf (الشريف)	スルターン	—
	al-Maqarr (المقر)	al-Ashraf (الأشرف)	アターベク（atābak al-ʻasākir）、ダマスカス総督、エジプトの百騎長、アレッポ総督	エジプトの秘書長（kātib al-sirr）、ワズィール、ハーッス庁長官（nāẓir al-khāṣṣ）、軍務庁長官（nāẓir al-jaysh）、ウスターダール（ustādār al-ʻāliya：執事長（ムフラド庁長官））
		al-Sharīf (الشريف)	—	ダマスカスの秘書長、エジプトの金庫監督官（nāẓir al-khizāna）、厩舎監督官（nāẓir al-isṭabul）など
		al-ʻĀlī (العالي)	エジプトの四十騎長、トリポリ総督、官房次長（dawādār thānī）、護衛次長（ra's nawbat thānī）、厩舎次長（amīr ākhūr thānī）、ハマー総督、サファド総督、ダマスカスのアターベク（al-amīr al-kabīr）・侍従長（ḥājib）・百騎長	アレッポの秘書長、エジプトのワズィール庁次官（nāẓir al-dawla）、ムフラド庁次官（nāẓir dīwān al-mufrad）
	al-Janāb (الجناب)	al-Karīm (الكريم)	エジプトの十騎長、ハーッサキーヤ（khāssakīya：親衛隊）の有力者、ガザ、カラク総督、ダマスカスの官房長（dawādār）・執事長（ustādār）・侍従次長（ḥājib thānī）など	トリポリとハマーの秘書長、エジプトとダマスカスの書記（kātib al-dast）の名士、キスワ監督官（nāẓir al-kiswa）、国庫代理人（wakīl al-sulṭān）
		al-ʻĀlī (العالي)	エジプト・ダマスカス・アレッポのハルカ騎士の有力者、百騎長や州総督の官房長や執事長など	エジプトの書記、ガザ・サファドの秘書長、倉庫監督官（nāẓir al-buyūtāt）、アミールの財務部局（dīwān）の監督官（nāẓir）など
	al-Majlis (المجلس)	al-ʻĀlī (العالي)	一般のハルカ騎士、その他のアミール配下の武官など	アミールの財務部局の一般官吏（ʻāmil, mustawfī 等）、医者の長（ru'asā' al-aṭibbā' wa-al-jarā'iḥīya）など
		al-Sāmī (السامي)	マムルーク軍人に仕える者、シリア地方在郷領主（muqaddam al-bilād）、アミールの財務連絡係（bardadār）など	その他の官吏、アミールの財務部局の下級吏員など
	Majlis al-Amīr（武官）／Majlis al-Qāḍī（文官）(مجلس الأمير／مجلس القاضي)		それ以下	それ以下

出所：al-Asyūṭī, *Jawāhir,* Vol. 2, pp. 588–593.

（八・六六％）、商工業者はわずか四人（一・七六％）であるという（残りは不明）[16]。このような軍人優勢の傾向を、支配層に属するかれらのワクフは特別に規模が大きく、文書が残りやすかったためと考えることも出来よう。ただし、*Jawāhir* においても、「ワクフは大部分において君主（malik）もしくはスルターン、総督（kāfil mamlaka sharīfa）、百騎長の有力階級（a'yān al-umarā' al-muqaddamīn）に属するアミール、もしくはかれら〔と同等〕の地位にある者以外〔による設定〕を起源とすることがないことを知れ」と述べられていることからも[17]、この時代のエジプトでは軍人によるワクフがその多くを占めていたことは間違いないと思われる。

ワーキフをはじめ文書中にあらわれる人名には、ラカブ（laqab; pl. alqāb：尊称）が冠せられる。ラカブは大別して、基本ラカブ（alqāb uṣūl）とそのあとに続く複数の派生ラカブ（alqāb furū'）によって構成され、それらが当該人物の地位や役職に応じて組み合わされた[18]。*Jawāhir* をもとに、この時代の武官（arbāb al-suyūf）と文官（arbāb al-aqlām）のラカブとその序列についてまとめたのが、表1である。基本ラカブのあとに続く派生ラカブは、十以上列挙されるのが普通であるが、最初の二つを見るだけで大枠の理解は可能である。文書にあらわれるワーキフについては、情報量も限られており、それがどのような人物か年代記や人名録などの叙述史料にあたれないケースも少なくない。その場合、ラカブを見ることによって、どの程度の地位にある人物かをある程度計ることができる[19]。

三　ワクフ財

序文に続いて言及されるのがワクフ財（mawqūfāt）である。ワクフ財とは、ワクフの財源として設定された物件（農地や都市の不動産など）であり、賃貸借を通じて得られた賃料（ujra）がワクフの運営資金となった。これらの物件は一つ一つ「これらのうち……のすべて（min dhālika jamī...）」という表現で始まり、その後にその物件の説明が続く、という書き方で列挙される。なお、ワクフの受益対象となる宗教・慈善施設がワーキフによって新設された場合、その施設は他のワクフ財とともにこの部分に記載されることが多い。シャイフのワクフィーヤでワクフに設定されている物件を、文書にあらわれる順番でまとめたのが表2であり、農地（A）二十、都市不動産（B）十八、その他（C）五の計四十三点の物件がワクフ財とされている。一般的に、スルターンなど地位の高い人物のワクフほど多数の物件をワクフ財とする大規模なものである場合が多く、たとえばスルターン・バルスバーイ al-Ashraf Barsbāy（r. 825–41／1422–38）は彼の治世を通じ、彼の建設した金曜モスク兼学院、修道場、墓廟、子孫、その他の宗教・慈善活動に対して計二十三回にわたってワクフを設定し、そのワクフ財の物件数は計八十一点に及ぶ[20]。またスルターン・ガウリーal-Ashraf Qānṣūh al-Ghawrī（r. 906–22／1501–16）が学院・墓廟・修道場・コーラン学校を受益対象に設定したワクフは、九一一年サファル月二十日／一五〇五年七月二十三日と九二二年ラビーウⅡ月一八日／一五一六年五月二十一日の二つの文書だけでも二一八点の物件をワクフ財としている[21]。

ワクフ財とされる物件のうち、都市の不動産物件としては公衆浴場、隊商宿、店舗、市場、住宅などがあり、そのワクフの受益対象とされた施設が、その周囲に財源となるワクフ財を多数保有していることがしばしば見られた。また表2からも明らかなように、単に「建築物（binā'）」「建物（makān）」とのみ表記される物件も多く、その場合それがどのように使われていたかはその建物の構造に関する説明部分から類推する必要がある。

これらの物件はその範囲を明らかにするため、キブラ側（qiblī：メッカの方角／南側）、バフル側（baḥrī：海側／北側）、東側（sharqī）、西側（gharbī）の四方向の境界が示される。ただし、カイロの物件の場合「キブラ側」は（おそらくカイロから見てキブラ、すなわちメッカの方角が東の方向であるため）実際には東側を指している。それにと

表２　スルターン・シャイフのワクフ・物件一覧表

No.	種類	物　件	所　在	地域	備　考
1	※	金曜モスク（Jāmiʿ）	カイロ	M	
2	※	修道場（Khānqāh）	al-Jīza	M	
3	※	病院（Māristān）	王城の下	M	
4	B	建物（makān）	カイロ（市外）	M	Known as al-Ḥaṣrī ʾīn
5	B	部屋（ṭabaqa）（×9）	カイロ（市外）	M	
6	B	建物（makān）	カイロ	M	
7	B	店舗（ḥānūt）（×5）	カイロ	M	
8	B	建物（makān）	カイロ（市外）	M	Known as Dār al-Tuffāḥ
9	B	建物（makān）	カイロ	M	
10	B	公衆浴場（ḥammām）	カイロ	M	
11	B	建築物（bināʾ）	カイロ	M	
12	B	隊商宿（wakāla）	カイロ	M	
13	B	貯水槽（ṣihrīj）	カイロ（市外）	M	
14	B	建築物（bināʾ）	カイロ（市外）	M	
15	C	果樹（anshāb al-bustān）、井戸（biʾr）、監視小屋（manẓara）他	カイロ（市外）	M	ナツメヤシ、イチジク、亜麻、オレンジ他
16	B	建築物（bināʾ）	カイロ（市外）	M	
17	C	圧搾機（makān al-miʿṣara）	カイロ（市外）	M	
18	※	貯水槽（ṣihrīj）・コーラン学校（Maktab）	王城の門	M	
19	A	土地（地区 nāḥiya?）	al-Qalyūbīya	M	Arāḍī Manīyat Qayṣar
20	A	中洲の土地片（arāḍī al-jazīra）（×4）	al-Manūfīya	M	
21	A	中洲（jazīra）	al-Manūfīya	M	Known as Jazāʾir Qānbāy
22	A	中洲（jazīra）（1/2）	al-Asyūṭīya	M	In Banī Farās
23	A	中洲（jazīra）（1/2）	al-Ikhmīmīya	M	In Nāḥiyat Fāw ʿAlī
24	A	土地片（qiṭʿat al-arḍ）	al-Qūṣīya	M	In Nāḥiyat al-Dayrwām
25	A	中洲の土地片（qiṭʿat al-arḍ al-jazīra）	al-Manūfīya	M	

26	A	地区（nāḥiya）	al-Fayyūmīya	M	Nāḥiyat al-Istanbāṭ
27	A	地区（nāḥiya）	al-Manūfīya	M	Nāḥiyat Abī Raqaba
28	A	土地片（qiṭ'at al-arḍ）（×22）	al-Manūfīya	M	In Nāḥiyat Shanwām, 計60f
29	A	土地片（qiṭ'at al-arḍ）（×17）	al-Manūfīya	M	In Nāḥiyat Kawm Manīs, 52f
30	A	リズカ地（rizqa）	al-Jīza	M	In Nāḥiyat Awsīm, 100f
31	C	土地片（qiṭ'at al-arḍ）、圧搾機（mi'ṣara）、牛（×88）、ラクダ（×18）、ロバ（×2）、瓶（khābiya）（×2）、その他圧搾機の道具	al-Ushmūnayn	M	In Nāḥiyat Damrīs, 452f
32	C	水車（sāqiya）	al-Bahnasāwīya	M	
33	A	果樹園（bustān）	Ḍawāḥī al-Qāhira	M	
34	B	市場（sūq）（1/2）	ダマスカス（市外）	Sh	
35	B	住宅（dār）	ダマスカス	Sh	
36	A	果樹園（bustān）（21/24）	ダマスカス（市外）	Sh	
37	A	果樹園（bustān）	Ghūṭa	Sh	
38	A	農村（qarya）（1/3）	Marj	Sh	
39	C	製粉所（ṭāḥūn）	Nahr?	Sh	
40	A	農村（qarya）		Hl	
41	B	店舗（ḥānūt）（×？）（1/2）	アレッポ	Hl	
42	B	店舗（ḥānūt）（1/2）	アレッポ	Hl?	In al-Qaṣaba al-Qiblīya
43	B	店舗（ḥānūt）（1/2）	アレッポ	Hl?	In al-Qaṣaba al-Qiblīya
44	A	農村（qarya）		Sf	
45	A	農村（qarya）（16/21）		Hm	
46	A	農村（qarya）		Sh	
47	B	住宅（dār）	ハマー	Hm	Known as Dār al-Sa'āda

種類　※：ワクフ対象施設／A：農地／B：都市不動産／C：その他
地域　M：エジプト（Miṣr）／Sh：ダマスカス州（al-Shām）／Hl：アレッポ州（Ḥalab）／Hm：ハマー州（Ḥamāh）／Sf：サファド州（Ṣafad）
f：faddān（約0.6ha）

もない「東側」が北、「バフル側」が西、「西側」が南を指すというように、約九十度ずれるため、注意が必要となる。[22]

農地をワクフ財に設定する場合の最大単位が、エジプトでは「地区（nāḥiya）」となる。これはエジプトの行政村にあたり、耕地面積や収穫高（イブラ 'ibra）がこの地区単位に算出された。[23] 一方シリアの農地の場合、「地区」が使われることはほとんどなく、「農村（qarya）」が最大単位となる。ただし、こうした地区／農村のすべてがワクフ財として設定される場合においても、通常「～を除く（khalā, mustathnā）」として、道路、モスク、墓地等、ワクフの対象から除外される村落内の場所が列挙された。地区／農村の次に大きな単位が、地区／農村の「部分（ḥiṣṣa）」である。その規模をあらわすために用いられる単位として、サフム（sahm; pl. ashām）、キーラート（qīrāṭ; pl. qarārīṭ）、ジュズ（juz'; pl. ajzā'）などがあり、前二者が全体の二十四分の一をあらわす単位であるのに対し、ジュズはとくに決まった割合をもたない。その次が、地区／農村にある「土地片（al-qiṭ'a al-arḍ）」となる。これらの農地も、四囲の境界が詳述され、多くの場合耕地面積がフェッダーン（faddān: 1faddān＝約〇・六ha）単位で記載された。

エジプトに特徴的な土地区分として、リズカ地（rizqa; pl. rizaq）がある。リズカ地とは、退役軍人や軍人の寡婦・孤児、宗教・慈善施設やその他個人に対して国有地からその収入を手当てとして割当てられた恩給地であり、文書からはこうしたリズカ地が直接ワクフ財に設定されることも見られる。表2では№30がこれにあたる。イスラーム法上はワーキフの私有権が確立した物件のみワクフとして設定可能なため、国有地から割当てられたこうしたリズカ地は本来ワクフとすることはできないはずである。しかし、この時代の年代記からはリズカ地が売買や譲渡の対象とされる事例が見られ、文書でもこのようにワクフの対象ともされていることから、この時代リズカ地がほとんど「私有地」と同列に扱われていたと見なせよう。[24]

農地や都市の不動産物件の他にも、水利施設、製粉所、圧搾機、それらの設備品やそこで使役される家畜などもワクフ財として設定された（表2、№17、31、32、39）。

エジプトに拠点を置くワーキフが、とくにエジプトの宗教・慈善施設を受益対象とするワクフを設定する場合、エジプトのみならずシリアの物件がワクフ財とされることも多かった。シャイフのワクフでは、エジプトの物件計二十九点に加え、シリアのダマスカス、アレッポ、ハマー、サファドの各州に計十四点のワクフ財を有していた（表2、№34～47）。他の例として、九一一年サファル月二十日／一五〇五年七月二十三日付のガウリーのワクフィーヤでも、エジプトの物件一一一点に加えシリアの物件二十七点（サファド十三点、トリポリ九点、アレッポ四点、ダマスカス一点）がワクフ財とされている[25]。一方でウインターWinterや谷口によれば、シリアのワクフの場合、ワクフ財はほとんどシリア域内の物件に限られているという[26]。こうした違いは、マムルーク朝政権の中心地であるエジプトには地位が高く財力に恵まれた有力なワーキフが多く、かれらのもっていた財産がシリアを含むマムルーク朝領域内の各地に及んでいたのに対し、地方州であるシリアのワーキフはそれが出来なかったという、エジプトとシリアにおけるワーキフの地位や財力の差を反映したものと考えられよう。

物件の入手手段としては、売買、国有地（amlāk bayt al-māl）の購入・転用、他のワクフ財のイスティブダールなどがあり、誰からどのように入手したか、いくらで購入したか、いつ、どのカーディー（qāḍī：裁判官）のもとでそれが確定したかなど、その来歴やその根拠となる文書について記載される場合もある。その一方でこうした情報がまったくなく、来歴が不明であることも少なくない。とくにスルターンのワクフでは、個別の物件の来歴を記載せず、ワクフに設定する以下の物件はすべて「彼の私有財もしくは国庫に属する」ものである、と一括して述べられている場合もある。これは、こうした物件のなかに、財産没収や国有地流用によって手に入れた、その合法性に疑いのあるものが少なからず含まれていたためと考えられる[27]。また、スルターン・カーイトバーイ

al-Ashraf Qāytbāy（r. 872–901／1468–96）とガウリーのワクフ関連文書を分析したピートリーPetryによれば、文書中でこのスルターンへの物件譲渡者の名前がわかる場合でも、年代記と照合してみると、その人物が逮捕や失脚した人物であることが多く、一見「合法的」に譲渡・獲得されたと見える物件が、実は財産没収の結果と考えられるという。またさまざまな物件を入手した直後にスルターンに「売却」している、スルターンのための物件獲得の代理人とおぼしき人物も見ることが出来るが、この場合、かれにスルターンから支払われる「代金」は、しばしばその物件の実際の価値よりもはるかに安い額であることから、スルターンのために働いたかれに対する「手数料」と考えられるという。(28) ワクフィーヤは、そのワクフの合法性を示す目的で書かれるものであり、文書に記載されるこれらの情報を額面通り受け取ることには注意が必要である。

四　受益対象

続いて、ワクフの受益対象（mawqūf ʻalay-hi）が明示される。*Jawāhir* では、まずワーキフの子孫と解放奴隷（ʻutaqāʼ）を受益対象とし、かれらの断絶後に貧者／スーフィー（フカラーfuqarāʼ）(29)、困窮者（masākīn）、未亡人、孤児、貧困者（muḥtājūn）らを受益対象とするワクフ設定のあり方が、「君主やスルターンの慣習」であったと述べられる。(30) 実際の文書を見る限り、これはスルターンのみならず他の軍人や文官のワクフとも共通する傾向であり、ワーキフ自身やその子孫を直接の受益者とする所謂「家族ワクフ（waqf dhurrī/ahlī）」の文書は多数残されている。(31) 金曜モスクや学院などの宗教・慈善施設を受益対象とする所謂「慈善ワクフ（waqf khayrī）」においても、ほとんどの場合、自身や家族への利益供与が組み込まれている。こうしたワクフでは、通常、ワクフ財の賃貸借によって得られた収益を、まずワクフ財物件それ自体のイマーラ（ʻimāra：維持費）に支出し、その後受益対象施設に、残額を自分自身、死後は子供・子孫に支出し、かれらが断絶した後は貧者などに支出する、とする規定をもっていた。こうしたワクフにおいては、収益から施設への費用を賄った後の余剰が管財人を務めるワーキフ自身の監督下に置かれ、その裁量に任されたり、あるいは余剰金の受益者としてワーキフ自身を直接指定することも見られた。その場合、自身のための余剰収入を確保するため、施設運営に必要な規模を上回る大量の物件をワクフ財に設定することも見られた(32)。また、ワーキフ死後の管財人たちに対して、余剰収入で新たな物件を購入し、ワクフ財として追加設定することが条件づけられ、それが実践されていることが文書中に確認できる例も見られる(33)。

ワクフの受益対象として、とくに八六〇年代／一四六〇年代より広く見られるようになるのが、ワーキフ自身の墓廟（turba）である。有力者が設立した学院に設立者の墓廟が併設されることはイスラーム世界各地で広く見られたが(34)、この時代のエジプトでは墓廟を独立して建てることが流行した。これは家族ワクフの一形態ともいえるもので、高位のアミールのみならず比較的低位のマムルーク軍人や文官もこれを踏襲した。かれらはカイロ郊外のサフラー地区 al-Ṣaḥrā' などに自身の墓廟を建設し、死後そこに埋葬されることを望んだ。そしてワクフ収入から、墓廟の維持費やそこでのコーラン読誦、貧者に対するパンや食事の施しなどの費用を支出するとともに、子孫に手当てを支給すること条件づけたワクフを盛んに設定したのである(35)。

受益者としては、ワーキフの解放奴隷も子孫に次ぐ受益対象とされることが多かった。他にも、ワーキフと個人的に近しい関係にあったと思われる他のマムルーク軍人を実名をあげて指名することや、スルターンがおそらく恩寵や褒美の一環として、臣下のアミールやマムルーク軍人とその子孫を受益者としてワクフを設定することも見られた(36)。

シャイフのワクフィーヤでは、前述のように四つの施設（ムアイヤディー・モスク、修道場、病院、コーラン学校）

表3　スルターン・シャイフのワクフ・人件費支払後の支出

順番	支　出　先	金額（niṣf）
1	モスクの燃油 (zayt al-wuqūd)	—
2	貯水槽の水	—
3	孤児の夏・冬服	—
4	ラマダーン月のブハーリーのハディース正伝読誦者 (Qāri' Ṣaḥīḥ al-Bukhārī)	300／年＆パン4raṭl／日
5	Badr al-Dīn al-'Aynī の学院の公益 (maṣlaḥa)	2500／年
6	ワーキフの子孫→解放奴隷→その子孫→ハラマインのフカラーと公益→場所非限定ムスリムのフカラーと困窮者	—
※	スーフィーたちにラマダーン月間中毎日肉半ラトルと食事を配分	—

※：文書末尾にて言及。

が受益対象とされた。これらの施設のスタッフに費やされる人件費については後述するとして、それらを賄った後の余剰の用途について表3から見ていこう。余剰は、まずこれらの施設の照明に用いる燃油の代金、貯水槽に貯める水の代金、孤児の衣服代、ラマダーン月に招聘するブハーリーの「ハディース正伝（Ṣaḥīḥ al-Bukhārī）」の読誦者の俸禄という、施設の運営にかかわる定期的な支出に費やされた。また、ラマダーン月にはムアイヤディー・モスクと修道場のスーフィーたちに、毎日特別の肉と食事を振る舞うことが定められている。その後、これらを賄った後の余剰からは、歴史家としても有名なアイニーBadr al-Dīn Maḥmūd al-'Aynī が八一四／一四一一年に設立した学院に対する年額二五〇〇ニスフに及ぶ支援金が支出された[37]。その残りは、確たる記述はないもののワーキフであるシャイフ自身のものとなったと思われ、そしてかれの死後はかれの子孫、かれの解放奴隷とその子孫、ハラマインのフカラーと公益（maṣlaḥa）、それが不可能な場合は場所を限定しないフカラーと困窮者（masākīn）に、という優先順位で支出されることとなっていた。アイニーはシャイフの腹心の友（akhiṣṣā', nudamā'）の一人であったとされ[38]、後述のようにかれがムアイヤディー・モスクのハディース学の教授に任命されていることも含め、シャイフがワクフの設定を通じ、自身と個人的に親密なかれに対する利益供与を行っていたことは明らかである。

五　スタッフ

1　施設スタッフ

まず、ワクフの受益対象とされる宗教・慈善施設の事業それ自体に携わるスタッフから見ていく。シャイフのワクフのスタッフをまとめたのが表4であり、この内、№1～56、64～68がこれに該当する。まずムアイヤディー・モスクのスタッフが列挙される。そのなかで最初にあげられているのがスンナ派四法学派の法学教授が四名と、かれらについて学ぶ法学生兼スーフィーである。四法学派が公認されていたマムルーク朝では、一定規模以上の学院では四法学派の教授を置くことが広く見られ、学派ごとに教授の俸禄額や学生の人数で差が設けられることもあった。マムルーク軍人がワーキフとして設立した学院では、ハナフィー派かシャーフィイー派、とくにハナフィー派が優遇され、マーリク派やハンバル派はより下位に位置づけられることが多かった。また、九／十五世紀には、法学教授がスーフィーの導師を、法学生がスーフィーを兼ねることが一般的になり、当該施設における序列一位の法学教授がスーフィーの導師を兼任するようになった。ムアイヤディー・モスクでは、教授の俸禄額や学生数からも明らかなように、ハナフィー派がもっとも優遇され、シャーフィイー派、マーリク派、ハンバル派と続く序列づけが成され、ハナフィー派教授がスーフィーの導師を兼務している。また表からは他にも、タフスィール（コーラン解釈学）、ハディース、コーランの七読誦法、ハナフィー派の法学者タハーウィー al-Ṭaḥāwī (d. 321／933) の著作など、イスラーム諸学を学ぶ学生とそれを教える教師が置かれている。他にも、金

表4　スルターン・シャイフのワクフ・スタッフ一覧

No	職　　名	人数	月給 (niṣf)	パン (raṭl/ 週)	備　　考
1	ハナフィー派法学教授兼スーフィーの導師 (Mudarris / Shaykh al-ṣūfīya)	1	500	—	824/Rabī'2/18付で同職のShams al-Dīn Muḥammad al-Dayrīに月給100n上乗せ。
2	ハナフィー派法学生・スーフィー	50	40	4	
3	シャーフィイー派法学教授（Mudarris）	1	150	—	
4	シャーフィイー派法学生・スーフィー	40	40	4	
5	マーリク派法学教授（Mudarris）	1	100	—	
6	マーリク派法学生・スーフィー	15	40	4	
7	ハンバル派法学教授（Mudarris）	1	100	—	
8	ハンバル派法学生・スーフィー	10	40	4	
9	タフスィール教授（Mudarris al-tafsīr）	1	150	—	
10	タフスィール学生	20	40	—	
11	ハディース教授（Mudarris al-ḥadīth）	1	150	—	
12	ハディース学生	20	40	4	
13	コーランの七読誦法教授 (Mudarris al-qirā'āt al-sab')	1	150	—	
14	読誦法（qirā'āt）の学生	10	40	4	
15	イマーム（Imām）	4	120/60	4	四方のイーワーンに各一名。キブラ側担当者120n。他60n。
16	コーラン読誦者 (Qāri' al-maṣḥaf)	2	40/30	—	一人は毎日アスルの礼拝前に、一人は金曜礼拝の前にコーラン読誦。

17	窓（shubbāk）のコーラン読誦者（Qārī' bi-al-shubbāk）	57	15	—	各三名のグループ（jawqa）×19、昼夜交代でコーラン読誦。
18	コーラン読誦者の出欠監督（Kātib ghaybat al-qurrā'）	1	15	—	
19	ハティーブ（Khaṭīb）	1	100	—	秘書長 Ibn al-Bārizī とその子孫就任。
20	司書（Khāzin al-kutub）	1	40	4	秘書長 Ibn al-Bārizī とその子孫就任。
21	ムアッズィン（Mu'adhdhin）	17	40	4	
22	ムアッズィンの出欠監督（Kātib ghaybat al-mu'adhdhinīn）	1	40	4	
23	世話人頭（Khādim kabīr）	1	60	6	スーフィーたちと導師の補助。
24	al-Ṭaḥāwī の教授（Mudarris）	1	150	—	al-Ṭaḥāwī（d. 321/933）の著作の研究。
25	al-Ṭaḥāwī の学生	10	40	—	
26	コーラン箱係（Khādim al-rab'āt）	5	40	4	スーフィーの修行（tasawwuf）時にコーラン箱（rab'a）を配布、回収。
27	清掃人（Farrāsh）	10	30	—	モスクと貯水槽の清掃。
28	照明係（Waqqād）	9	20	—	ランプの清掃、設置、照明、消灯。
29	礼拝用絨毯係（Khādim al-sajājīd）	2	40	4	
30	信仰箇条の読誦者（Qārī' al-'aqīda）	1	20	—	
31	水車番（Sawwāq）	1	60	—	水車の操作。
32	水番（Muzammalātī）	2	43/15	—	金曜モスクの貯水槽（ṣihrīj）担当が43n、王城の門の貯水槽担当が15n。
33	墓廟（Qubba）の宦官（Ṭawāshī）	2	40	4	モスク付設の二つの墓廟を各々が担当。
34	預言者称賛詩朗唱者（Mādiḥ）	1	40	4	

35	香炉係（Mubakhkhir）	1	40	4	
36	計量係（Qabbānī）	1	40	4	
37	通達人（Mukhbir）	1	40	4	
38	守衛（Shiḥna）	1	40	4	
39	倉庫番（Amīn al-ḥawāṣil）	1	40	4	
40	回廊（dihlīz）の水番（Muzammalātī al-dihlīz）	1	40	4	
41	床の掃除夫（Kannās al-ṭarīq）	1	30	—	モスクの床の掃掃除と水掃除。
42	壇（ṣuffa）のコーラン読誦者（Qārī' al-ṣuffa）	10	40	4	スーフィーの修行の時間にミフラーブの左右で読誦。
43	スーフィーの出欠監督（Kātib al-ghaybat al-ṣūfīya）	1	60	4	
44	内科医	1	30	—	
45	眼科医	1	30	—	
46	外科医	1	30	—	
47	書記（Muktib）	1	30	—	
48	建築士（Muhandis）	1	30	—	
49	タイル職人（Murakhkhim）	1	30	—	
50	鋳物師（Sabbāk）	1	30	—	
51	門番（Bawwāb）	4	60/45/30/30	—	モスク正門担当が60n。
52	孤児（金曜モスク）	65	10	2	
53	孤児の教師（金曜モスク）（Mu'addib）	1	30	2	コーランの読み方と文字を教える。
54	孤児の教育助手（金曜モスク）（'Arīf）	1	15	2	それを繰り返し、説明する。

55	孤児（王城側のコーラン学校）	15	10	2	
56	孤児の教師（王城側のコーラン学校） (Mu'addib)	1	30	2	
57	登記人（Muwaqqiʻ）	1	40	—	裁判官のもとでワクフ関連文書の手続き実施。
58	イマーラの公証人（Shāhid al-ʻimāra）	2	30	—	各物件の維持管理（ʻimāra）をチェック。
59	ワクフの財務部局の公証人 (Shāhid dīwān al-waqf)	2	60	—	ワクフ収支のチェック。
60	会計係（ʻĀmil）	1	90	—	ワクフの会計。
61	収入係（Shādd）	1	200	—	ワクフ収入統轄、取立人任命権。
62	取立人（Jābī）	1	100	—	賃料取立、賃借人の入居・追い出し。
63	財務連絡係（Bardadār）	1	20	—	
64	ギザの修道場の導師 (Shaykh al-Khānqāh bi-al-Jīza)	1	200	—	
65	修道場のスーフィー (Jamāʻat al-ṣūfīya bi-al-Khānqāh)	10	30	2	
66	修道場のムアッズィン (Mu'adhdhin bi-al-Khānqāh)	2	30	—	
67	修道場の照明係 (Qayyim al-waqqād bi-al-Khānqāh)	1	30	2	
68	修道場の門番（Bawwāb bi-al-Khānqāh）	1	30	2	
69	シリアのワクフ担当書記 (Kātib al-awqāf bi-al-Shām)	1	90	—	
70	管財人（Nāẓir）	1	500	—	官房長と秘書長が管財人を務める際に俸禄額を二者で折半。

曜モスクとしての機能を果たすためのイマーム（礼拝指導者）、ハティーブ（説教師）、ムアッズィン（礼拝時報係）、コーラン読誦者の他、こうした役職者や学生が職務や授業・修行に参加しているかチェックする出欠監督なども配置された。また№52、53、54が示すように、ムアイヤディー・モスクは孤児のためのコーラン学校の役割も果たしており、六十五人の孤児が受け入れられ、かれらにコーランの読み方と文字を教える教師と助手が置かれた。なおシャイフのワクフは、この他、修道場、病院、給水場兼コーラン学校の計四施設を受益対象としており、№64〜68が修道場の、44〜46は病院の、55と56はコーラン学校のスタッフにあたる。以上の事業に直接携わるスタッフに加え、施設維持のための従業員として、清掃人、照明係、建築士、タイル職人なども置かれた。

なお文書中に、これらのポストに誰を任命するか、具体的な任命事項が記載される場合も見られた。マクリーズィーによれば、ムアイヤディー・モスクにおいて、八二二年ジュマーダーI月三日／一四一九年五月二十八日にイブン・ハジャル Shihāb al-Dīn Aḥmad Ibn Ḥajar がシャーフィイー派の、マグリビー Yaḥyā b. Muḥammad al-ʻAjābī al-Maghribī がマーリク派の、バグダーディー ʻIzz al-Dīn ʻAbd al-ʻAzīz al-Baghdādī がハンバル派の教授に其々就任し、同十七日／六月十一日には前述のアイニーがハディース学教授に、シャムス・アッディーン Shams al-Dīn Muḥammad b. Yaḥyā がコーラン七読誦法の教授に就任した。そして八二二年シャウワール月二十一日／一四一九年十一月十日の開設記念式典の時、当時エジプトのハナフィー派大カーディー（qāḍī al-quḍāt）であったダイリー Shams al-Dīn Muḥammad al-Dayrī が同派の教授兼スーフィーの導師に、時の秘書長（kātib al-sirr）イブン・アルバーリズィー Nāṣir al-Dīn Muḥammad Ibn al-Bārizī がハティーブ兼司書に就任した。またタフスィールの教授としてイブン・アルアスカラーイー Badr al-Dīn Ibn al-Aqṣarāʾī が就任した(39)。しかし文書中には、これらの教授職任命に関してはとくに言及されておらず、唯一イブン・アルバーリズィーをハティーブ兼司書に任命し、死後はかれの子孫がそれを継承していくことが規定されている。イブン・アルバーリズィーの同職就任は、かれがシャイフに働きかけ実現したとされ、シャイフがかれに対する利益供与の一環として、本人のみならずその職の世襲をワクフ規定に組み入れたと見てとれよう。[40]

2　財務運営スタッフ

ワクフ財政を運営する事務スタッフにあたるのが、表3のNo.57〜63、69〜70になる。その職名と大まかな任務は以下の通りである。①管財人（nāẓir）：ワクフ財政の責任者、②登記人（muwaqqiʿ）：カーディーのもとでワクフ関連文書の手続きを行う、③イマーラの公証人（shāhid al-ʿimāra）二名：ワクフ物件の維持管理をチェックする、④ワクフの財務部局の公証人（shāhid dīwān al-waqf）二名：収支のチェックを行う、⑤会計係（ʿāmil）：会計業務を行う、⑥収入係（shādd）：収入にかかわる業務を統轄し、賃料の取立人を任命する、⑦取立人（jābī）：賃料を賃借人から取立て、賃借人の入居や場合によっては追い出しも行う、⑧財務連絡係（bardadār）：遠隔地にあるワクフとの連絡を担当し、農村のワクフ財物件から賃料を徴収する使者（quṣṣād）の任命も担当する。[41]

なお、シリア地方にもワクフ財を保有する施設の場合、シリアのワクフ財の管理を担当する専従のスタッフが置かれる場合もあり、No.69のシリアのワクフ担当書記（kātib al-awqāf bi-al-Shām）がこれにあたる。他のワクフでも、たとえばバルクークのワクフでは、収入係がシリアの物件からの賃料取立ても担当する規定があり（DW, 9/51）、バルスバーイのワクフでは、ダマスカス総督の官房長（dawādār）職にある人物がシリアの物件担当の管財人となることが規定されている。[42]ただし、このようにシリアにあるワクフ財をどのように管理するかを具体的に定めた規定をもつワクフは稀である。

六　俸　禄

ワクフィーヤでは、スタッフの配置に関する規定とともに、かれらに対する俸禄の種類と金額が言及される（表4）。この俸禄規定で、時代によって大きく変わるのが、貨幣単位である。八／十四世紀の文書では、「dirham nuqra（ディルハム銀貨）」を単位として俸禄額があらわされているのに対し、九／十五世紀初頭のスルターン・ファラジュ al-Nāṣir Faraj（r. 801–8, 808–15／1399–1405, 1405–12）の時代以降、「dirham min al-fulūs（銅ディルハム）」が貨幣単位として用いられるようになった。従来、エジプトの貨幣制度は、ディーナール（dīnār）金貨とディルハム銀貨の二本立てであり、銅貨は補助貨幣にすぎなかったが、九／十五世紀の銅ディルハムの導入により大きく変化した。銅ディルハムとは、銅貨を基準にした計算貨幣であり、八〇六／一四〇三年に物の値段、契約、負債はこれにもとづいて記録するよう大カーディーの通達が出された後、一般化した[43]。文書にあらわれる貨幣単位の変化も、このような貨幣制度の転換を反映したものといえる。

それに対し、シャイフのワクフィーヤは、貨幣単位として「ニスフ（niṣf：半銀貨）」が使われている。かれは八一八／一四一五年、それまでのディルハム銀貨に代えて、より銀の含有量の高く、かつ一回り小さな銀貨を発行した。この銀貨はかれの名を取ってムアイヤディー銀貨と呼ばれ、一種類ではなく、半分の重さの銀貨（＝ニスフ）や、四分の一の重さの「ルブウ（rubʿ）」も鋳造された。かれは、当時の物価の高騰を背景に、この新造銀貨を新たな基軸通貨として物価の安定を計ったのであり、このようにかれのワクフにおいてニスフ貨が貨幣単位として採用されていることは、かれの貨幣政策にもとづくものと見ることができよう[44]。新たな貨幣を導入したスルターンが、ワクフの俸禄規定でそれを貨幣単位として用いる例は他にも見られる。バルスバーイが八三四／一四三一年にワクフ財と受益対象を追加した際、俸禄額が銅ディルハムではなく銀貨で規定されている事例も、[45]かれがこの年に新しい銀貨を鋳造したことと関係していると思われる。[46]しかし、同じころに他の人物が設定した他のワクフィーヤで、銅ディルハム以外の貨幣単位が用いられている例はほとんどなく、銅ディルハムが計算貨幣として浸透していたことが見て取れる。

俸禄は通常、現金月払いの月給制であり、加えて毎日パン（khubz）が支給される場合もあった。シャイフのワクフでは、多くのスタッフがパンの支給を受けていた。他にも照明用の油やラマダーン月の砂糖や食事の支給、年一回のボーナスなどの支給規定があるワクフも見られた。たとえばサルギトミシュ Ṣarghitmish al-Nāṣirī の学院では、ハナフィー派の教授に毎月月給・燃油・石鹸が支給された他、ラマダーン月には五ラトル（一・五キログラム）の砂糖、犠牲祭には六十ディルハム銀貨の臨時手当、またブドウとスイカの季節にはそれらの購入費として十二ディルハム銀貨が支給された。[47]またウスターダール（ustādār：執事長）ジャマール・アッディーン Jamāl al-Dīn Yūsuf al-Ustādār の学院兼修道場では、スーフィーの導師兼シャーフィイー派教授に対し、月給の他、犠牲祭の時の特別手当が年一度、照明用の燃油と飲料水が毎日支給されていた。[48]

次に、月給額について見ることとしよう。この時代、宗教・教育施設の多くでは、スーフィーの導師、あるいは法学教授が月給額の面でもっとも優遇されていた。複数の法学派の教授が置かれている場合、通常そのなかの序列一位の法学派の教授が、スーフィーの導師を兼務し、待遇面で非常に優遇された。シャイフのワクフでは、表4によれば、ハナフィー派の教授兼スーフィーの導師が五〇〇ニスフ（後に一〇〇〇ニスフ増額）の月給額なのに対して、シャーフィイー派教授が一五〇、マーリク派とハンバル派が一〇〇ニスフと差別化されている。また管財人の月給額も同様に優遇されたが、一部のワクフィーヤではその額が明示されていない。シャイフのワクフでも、子孫断絶後にエジプトの官房長（dawādār kabīr）と秘書長が共同管財人を務める場合、五〇〇ニスフをかれらの間で分けるように、という具体的な月給額が規定されているのに対し、本人や子孫が管財人を務める際の月給額は明示されていない。また、ワーキフ没後の管財人に対してのみ月給額が規定される場合もある。(49) これはそもそもワーキフ自身や子孫が管財人としてワクフ収入を一手に握ることを想定していたため、かれらが管財人を務める間はその金額を制限するべきではないという考えがあったものと考えられる。

表5では、先行研究のデータを基に、この時代のいくつかの宗教・慈善施設について、管財人とスーフィーの導師もしくは法学教授の月給額、及びその金額を小麦の購買力に換算し、比較した。月給額がワクフによって非常にばらつきがあること、概してスルターンの建設した施設のスタッフの月給額は高い傾向があることが表から窺える。シャイフのワクフの場合、管財人と導師兼法学教授のいずれもが月給五〇〇ニスフであり（後者は後に六〇〇ニスフに増額）、これは小麦十七・五イルダッブ（一五七五リットル）を購入できる額（後者は後に二十一イルダッブ＝一八九〇リットル）にあたる。この額は他のワクフと比べても比較的恵まれているといえよう。

試みに、これをサブラ Sabra が文書の分析から明らかにした、用務員や門番などの下級吏員の平均的な俸禄額と比較してみよう。かれによれば、七四七～八〇三／一三四七～一四〇〇年の時期、ワクフで運営された宗教・慈善施設の下級吏員の平均月給額は平均月四十ディルハム銀貨＝小麦一・六イルダッブ（一四四リットル）、八〇三～八五四／一四〇一～一四五〇年の間は平均月二七〇銅ディルハム＝小麦一・三五イルダッブ（一二一・五リットル）、八五四～九〇六／一四五一～一五〇〇年の間は月二〇〇銅ディルハム＝小麦一・四三イルダッブ（一二八・七リットル）であり、これらはいずれも四～五人家族の食費一ヶ月分を賄える額であったという。(50) 表5で示した管財人や導師／法学教授の月給額は、ジャマール・アッディーンの学院兼修道場を例外として、その約二倍～二十八・五倍に及んでいる。金額の多寡はワクフによるものの、総じて一定程度の生活を保障する額であったとはいえるであろう。(51) なお、シャイフのワクフでは、導師兼法学教授の俸禄額は同時代の下級吏員の平均の十三

表5　管財人及び導師／法学教授の月給額換算表

ワーキフ名	施設種類	寄進年	管財人月給額	導師／法学教授月給額[1]	小麦換算(irdabb)[2]
Amir Ṣarghitmish	学院	757/1356	200 dh(n)	(M)300 dh(n)	8／12
Sultan al-Nāṣir Ḥasan	金曜モスク兼学院	760/1359	1,000 dh(n)	(M)300 dh(n)	40／12
Sultan Barqūq	金曜モスク兼学院兼修道場	788/1386	430 dh(n)	(SM)500 dh(n)	17.2／20
Amir Aytamish al-Bajāsī	学院	789/1387	200 dh(n)	(M)200 dh(n)	8／8
Amir Sūdūn min Zāda	金曜モスク兼学院	804/1402	200 dh(n)	(M)250 dh(n)	8／10[6]
Amir Jamāl al-Dīn Yūsuf al-Ustādār	学院兼修道場	811/1408	283 dh(f)[3]	(SM)517dh(f)[4]	1.4／2.6
Sultan Shaykh	金曜モスク兼学院	823/1420	500n[5]	(SM)500 n(600 n)	17.5／17.5(21)
Sultan Barsbāy	金曜モスク兼学院兼修道場	827/1424	2,000 dh(f)	(SM)3,000 dh(f)	10／15
Amir Jawhar al-Lālā	学院	836/1433	500 dh(f)	(S)1,000 dh(f)	2.5／5
Sultan Qāytbāy	金曜モスク	879/1474	2,100 dh(f)	(S)3,000 dh(f)	15／21.4
Amir Uzbak min Ṭuṭukh	金曜モスク	890/1485	5,700 dh(f)	(S)1,000 dh(f)	40.7／7.1

dh(n) : dirham nuqra／n: niṣf／dh(f) : dirham min al-fulūs
1 irdabb=90 liters

注1：(S)は導師、(M)は法学教授、(SM)は導師兼法学教授を意味する。
2：Adam Sabra, *Poverty and Charity in Medieval Islam: Mamluk Egypt, 1250-1517*, Cambridge, 2000で当該期の小麦の平均価格とされる金額をもとに算出したもの。スラッシュの前が管財人の、後が導師あるいは法学教授の数値。
3：月200dh(f)＋年1000dh(f)。平均月283dh(f)。
4：月500dh(f)＋年200dh(f)。平均月517dh(f)。
5：子孫断絶後、官房長と秘書長が共同管財人を務める場合。各々半額(250n)ずつ
6：dh(f)ではなくdh(n)が貨幣単位として用いられているため、1347〜1400年間の小麦標準価格を基準に算出した。
※寄進年は最初のワクフ設定日。
出所：Amir Ṣarghitmish: WA, q3195; Leonor Fernandes, "Mamluk Politics and Education: The Evidence From Two Forteenth Century Waqfiyya," *Annales Islamologiques*, Vol. 23, 1987, p. 90.／Sultan al-Nāṣir Ḥasan: Huwaydā al-Ḥārithī(ed.), *Kitāb Waqf al-Sulṭān al-Nāṣir Ḥasan b. Muhammad b. Qalāwūn 'alā Madrasat-hi bi-al-Rumayla*, Beirut, 2001.／Sultan Barqūq: DW, 9/51.／Amir Aytamish al-Bajāsī: WA, q1143mukarrar; L. Fernandes, *op. cit.*, p. 92.／Amir Jamāl al-Dīn Yūsuf al-Ustādār: Muḥammad 'Abd al-Sattār 'Uthmān(ed.), *Wathīqat Waqf Jamāl al-Dīn Yūsuf al-Ustādār: Dirāsa Ta'rīkhīya Athalīya Wathā'iqīya, Cairo*, 1983.／Sultan Barsbāy: Aḥmad Darrāj(ed.), *Ḥujjat Waqf al-Ashraf Barsbāy*, Cairo, 1963.／Amir Jawhar al-Lālā: Jean-Claude Garcin and Mustapha Anouar Taher, "Enquete sur le financement d'un waqf égyptien du XVe siècle: les comptes de Jawhar al-Lālā." *Journal of the Economic and Social History of the Orient*, Vol. 38, no. 3, 1995, pp. 291, 296.／Sultan Qāytbāy: Leo Mayer(ed.), *The Building of Qāytbāy As Described in His Endowment Deed*. London, 1938.／Amir Uzbak min Ṭuṭukh: DW, 31/198.

倍程度であった。

七　管　財　人

ワクフ財務運営の責任者である管財人（naẓar, wilāya／nāẓir, mutawallī）に関する規定は、「前述のワーキフは、この〔ワクフの〕ことのナーズィル職とそれに対するムタワッリー職を某に置く（ja'ala al-wāqif al-mushār ilay-hi a'lā-hu al-naẓar fī dhālika wa-al-wilāya 'alay-hi li...）」との表現で始まる。ワクフの管財人は、時代や地域によって「ナーズィル nāẓir」と呼ばれたり「ムタワッリー mutawallī」と呼ばれたり、あるいは其々が別のポストとして同時に置かれることもあったが、マムルーク朝時代においてはこの二つの間にはとくに区別はなく、年代記などの叙述史料では基本的に「ナーズィル」の語が用いられている[52]。

管財人職には、存命中はワーキフ自身がその地位にあり、望む人物を代理にたてることが出来る、とする規定が一般的であった。時には、文書中にこの管財人代理の具体的な任命が書かれる場合もある。たとえばカーイトバーイのワクフでは、十騎長のアミールでダワーダーリーヤ（dawādārīya：筆持ち係）のジャーニベク Jānibak al-Ashrafī Amīr al-Ḥājj がワクフの収入係に任命されるとともに、カーイトバーイ自身が務める管財人の代理に指名されている[53]。そしてワーキフが死去した後は、多くの場合、かれの子供・子孫のなかで最適格者（al-arshad fa-al-arshad）がこの職を務めるよう規定された。また、子孫の断絶や適格者の不在の場合には、ワーキフの解放奴隷とその子孫を、自身の子孫に次ぐ管財人候補とすることも広く見られた。

マムルーク朝時代のワクフの一般的な傾向として、管財業務に高位の軍人の関与を条件づける規定がある。歴史家イブン・タグリービルディー Ibn Taghrībirdī（d. 874／1470）は *Ḥawādith* の八四九／一四四五年の記事で、以下のように述べる。

我々の時代、多くの人々は、学院や修道場（ribāṭ）や子孫やその他に対してワクフを設定する際には、侍従長（ḥājib al-ḥujjāb）や官房長や宦官長（zimām）〔といった高級武官〕以外に管財人職を指定することはなく、決してターバンの人（muta'ammim：ウラマー）には指定しないようになった。(54)

このことは文書からも裏づけられる。ワーキフの子孫のみが管財人に指定されることは少なく、ほとんどの場合で高位の軍人が「協力者（sharīk）」として管財人職をかれらと分掌することが規定されている。また、子孫の適格者が不在の場合、特定の軍人職にある人物が当該ワクフの管財人を務めることが規定された。また、時のスルターンや特定のアミールの名前をあげ、管財人職就任順位で子孫に優先させる例も見られた（ex; Barqūq al-Nāṣirī: DW, 26/169）。また、前述のようにワーキフの解放奴隷も子孫に次ぐ管財人資格者であったが、かれらのうち「百騎長以上」あるいは「何々という武官職」以上の人物、などという条件が付されることもあったように、基本的にはワーキフのマムルークが想定されていたといえよう。厩舎長（amīr ākhūr）カーニーバーイ・カラーQānībāy Qarā のワクフでは、計二十二人のかれのマムルークを七グループに分け、その順番ごとに子孫のなかの最適格者が務める管財人の協力者となることが規定されている（WA, q1019）。

国家の高位の官職にあった人物が設定したワクフでは、自身の後に同職を引き継ぐ後任に管財業務を任せることもあった。たとえば厩舎長カラークジャーQarāqjā は、自身のワクフの管財人として、かれの死後は子孫のうちの最適格者とエジプトの厩舎長が協力し、子孫が不可能な場合は自身の解放奴隷とその子孫の最適格者と厩舎長が協力する。解放奴隷の子孫も断絶したならば厩舎長が単独でその任にあたり、厩舎長がいない場合はその副官にあたる厩舎次長（amīr ākhūr thānī）が管財人となることを規定している[55]。

以上の管財人規定では、指定した候補者すべてが就任不可能な場合、多くのワクフにおいては最終的に「エジプトのムスリムの裁判官（ḥākim al-muslimīn bi-al-diyār al-Miṣrīya）」が就任するように規定され、特定の法学派が指定されている場合と、法学派についてはとくに言及されない場合があった。

シャイフのワクフの管財人規定は以下の通りである。まず存命中はワーキフであるかれ自身がそれを務める。死後はかれの子孫のなかから男性の最適格者がそれを務め、エジプトの官房長という百騎長位に属する高級武官と、文官の長である秘書長が協力者となる。もしも子孫のなかに適格者がいなければ、官房長と秘書長のみで管財業務を務める。この両者のいずれかが業務の遂行が不可能な場合は残りの一方が単独で務め、両者とも不可能ならばエジプトの裁判官（法学派指定なし）が務める。実際に文書では、シャイフ死後の八三二年ラジャブ月十二日／一四二九年四月十七日には文書の規定通りエジプトの秘書長と官房長が管財人を務めていることが確認できる[56]。また文書の紙背には、八四五年シャウワール月十一日／一四四二年二月二十二日付で、ワーキフの男性の子供で適格者がいないため、エジプトの秘書長と官房長が二人で管財人を務めていることを示す文書がある。

管財業務に関しては、他にも多数の文武の高官の関与が規定されることもあった。たとえばウスタードール・ヤフヤーZayn al-Dīn Yaḥyā al-Ustādārのワクフでは、ワーキフ自身の後は子孫の最適格者とマーリク派大カーディー、軍務庁長官（nāẓir al-jaysh）、厩舎長という武官・文官・法官の有力者が協力して管財業務を務め、欠員の場合は代わりにハンバル派大カーディーが入ること、三者とも不可能な場合は宦官長がそれに協力することが規定された。それに加え、ワクフ支出の管理者として子孫が、それが無理ならハーッス庁長官（nāẓir al-khāṣṣ）とスルターン金庫係（amīr al-khazā'in）が、いずれも不可能ならハナフィー派大カーディーがその任にあたるという規定があった（DW, 17/110）。これらはいずれも百騎長に属する高級武官や、国家の諸行政官庁の長、大カーディーといった国家の有力者たちであり、ワーキフが自身の死後、ワクフの会計が適正に運用されることに心を砕いていた様子が見て取れよう。

八　子孫と親族

ここでは、ワクフの管財人や受益者として指定される、ワーキフの子孫や親族の扱いについて見る。子孫については、男性（dhukūr）と女性（ināth）、さらに男系（awlād al-ẓahr）と女系（awlād al-baṭn）という分け方が出来よう。管財人の場合、子孫のなかでも男性のみが就任資格者とされることや、男系子孫を女系子孫に優先するような規定をもつ事例も見られる。シャイフのワクフでも、管財人となるかれの子孫は前述のように男性であることが条件づけられている。ただし、両者にとくに区別が設けられていないことも多く、とくに受益者の場合、男も女も男系も女系も区別することなく等しく扱うように、とする規定をもつのが一般的であった。シャイフのワクフでも、受益者については性差を設けられていない。

他にも、ワーキフの兄弟姉妹や妻を名前をあげて受益者や管財人に指名することも見られた。とくに興味深いのが、アミール・クルクマース Qurqmās のワクフの事例であり、かれのワクフでは、「チェルケスの土地（Bilād Jarkas）」、つまり奴隷としてエジプトに来る以前の故郷にいる兄弟がエジプトに来て改宗した場合に、受益者に組み込むことが規定されている（WA, q901）。故国を離れ軍事奴隷としてエジプトに到来したマムルーク軍人ならではのユニークな規定といえよう。

九　賃貸契約

ワクフ財の賃貸契約については、都市不動産は一年、農地は一～三年の期間で契約を結ぶように、ワーキフによって規定された。シャイフのワクフでは、都市不動産・農地ともに契約期間は一年間とされている。賃料については「適正な額かそれ以上」と書かれ、文書で具体的な金額が明記されることは管見の限り見られない。また賃貸契約については、一つの契約が満了した後、一度物件を管財人に返却した後で新たな契約を結ぶように規定される。オスマン朝期のエジプト・シリアでは、三年契約を一度に複数結ぶ長期賃貸借が見られたが(57)、マムルーク朝期にこのような方法が行われていたか、それとも単契約の規定が順守されていたかは、賃貸借文書が残っていないこともあり、不明である。

十　禁止事項

以上のような設定条件が定められた後、禁止事項が列挙される。そのほとんどは、以上の設定条件の変更の禁止や、ワクフ解消の禁止といった形式的なものであるが、なかでも以下の四種類の禁止事項は、この時代のワクフの現実のあり様と深く関係していると考えられるため、とくに取り上げる。

まず第一が、譲渡（nazala：動詞／nuzūl：名詞）禁止の条件である。譲渡とは、ワクフの受益権や関連する官職、学生やスーフィーとしての身分などを他者に譲渡することを意味し、しばしば金銭の授受が伴った(58)。イブン・ヒッジー Ibn Ḥijjī（d. 816／1413）は七九九／一三九七年の記事において、ある学院の教授職が六〇〇〇ディルハム銀貨で譲渡されていることに言及し、この時代に教授職が「商品（matāʿ）のように」売買されるようになり、ワーキフの設定した条件は無視されたと述べる[59]。またマクリーズィーも*Sulūk* の八二五／一四二二年の記事において、当時のカイロにおいて学院の学生や教授職、修道場のスーフィーの地位、コーラン読誦者、ワクフの財務吏員等の職が譲渡によってその施設と無関係の人物の手に渡っていることが問題となり、禁止命令が出されたと述べる[60]。このようにワクフ関連ポストの売買はマムルーク朝期に広く蔓延した問題であった。

第二が、こうした譲渡とも関係する、兼職禁止の条件である。この時代、一人の人物が複数のワクフの管財人職や教授職を同時に多数握る、兼職が広く見られるようになった。その背景としては、こうしたワクフ関連ポストが利権化して人々の手を移動し、またその獲得に金銭が求められるようになったことにより、一部の富裕者・有力者への集中が起きたと考えることが出来よう。ワーキフによる兼職禁止は、かれがワクフに設定した施設のポストの獲得者に対して、そこでの業務に専念することを要求したものと見なせよう。

三番目に、しばしばワクフィーヤには、ワクフ物件を「有力者（dhū al-shawka, arbāb al-shawka）」へ賃貸することを禁じ、農民（fallāḥūn）に賃貸することを義務づける文言が書かれている[61]。この文言は、それによってワクフ物件が私有化されたり流出することを警戒したものであるが、このことはマムルーク朝時代のエジプト・シリアにおいてはとくに注意すべき問題であった。マクリーズィーは*Khiṭaṭ* で以下のように述べる。

……そして彼（バルクーク）が玉座についた時（七八四／一三八二年）、彼のアミールたちはワクフ財源（jihāt al-awqāf）であるこれらの地区（nawāḥī）を賃借し、それを彼らが賃借した〔額〕よりも高い〔賃料で〕農民（fallāḥūn）に賃貸するようになった。そしてバルクーク（al-Ẓāhir）が死去すると、このことは途方もなく〔広まり〕、国家の人々（ahl al-dawla）がエジプト・シリアの全てのワクフ地を占有（istawlā）した。彼らの内の最も善良な者は、その収入の権利者に彼の収入となったものの十分の一ほど支払うが、そうでない彼らの内の多くは全く何も払わないようになった。特にこのことはシリア地方で起こった。こうしてそれ（ワクフ）は荒廃し、奪われた。このため、八〇六年（一四〇三～四年）以後に起こったこの不幸な状況の中にある最悪な人々は法学者たち（fuqahā'）であった。それは彼等に対して設定されたワクフの荒廃と売却と国家の人々によるそれらの土地の占有が原因である。[62]

このように八／十四世紀末以降、有力軍人たちはワクフ地の賃貸借に積極的に乗り出したが、それはみずからがその土地をワクフの管財人から賃借する一方、それを農民に転貸することにより、差益を得ることを目的としたものであった。そしてこの記事にもあるように、かれらはしばしばその地位と権力を背景に、賃料を滞納したりそのワクフ地の収入規模に見合わない低額の賃料しか支払わない、ということもあった。こうしたことは、ワクフ収入の減少のみならず、そのワクフ地が最終的にかれらの私有地となって流出する危険も孕んでいた。[63]この有力者への賃貸禁止と農民への賃貸義務づけは、このような当時の状況のなかでワーキフがそれを警戒し、予防しようとしていたあらわれと見ることが出来よう。

四番目に、イスティブダールの禁止と、それを行った管財人の解任を規定する条件がある。イスティブダールとは、ワクフ財となっているある物件のワクフとしてのステータスを解消し、別の物件と交換して、そちらを新たなワクフ財とするための手法である。これはそもそも、ワクフ財も年月が経つにつれ損耗し、そこから得られる収入も低下していくという現実のなかで、新たな財源を獲得しワクフそれ自体を維持するために必要な制度であった。しかし、この時代のエジプトでは、イスティブダールはむしろ有力者がワクフ財を私有化するための手段として広く用いられた。[64]文書中のイスティブダール禁止の条件は、これが先に述べた本来的な使い方よりも、私有化のための手段として用いられることが一般的であり、それによるワクフ財の流出をワーキフが警戒していたことを示している。

十一　末文

そして最後に、「彼はそれ〔ワクフに設定した物件〕に対する所有と用益の手を外し、それに彼の管財と管理業務の手を置く（rafaʿa ʿan-hu yad milk-hu wa taṣarruf-hu wa waḍaʿa ʿalay-hi naẓr-hu wa wilāyat-hu）」という文言により、ワクフとした物件に対するワーキフの所有権放棄が述べられ、以上のワクフが確定したこと、それが合法的なものであること、それが行われた日付の記載によって結ばれる。

その後、「ワーキフがこのことについて私を証人にたて、私は証言した。某（ashhada-nī fī dhālika... fa-shahidtu（Fulān al-Fulānī））」などの文言で、このワクフ設定に立ち会った二人以上の証人によって署名がなされる。シャイフのワクフでは、計六人の証人によって証言・署名がなされている。

以上のようなワクフ設定に関する本文に加え、ワクフィーヤの紙背、時には本文と同じ紙面の下部や脇の余白にイシュハード（ishhād：証明）という別の文書が書かれる。このイシュハードは、ワクフに限らず文書に記録された案件の合法性を証明する文書であり、大きく二つに分けられる。まず、最初に書かれるのが「判決のイシュハード（al-ishhād al-ḥukmī）」である。これは基本的に「イシュハードが確定した（thabata ishhād...）」という文言で始まり、表面のワクフ設定についてワーキフが証人をたてたことがカーディー（大カーディーあるいは代理カーディー（nāʾib））のもとで確定（thabata）し、ワクフの適法性についてのカーディーの判決（ḥakama）が出され、そのことの証言がなされる、という内容をもつ。ワクフが合法的に設定されたことを承認し、判決を下したカーディーの名前は本文中にはあらわれず、この部分で確認できることとなる。その後に続くのが、「執行のイシュハード（al-ishhād al-tanfīdhī）」である。これは、「これは彼が彼自身に対して証人をたてたものである（hādhā mā ashhada bi-hi 'alā nafsi-hi al-karīmati）」という文言で始まり、判決を確定したカーディーの属する法学派と別の三つの法学派のカーディーたちによって其々行われた。その内容は、一番目の執行のイシュハードは、判決のイシュハードの判決が有効であると認める証人をたて、別のカーディーがその判決を執行（tanfīdh）し、そのことの証言がなされる。その後に続くこととなる執行のイシュハードは、各々一つ前のカーディーによる執行を執行する、という内容になる。(65)

おわりに

以上見てきたように、ワクフィーヤにあらわれるさまざまな情報や、ワクフ設定のあり方には、その当時の政治的経済的社会的状況が深くかかわっており、ワクフィーヤの史料としての有用性を示している。ただし、文書で規定されている設定条件がどの程度履行されていたのかは、文書からはほとんどわからないということを指摘しておきたい。筆者はかつて、バルクークのワクフの管財人職に、設定条件では優先順位の低い武官が就任することが慣習として定着していたことを指摘した。(66) ワクフィーヤを史料として用いるにあたっては、こうした設定条件の現実の履行の程度、あるいは規定と現実の解離という可能性に常に留意し、可能ならば年代記その他の叙述史料などと付き合わせていく作業が不可欠であろう。

ワクフ制度は前近代のイスラーム世界各地において広く普及し、社会的に重要な役割を果たした。しかし現在までの所、各地域のワクフ制度の実態を比較検討し、実証的研究に根差した総合的なワクフ制度論へと統合していく作業は端緒についたばかりである。本稿でマムルーク朝エジプトのワクフィーヤの様式の概要を明らかにしたことは、それを用いる研究に資するのみならず、今後他の時代・地域のワクフ文書との比較研究を進め、共通性と違いを明らかにするための基礎的情報を提供するものとなろう。

付記　本稿は、東京外国語大学アジア・アフリカ言語文化研究所における共同研究プロジェクト「ペルシア語文化圏の歴史と社会」研究会「ワクフの比較研究」（二〇〇八年一月十三日）での口頭発表をもとにしたものである。また本稿は、イスラーム地域研究東京大学拠点における文部科学省「人文学及び社会科学における共同研究拠点の整備の推進事業」及び平成二十一年度科学研究費補助金（若手研究B）による研究成果の一部である。

（1）　Muḥammad Muḥammad Amīn, *Fihrist Wathāʾiq al-Qāhira ḥattā Nihāyat ʿAṣr Salāṭīn al-Mamālīk*（*239–922 A. H./853–1516 A. D.*）, Cairo, 1981. このなかにはワクフィーヤの他、物件の売買、イスティブダール（istibdāl：ワクフ財の交換）等に関する文書も含まれている。時代的な分布としては、大部分が王朝末期の約五十年間に集中している。

（2）　マムルーク朝期のワクフ研究の動向については、伊藤隆郎「マムルーク朝時代のワクフ研究」（『神戸大学史学年報』二四、二〇〇九年）を参照。イブラーヒームの文書研究については、大稔哲也「アブド・アル・ラティーフ・イブラーヒーム氏の文書研究」（『山形大学史学論集』一六、一九九六年）を参照。またアミーンの前述のカタログに加え、以下の研究書と建築用語事典は、ワクフ関連文書を扱う上でまず基本となる文献といえる。Muḥammad Muḥammad Amīn, *Al-Awqāf wa-al-Ḥayāt al-Ijtimāʿīya fī Miṣr 648–923 A. H./1250–1517 A. D.*, Cairo, 1980; idem and Laylā ʿAlī Ibrāhīm, *Al-Muṣṭalaḥāt al-Miʿmārīya fī al-Wathāʾiq al-Mamlūkīya*（648–923/1250–1517）, Cairo, 1983. なお、岩武昭男「ワクフ文書の形式」（『歴史学研究』七三七、二〇〇〇年）は、中世イランのワクフィーヤの様式を概観した研究であり、マムルーク朝エジプトのものと比較する上でも参考となる。

（3）　al-Qalqashandī, *Ṣubḥ al-Aʿshā fī Ṣināʿat al-Inshāʾ*, 14 vols., Cairo, 1913–22; repr. 1985.

（4） 執筆年は八一四／一四一一年。C. E. Bosworth, “Al-Ḳalḳashandī,” *Encyclopaedia of Islam*, 2nd. ed.,Vol. 4, pp. 509–511.

（5） かれの没年は明らかではないが、校訂者が底本とした八八九年ラジャブ月付の写本は、著者存命中に筆写されたものという。かれについては以下を参照：al-Sakhāwī, *Al-Ḍaw' al-Lāmi' li-Ahl al-Qarn al-Tāsi'*, 12 vols., Cairo, 1934–37, Vol. 7, p. 13.

（6） al-Asyūṭī, *Jawāhir al-'Uqūd wa Mu'īn al-Quḍāt wa-al-Muwaqqi'īn wa-al-Shuhūd*, 2 vols., Cairo, 1955.

（7） このワクフィーヤは、ワクフ省（WA）の q938番という文書である。Fahmī 'Abd al-'Alīm, *Al-'Imāra al-Islāmīya fī 'Aṣr al-Mamālīk al-Charākisa: 'Aṣr al-Sulṭān al-Mu'ayyad Shaykh*, Cairo, 2003. には、この文書の大部分の校訂が付されているが、シリアの物件など一部が省略されているため、オリジナルを併せて参照した。

（8） 五十嵐大介「後期マムルーク朝におけるムフラド庁の設立と展開―制度的変化から見るマムルーク体制の変容―」（『史学雑誌』一一三編一一号、二〇〇四年、六一―八頁）、同「マムルーク体制とワクフ―イクター制衰退期の軍人支配の構造―」（『東洋史研究』六六巻三号、二〇〇七年）。

（9） al-Maqrīzī, *Al-Mawā'iẓ wa-al-I'tibār fī Dhikr al-Khiṭaṭ wa-al-Āthār*, Ayman Fu'ād Sayyd（ed.）, 5 vols., London, 2002–04, Vol. 4, pp. 334–347. Doris Behrens-Abouseif, *Cairo of the Mamluks: A History of the Architecture and Its Culture*, London and New York, 2007, p. 241.

（10） al-Maqrīzī, *Khiṭaṭ*, Vol. 4, p. 702; Behrens-Abouseif, *op. cit.*, pp.244–245.

（11） al-Maqrīzī, *Khiṭaṭ*, Vol. 4, pp. 792-793. 'Abd al-'Alīm, *op. cit.*, pp. 39–41.

（12） 'Abd al-'Alīm, *op. cit.*, pp. 62–64.

（13） al-Asyūṭī, *Jawāhir*, Vol. 1, pp. 322–323.

（14） *Ṣubḥ* には、ワクフィーヤのフトバの文例が掲載されている（al-Qalqashandī, *Ṣubḥ*, Vol. 14, pp. 353–354）。

（15） たとえばスルターン・イーナール al-Ashraf Īnāl（r. 857–65／1453–61）のワクフには、フトバなしの①③④の書出しのものが其々見られる（Lucian Reinfandt, *Mamlukische Sultansstiftungen des 9./15. Jahrhunderts: Nach den Urkunden der Stifter al-Ašraf Īnāl und al-Mu'ayyad Aḥmad Ibn Īnāl*, Berlin, 2003, pp. 137, 144, 152, 155）。

（16） Sylvie Denoix, "Pour une exploitation d'ensemble d'un courps: les waqfs mamelouks du Caire," Randi Deguilhem（ed.）, *Le waqf dans l'espace islamique outil de pouvoir socio-politique*, Damascus, 1995, pp. 34–35.

（17） al-Asyūṭī, *Jawāhir*, Vol. 1, pp. 321–322.

（18） ラカブの用法についての体系的な研究として、Ḥasan al-Bāshā, *Al-Alqāb al-Islāmīya fī al-Ta'rīkh wa-al-Wathā'iq wa-al-Āthār*, Cairo, 1989. があるが、*Jawāhir* は参照されていない。

（19） ある官職にどのランクのラカブをつけるかという規則は、*Jawāhir* と *Ṣubḥ* で大きく異なる。ただし、本稿で対象とした時期に限っていえば、前者の規則が現存する文書での用法とおおむね一致している。*Ṣubḥ* でのラカブの解説については、al-Qalqashandī, *Ṣubḥ*, Vol. 5, pp. 493–500; Vol. 11, pp. 76–81.

（20） Aḥmad Darrāj（ed.）, *Ḥujjat Waqf al-Ashraf Barsbāy*, Cairo, 1963. の集計。

（21） Khaled A. Alhamzah, *Late Mamluk Patronage: Qansuh al-Ghuri's Waqfs and His Foundations in Cairo*, Boca Raton, 2009, pp. 85–103.

（22） Sylvie Denoix, "Topographie de l'intervention du personnel politique à l'époque mamelouke," Sylvie Denoix, Jean-Charles Depaule and Michel Tuchscherer（eds.）, *Le Khan al-Khalili: Un centre commercial et artisanal au Caire du XIIIe au XXe siècle*, Vol. 1, Cairo, 1999, p. 35.

（23） なお、七七七／一三七五～六年の段階において、エジプトはギザ県の政府直轄地を除き二一六三地区に分けられていた（Ibn al-Jīʿān, *Kitāb al-Tuḥfa al-Sanīya bi-Asmā' al-Bilād al-Miṣrīya*, Cairo, 1898; repr. 1974, p. 3）。

（24） 五十嵐大介「後期マムルーク朝国家と土地制度―イクター制崩壊期の東アラブ世界―」博士論文（中央大学）、二〇〇六年、一三九－一四一頁。

（25） Alhamzah, *op. cit.*, pp. 86–97.

（26） Michael Winter, "Mamluk and Their Households in Late Mamluk Damascus: A Waqf Study," M. Winter and A. Levanoni (eds.), *The Mamluks in Egyptian and Syrian Politics and Society*, Leiden, 2004, p. 301；谷口淳一「マムルーク朝時代のアレッポにおけるイスラーム宗教施設―ワクフと関与者の検討―」(『東洋史研究』六六巻一号、二〇〇七年）三三－三五頁。

(27)　Igarashi Daisuke, "Private Property and *Awqāf* of the Circassian Mamlūk Sultans: The Case of Barqūq," *Orient*, Vol. 43, 2008, p. 178.

(28)　Carl F. Petry, *Protectors or Praetorians?: The Last Mamlūk Sultans and Egypt's Waning as a Great Power*, Albany, 1994, pp. 204–207.

(29)　フカラーという語は、貧者を指す場合と、スーフィーを指す場合がある。

(30)　al-Asyūṭī, *Jawāhir*, Vol. 1, p. 322.

(31)　五十嵐大介「財産保有形態としてのワクフ―「自己受益ワクフ」の理論と実態」(『東洋学報』九一巻一号、二〇〇九年)。

(32)　こうした形態のワクフに関しては、五十嵐前掲論文、〇四一－〇四四頁を参照。

(33)　Amīn, *Awqāf*, p. 79.

(34)　羽田正『モスクが語るイスラム史』中公新書、一九九四年、一三二－一三三頁。岩武昭男「イスラーム社会とワクフ制度」(『岩波講座世界歴史一〇　イスラーム世界の発展 七～一六世紀』岩波書店、一九九九年）二八二－二八三頁。

(35)　Adam Sabra, *Poverty and Charity in Medieval Islam: Mamluk Egypt, 1250–1517*, Cambridge, 2000, pp. 88–94. このような傾向は同時代のアレッポでも見られた（谷口淳一「一二～一五世紀アレッポのイスラーム宗教施設」(『西南アジア研究』六二号、二〇〇五年）七九頁)。

(36)　五十嵐「マムルーク体制とワクフ」四二頁。

(37)　この学院については、Leila Ibrahim and Bernard O'Kane, "The Madrasa of Badr al-Dīn al-'Aynī and Its Tiled Miḥrāb," *Annales Islamologiques*, Vol. 24, 1988.

(38)　al-Sakhāwī, *Ḍaw'*, Vol. 10, 132.

（39） al-Maqrīzī, *Khiṭaṭ*, Vol. 4, 346; al-'Aynī, *'Iqd al-Jumān fī Ta'rīkh Ahl al-Zamān*, 'Abd al-Rāziq al-Ṭanṭāwī al-Qarmūṭ（ed.）, Cairo, 1985, p. 358; Ibn Ḥajar, *Inbā' al-Ghumr bi-Abnā' al-'Umr*, Ḥasan Ḥabashī（ed.）, 4 vols., Cairo, 1969–98, Vol. 3, 201.

（40） Ibn Ḥajar, *Inbā' al-Ghumr*, Vol. 3, 201. かれはシャイフがトリポリ、アレッポ、ダマスクスの各州総督の職を渡り歩いていた時分からかれにつき従い、即位後文官の長であるエジプトの秘書長となり権力を振るった、側近中の側近である（al-Sakhāwī, *Ḍaw'*, Vol. 9, pp. 137–139）。

（41） Cf. Amīn, *Awqāf*, pp. 304–317. ただし、このように管財人以外の各種の財務スタッフがそろって置かれるのは、一部の大規模なワクフに限られる。

（42） Darrāj（ed.）, *op. cit.*, p. 9.

（43） Warren C. Schultz, "The Monetary History of Egypt, 642–1517," Carl F. Petry（ed.）, *The Cambridge History of Egypt, Vol. 1: Islamic Egypt, 640–1517*, Cambridge, 1998, p. 337; Ibn Ḥajar, *Inbā' al-Ghumr*, Vol. 3, pp. 37, 54.

（44） William Popper, *Egypt and Syria under the Circassian Sultans 1382–1468: Systematic Notes to Ibn Taghrī Birdī's Chronicles of Egypt*, 2 vols., Berkeley and Los Angels, 1955–57, Vol. 2, pp. 56–58. なお他に貨幣単位としてニスフが用いられているものとしては、管見の限り、九〇八年ラマダーン月十日／一五〇三年三月九日付の Qānībāy Qarā Amīr Ākhūr のワクフィーヤがある（WA, q1019）。

（45） Darrāj（ed.）, *op. cit.*,pp. 29–31.

（46） Popper, *op. cit.*, 58.

（47） WA, q3195: 28; Leonor Fernandes, "Mamluk Politics and Education: The Evidence From Two Fourteenth Century Waqfiyya," *Annales Islamologiques*, Vol. 23, 1987, p. 90.

（48） Muḥammad 'Abd al-Sattār 'Uthmān（ed.）, *Wathīqat Waqf Jamāl al-Dīn Yūsuf al-Ustādār: Dirāsa Ta'rīkhīya Athalīya Wathā'iqīya*, Cairo, 1983, p. 152.

（49） Ḥusnī Nuwayṣar, *Madrasa Jarkasīya 'alā Namaṭ al-Masājid al-Jāmi'a: Madrasat al-Amīr Sūdūn min Zāda bi-Sūq al-Silāḥ*, Cairo, 1985, p. 108.

（50）Sabra, *op. cit*., 121-129.

（51）ジャマール・アッディーンのワクフでは、管財人の月給が同時代の下級吏員の平均月給額とほとんど変わらない。ただしこの時期は銅ディルハムが計算貨幣として用いられるようになって間もないため、まだその価値が定まっていなかったのではないかとも考えられる。

（52）菊池忠純「マムルーク朝時代のカイロのマンスール病院について―ワクフ設定文書の再検討を通じて―」（『藤本勝次・加藤一朗両先生古稀記念中近東文化史論叢』同朋舎、一九九二年）五五－五六頁。ただし、バルクークのワクフでは例外的に、この二つが別々の職として規定されている（Igarashi, *op. cit*., p. 182）。一方イランにおいては、ムタワッリーが管財人のトップに位置し、ナーズィルはその助手であったという。岩武昭男「公益・福祉制度――ワクフ」（後藤明（編）『講座イスラーム世界2　文明としてのイスラーム』栄光教育文化研究所、一九九四年）二四七頁。

（53）L. A. Mayer（ed.）, *The Building of Qāytbāy As Described in His Endowment Deed*, London, 1938, p. 76. かれについては、al-Sakhāwī, *Ḍaw'*, Vol. 3, p. 55.

（54）Ibn Taghrībirdī, *Ḥawādith al-Duhūr fī madā al-Ayyām wa-al-Shuhūr*, Fahīm Muḥammad Shaltūt（ed.）, Cairo, 1990, Vol. 1, pp. 83–84.

（55）'Abd al-Laṭīf Ibrāhīm（ed.）, "Wathīqat al-Amīr Ākhūr Kabīr Qarāqjā al-Ḥasanī," *Majallat Kullīyat al-Ādāb, Jāmi'at al-Qāhira*, Vol. 18 , no. 2, 1959, pp. 217–218.

（56）'Abd al-'Alīm, *op. cit*., pp. 158–160.

（57）三浦徹「一九世紀ダマスクスのイスラム法廷文書(1)―サーリヒーヤ法廷をめぐる人間関係―」（『東洋文化研究所紀要』一三五冊、一九九八年）一七一頁、二〇二頁注六二）。

（58）Michael Chamberlain, *Knowledge and Social Practice in Medieval Damascus, 1190–1350*, Cambridge, 1994, pp. 94–95.

（59）Ibn Ḥijjī, *Ta'rīkh Ibn Ḥijjī*, Abū Yaḥyā 'Abd Allāh al-Kundurī（ed.）, 2 vols., Beirut, 2003, p. 245.

(60) al-Maqrīzī, *Kitāb al-Sulūk li-Ma'rifat Duwal al-Mulūk*, 4 vols., Cairo, 1939–73, Vol. 4, p. 619.

(61) 岩武によれば、同様の文言はティムール朝期イランのワクフィーヤにも見られた。岩武昭男「ティムール朝ワクフの一事例—ヤズドにおけるチャクマーク・シャーミーのワクフについて—」(『西南アジア研究』三二、一九九〇年)七三頁。

(62) al-Maqrīzī, *Khiṭaṭ*, Vol. 4, p. 178.

(63) 五十嵐前掲論文、五四－五七頁。

(64) 松田俊道「ワクフの解消について」(『中央大学アジア史研究』一五号、一九九一年)、五十嵐前掲論文、五六－五七頁。たとえば *Tibr* の八五〇／一四四六年の記事において、イスティブダールにより「カイロでは私有財が何度もワクフとなり、ワクフが何度も私有財となることが繰り返された」と述べられる(al-Sakhāwī, *Al-Tibr al-Masbūk fī Dhayl al-Sulūk*. Cairo, n.d., p. 164)。

(65) イシュハードについては、'Abd al-Laṭīf Ibrāhīm, "Al-Tawthīqāt al-Shar'īya wa-al-Ishhādāt fī Ẓahr Wathīqat al-Ghawrī," *Majallat Kullīyat al-Ādāb, Jāmi'at al-Qāhira*, Vol. 19, no. 1, 1960. を参照。

(66) Igarashi, *op. cit.*, pp. 184–185.

十一世紀のモワサック修道院
――クリュニー改革とラングドック地域社会――

杉崎泰一郎

はじめに――修道院の創立から現在まで

モワサックのサン・ピエール修道院（L'abbaye Saint-Pierre de Moissac）はラングドック地方を代表する修道院の一つである。クローヴィス一世の創立と伝えられてきたが、現在では七世紀のクローヴィス二世の創立とする説が有力であり、カオール司教ディディエ（Didier de Cahors）が在職していた六五五年以前に王の寄進により建てられたと考えられている。現存する最古の寄進文書は七世紀のものであり、ニゼジウス Nizezius が同修道院にトゥールーズの三つのヴィラなど一連の所領を贈った行為を記録している。八世紀から九世紀にかけての修道院の歴史を伝える文書はきわめて少なく、九世紀初頭にルイ敬虔帝が訪問して、それまでの王が与えた特権を確認するなど保護を約束したことから、王権の保護下にあったと推察される。十世紀には寄進文書が二十三件のこされているが、イスラム勢力、ハンガリー人、ノルマン人の襲撃をうけたこともあって、カロリング期の史料はほとんどのこっておらず、この時期の教会建造物の痕跡は一九六三年に発見された祭壇のみである。

急速な拡大を始めるのは十一世紀の中葉からで、十二世紀の前半にかけて修道院は全盛期を迎える。近隣の領主からの寄進が増え、ロマネスク様式の傑作である回廊をはじめとする壮麗な建築が完成し、門前町が発展して、ラングドックの各地域に支院を数多く建て、教皇ウルバヌス二世が訪問するなど有力者との交流を持ち支持を得た。十二世紀に書かれたサンティアゴ・デ・コンポステラ巡礼の案内書（『聖ヤコブスの第五の書』）には、「サンティアーゴへの道は四本あり……一本はル・ピュイのノートル・ダム、コンクのサント・フォア、モワサックのサン・ピエールを……通る」と記されていて、広く知られるところとなった(1)。

発展の要因の一つとされてきたのが、十一世紀半ばにクリュニー修道会（Ecclesia Cluniacensis）の傘下に入ったことである。モワサック修道院は一〇三〇年に教会の一部が倒壊し、一〇四二年にはロマーニュ副伯の襲撃をうけるなど、危機的な状況を迎えたことから、トゥールーズ伯とカオール司教がクリュニー修道院への従属と改革の導入を決めた。

一〇四八年にクリュニー修道院長オディロンの側近であった修道士デュラン（Durand de Bredons, 在任一〇四八～一〇七二年）がモワサックに修道院長として派遣され、同修道院はクリュニー修道院と同じ特権を享受し、同じ慣習律に従った生活を営むことになった。また一〇六三年には新たな教会と修道院などの建造物が竣工し、一一〇〇年には回廊が完成した。また写字室では多くの写本が作成され、中世修道院の修道院図書室としては代表的なものになった。デュランのあとも、ユノー（Hunaud de Layrac, 在任一〇七二～一〇八五年）、アンスキティル（Ansquitil, 在任一〇八五～一一一五年）、ロジェ（Roger, 在任一一一五～一一三五年）と優れた修道院長が続いたことで、モワサック修道院は安定して発展を遂げた。十一世紀の前半には十三件の寄進が記録されているのに対し、一〇四八年にデュラン修道院長が就任してからアンスキティル修道院長が退く一一一五年までに、近隣の領主から贈られた寄進は一四九件と激増した。支院もこの時期に増加して、その地理的範囲は一一〇〇年前後にはオーヴェルニュ地方からカタルーニャ地方に広がった。またトゥールーズの奇蹟信仰の場であったラ・ドラード教会が一〇七三年に支院となり、その名高い柱頭彫刻とともに、地域の信心の拠点として広く知られるところとなった。

そののちも修道院の所領は十四世紀の半ばまで増加を続け、とくに十三世紀の半ばにはベルトラン修道院長(Bertrand de Montaigut, 在任一二六〇～一二九五年)のもとで増築が行われ、オジェ修道院長(Auger de Durfort 在任一二九六～一三三一年)のもとで初めての成文慣習法が書かれた。[2]

しかし百年戦争が終わったあと同修道院は衰退が顕著となり、一四六六年にはクリュニー修道会から離脱し、一六二六年に参事会共同体と化して、宗教組織ではあるものの修道院ではなくなった。革命によって聖職者が追われたのち、一八四〇年には歴史的建造物とされ、それ以後ロマネスク芸術の宝庫として多くの訪問者が来訪し、現在に至っている。

本稿は十一世紀後半のモワサック修道院の発展について、地域の要請と修道院改革の両面から考察し、クリュニー修道会編入の意義を相対化する近年の理解について、若干の私見を述べ、今後の研究の展望を模索するものである。

一　研究と史料

これまでのおもな研究

モワサック修道院については十九世紀にすでに研究が進められていたが、[3]一九六三年の五月にデュラン修道院長による聖堂献堂(一〇六三年十一月六日)九百年を記念した国際研究集会「モワサックと十一世紀の西欧」が開かれ、これをまとめた論文集が刊行されて現在の研究や史料刊行の基盤となった。[4]これは十一～十二世紀というモワサック修道院の全盛期を各分野から論じた二十本近くの論文を集めたもので、当時の当該分野を代表する執筆者が名を連ねている。モワサックの全盛期について、クリュニー改革、教皇主導のグレゴリウス改革、十字軍運動、ロマネスク芸術の拠点などの視座に立って論じる傾向が全体として強かった。

この研究会の執筆者の一人であったヴォラッシュは、みずからが責任者をつとめていたドイツのミュンスター大学の初期中世研究所を率いて、クリュニー修道院とその拡大についての史料公刊と研究を一九七〇年代から八〇年代にかけて発表したが、そこにはモワサックに関する貴重なものも含まれている。この研究機関の一員であるミュースィヒブロート（Müßigbrod, Axel）は、ヴォラッシュとともに「周年記念禱名簿」Necrologium と「殉教者祝日表」Martyrologium のファクシミリ版を人物索引とともに公刊した。(5) これと同時にモワサック修道院のクリュニー編入前後の歴史についてまとめた研究は、(6) 同修道院の全盛期について、前述の死者記念帳のみならず、モントーバンのタルン・ガロンヌ県立文書館（Archives départementales de Tarn-et-Garonne）に所蔵される証書、十四世紀に編纂された修道院長年代記、典礼書や聖人伝などをもとに詳細に記述したものである。本書には各地に建立されたモワサック修道院の支院のプロフィールが詳しく紹介されているとともに、何点かの証書の原文テクストが掲載されている。

一九九五年にはオランダの古文書学者レジス・ド・ラ・エ（de la Haye, Régis）がモワサックの全盛期を三部に分けて、修道院長の事跡と修道士の生活、知的活動、芸術で表現した世界について論じた学位論文を発表した。(7)

モワサック修道院の重要な業績である写本の作成については、デュフール（Dufour, Jean）が一連の研究を発表している。(8) 写本研究の発展は近年めざましく、モワサックのロマネスク美術研究所のフライス（Fraïss, Chantal）所長が多くの研究を発表しているが、二〇〇一年の史学大会（ＣＴＨＳ）で報告したものは、モワサック修道院がクリュニーに編入する前の活動を論述する貴重なものである。(9) また二〇〇六年に出版した著書は、(10) 初めてのモワサック修道院の通史であり、上記の研究成果を生かしながら、修道院の財産取得、生活、典礼や芸術などについて包括的に論述している。

中世後期のモワサックについても研究が進み、とくにモワサック修道院門前町の発展と王権の南西フランスへの進出にともなう地域社会再編の視点から、注目すべき研究があらわれている。(11) 二〇〇八年に開かれたファンジョーFanjeaux の研究集会「修道士と都市」における報告に関連する内容のものがあり、活字化された。(12) また回廊や聖堂タンパンなどを中心として、美術史からの研究は枚挙にいとまがない。(13)

史料について

十一〜十二世紀のモワサック修道院についての史料について、上記の研究紹介と重複する部分もあるが、まとめておきたい。

証書については、若干のオリジナルと中世に成立した写本がタルン・ガロンヌ県立文書館に所蔵されている。(14) カルチュレールは現存せず、若干の断片とみられるものが同文書館にある。またパリのフランス国立図書館には修道院が参事会となった直後の一六六九年に写され、束ねられた証書集が所蔵されている。(15) 修道院の証書のすべてを史料批判したうえで出版したものは未だにないが、前述のミュースィヒブロートの研究が、一〇五〇年から一一五〇年のものを中心に重要な証書テクストを掲載している。(16) なおルフェーヴル・ベック (Lefebvre-Bec, Marie-Christine) の学位論文が、一一七〇年までの証書のテクストを掲載しているが、未公刊である。(17) 本稿で用いた証書番号は、ミュースィヒブロートが上記の研究で付けた通し番号である。(18)

周年記念禱名簿や殉教者祝日表など、モワサック修道院の死者記念に関連する史料は一九六〇年前後から研究者の注目を集めるようになり、(19) ミュンスター大学の初期中世研究所のヴォラッシュを中心としてクリュニー修道会の死者記念に関する研究が進展した。[20] ヴォラシュらはクリュニー修道会に所属するモワサックを含む主要な六つの修道院の周年記念禱名簿の比較表を刊行し、[21] モワサック修道院の周年記念禱名簿や殉教者祝日表については、[22] 前述のミュースィヒブロートが研究とともにファクシミリ版を刊行した。[23] この周年記念禱名簿はモワサック修道院が従属するデュラヴァル修道院のために作成したもので、一〇七〇年ころに完成した前半部分と、一〇七七年ころの後半部分に分かれ、四千人の名が記載されている。ミュースィヒブロートは、前半部分はクリュニーに編入する前のモワサック修道院固有の死者記念が強く、後半はモワサックの伝統とクリュニー的要素が混交しているとする。[24] 殉教者祝日表はクリュニー修道院長のオディロンが列聖された一〇六三年以降に成立したとみられ、九世紀のサン・ジェルマン・デプレ修道院で成立したユジュアールの殉教者記念表をもとにしつつ、クリュニー的、モワサック修道院的な追加を行ったとミュースィヒブロートは論じている。クリュニーにかかわる聖人の追加としては一月二日にクリュニー修道院長オディロン、十月十三日にジェラール・ドーリャックなどを、モワサック修道院や地域の聖人の追加としては九月三十日にアンスベルトゥス修道院長、十二月十一日にギヨーム司教などの追加を重要視している。典礼や儀礼慣習については、オジェ修道院長が十三世紀末に慣習律を制定するまでは体系的に書かれたものは無いが、[25] デュフールはパリの国立図書館に残る写本の断片などから、クリュニー改革導入前と後のモワサックの典礼を再構築する試みを行っている。[26] またペールは音楽の伝播におけるモワサック修道院の重要性を指摘している。[27] 周年記念禱名簿や殉教者祝日表の比較対照研究、さらに近代の史料を用いて、モワサック修道院の聖人礼拝を再構築する試みが行われ、クリュニーの修道院長と地元の聖人が礼拝されていたことが論じられている。[28]

十五世紀前半に修道院長エメリク（Aymeric de Peyrac, 在任一三七七～一四〇六年）が執筆したモワサック修道院の修道院長年代記は、レジス・ド・ラ・エによってフランス語訳、解説つきで全文が刊行された。[29] これは七世紀から執筆者エメリクの時期までのモワサック修道院の歴史を、修道院長の在職期間に区切って記したものである。執筆者が用いた史料は修道院文書館に保管されていた文書、年代記、聖人伝や修道院にのこる碑文で、なかには現存しない史料や口授取材で得た情報もある。とくに十一世紀以前の修道院長については同年代記のみが伝えるものも多く、モワサックに従属する支院の一覧をときおり挿入する。一方で記述の信憑性については、執筆者が記述対象となる修道院の院長であることを念頭に考えなくてはならない。ミュースィヒブロートは、この年代記に対する史料批判的な視点が欠けていたことを指摘し、文書史料をもとに執筆した際に人名を混同することがあり、記述に時代錯誤的な部分があることをあげている。(30)またテクストを校訂し出版したド・ラ・エは、同年代記がモワサック修道院のクリュニー改革後の発展をことさらに強調し、対照的にそれ以前の修道院長（とくに俗人修道院長）に対する極端に否定的評価を与えていることに注目している。(31)このような論述部分から、逆に著者の執筆意図を探り出し、同年代記を活用することは十分に可能であろう。

デュフールがモワサックの修道院図書室についてまとめた研究は、修道士たちの知的な関心や信仰の姿を伝えている。(32)フライスも、モワサックで作成された写本を古書体学、冊子学、装飾研究などを総合的に研究することで、クリュニー編入以前のモワサック修道院についての年代記史料に記された偏見を解消している。(33)モワサック修道院に関する重要な史料の刊行は進んでいないことからも、写本を直接分析する作業が望まれる。同様にデュラン修道院長をはじめとする、全盛期の修道院長たちが建てた建造物、彫刻、碑文なども貴重な史料であるため、美術や考古学と連携した研究がさらに期待される。

二　クリュニー改革導入前夜のモワサック修道院

研究状況を把握したうえで、前述の史料を適宜用いながら、モワサック修道院が発展し、組織と独立した空間を形成していったプロセスを検証する。たびたび使用するエメリック修道院長著『修道院長年代記』は、同修道院長が一三九〇年から一四〇〇年にかけて記したもので、修道院長としての立場が執筆内容にかなり反映したものであるが、中世に書かれた唯一のモワサック修道院通史である。同史料中に「私が一三九七年にセナック Cénac の支院（サルラ Salrat 司教区）にいたときに、旧い文書の中から per scripturas antiquas 同支院の創立について読んだことがある」[34]「私がカオール司教区のボワス修道院の寄進文書を読んだ限りでは……」[35]などと記しているように、多くの史料（現在失われたものも含め）を用いながら、これを執筆したことが窺え、論述の信憑性について慎重な検討を要するものの、貴重な史料であることは間違いない。同史料の末尾は、モワサック修道院のみならず教会全体が退廃した時代で迫害されていることに深い憂いを示すものとなっている。ローマ皇帝、ゴートの王、中世のフランス王やドイツ皇帝などが教会を害したことが述べられ、ついてアヴィニョン教皇たちの経た苦難が列挙されている。そのあとで「グレゴリウス七世、ヴィクトール、ウルバヌス二世の時代に、教会は大きな危機にあり、パスカリス二世は皇帝によって投獄された……カリクストゥスの時期に皇帝と教会の平和の光は消えて、皇帝は破門された」[36]と記しているように、いわゆるグレゴリウス改革を推進した教皇たちが皇帝との軋轢に苦しんでいたさまを強調し、ついで「ボニファティウス八世はフランス王によって苦しめられ、王の騎士によってとらえられ、苦しみながら死んだ」[37]とあるように、同時代的の俗権に対する執筆者の批判的な姿勢が同年代記に反映し、グレゴリウス改革期と整合するモワサックの全盛期の記述にはとくに顕著にみられるといって良い。

十一世紀初頭に就任したレーモン修道院長（Raymond, 在任一〇〇三～一〇三〇年）については、冒頭で「彼の在職中にモワサックのサン・ピエール修道院は崩壊した」とあり、「後述するピエールが俗人修道院長に関連して行なったすべてのことは、修道院の破滅、あらゆる権利の強奪、大いなる破壊であった」[38]として、ただちにこのピエール修道院長の記述に移り、レーモン修道院長そのものについてはほとんど触れていない。タルン・ガロンヌ県立文書館が所蔵しているモワサック修道院の証書のうち、レーモン修道院長あての寄進文書が三点残されていて[39]、その活動の痕跡は残っているが、俗人の修道院支配とその弊害を記述するのが執筆者の意図であったことが理解される。

一〇三〇年に就任してクリュニー改革の導入期まで在職したピエール（エティエンヌとも）修道院長の記述は次のように、あらゆる事績を無視して俗人院長の任命から始まる。「彼は騎士修道院長を任命し、この修道院を無価値なものにしてしまった。すなわち一〇四二年に、ピエール修道院長は人間の悪意のゆえに ob maliciam hominum 騎士あるいは俗人の修道院長を任じてしまった prefecit abbatem militem sive secularem。それは彼がモワサックの町 villa を、修道院と町の所有物を、修道院の土地と付属するものと修道院長と共同体を守るためであった」[40]。

俗人院長とは通常の修道院長とは別に在職するもので、「したがって修道院には二つの権力が存在することになった。ただ帝国におけると同じく、世俗の権力は霊的な権力に従属するものである。そのときから修道院は品格が落ち、破滅し、荒廃した」[41]と述べる。なお年代記執筆者はみずからの時代までの年代記を書き終えた後で、俗人院長をつとめた四人のトゥールーズ伯について記している[42]。それに先立ち、いわば序文のような部分で俗人院長を次のように列挙している「騎士修道院長はゴスベール一世、ギヨーム、ベルトラン、フルク、ゴスベール二世、ゴスベール三世、ベルトラン・ド・モンタンセスである。この最後の人物は修道院をトゥールーズ伯レーモン（Raumond V, 在任一一四八～一一九四年）に渡した」[43]。文書史料では俗人院長に相当する語 abbas secularis, abbas nominatus, dictus abbas, dictus abbas secularis は一〇三〇年代から一一三〇年の間にみられ[44]、この職務はもともと修道院に対する王の保護 tuitio がトゥールーズ伯の defensio を経て世俗領主に一時的に渡ったものであった[45]。

これらの俗人院長すべてについて執筆者は最初から批判的な姿勢で、「彼らの事績については沈黙したい。そこには陰謀と信じられない横暴しか見出せないからだ。彼らは修道院の保護者として選ばれながら、実際は破壊者、迫害者、修道院の権利の強奪者だった」[46]。ピエール修道院長が任命したゴスベールについても、「おろかな助言にそそのかされ、冒瀆を集め、盗人の洞窟 speluncam latronum をなし、周囲を荒らしまわる者の隠れ家となった」[47]と酷評する。しかしここから読み取れるのは、アヴィニョン教皇庁を経た著者の世俗権に対する敵愾心と警戒心と、グレゴリウス改革とクリュニー改革の導入の効果を際立たせる執筆意図だろう。ピエール修道院長の在職中の寄進文書は三点現存して[48]、わずかな痕跡ではあるが、宗教施設としての活動が『修道院長年代記』で酷評されるほど低下していたとは断言出来ない。またフライスの写本研究によって、この時期にモワサック修道院が九十七冊の書物を有していたことがわかったが[49]、衰退している修道院の蔵書数にしては豊かであったと推察される[50]。

三　クリュニー修道院長オディロンの訪問

『修道院長年代記』は、俗人修道院長によるモワサック修道院の凋落を論述した後、一〇四八年（『修道院長年代記』では一〇四七年）のクリュニーのオディロン修道院長の南仏訪問とクリュニー改革について、オディロンがカオール司教の要請をうけて、クリュニー修道士のなかからデュランを選び、トゥールーズ伯ポンス（Pons II, 没一〇六一年）をはじめ地域の有力者の了承のもとにモワサック修道院長として派遣したと述べる。これが実際は地域社会の主導によるものか、クリュニーの南西フランスへの拡大路線（カオールとアジャン司教区の Carrenac, Moirax, Moissac 修道院）が影響したものかはすでに研究が行われているが[51]、クリュニーがなぜモワサック修道院をその中心として重視していったかについてはなお検討の余地があり、これについてはミュースィヒブロートが論じているので[52]これを紹介しつつ私見を述べたい。

デュラン修道院長のモワサック修道院長就任以前の経歴については、あまり記録がのこっていない。オーヴェルニュのブルドン Bredons という地の出身で、父のアンリは地域の有力領主層に属していたとする研究が多いが[53]、確かなことはわからない。モワサック修道院に贈られた寄進文書にも、デュラン修道院長の出自を詳しく伝えるものは無いが、オーヴェルニュの副伯ミュラのギヨームが封主としてデュランと兄弟（Bernardus Henrici）との合意を承認したとの記録が、タロン・ガロンヌ県立文書館の証書（六六番）に残されている。この証書には、もう一人の兄弟（Stephani Henrici, Bernardi fratris eius）が証人として署名している。また『修道院長年代記』には、「このデュランについては、古い証書 carta vesta に《一〇四七年、オヴェルニュのブルドン出身のデュランドゥス、モワサックの修道院長》と記されている」[54]とあり、この証書は現存しないので確認は出来ないが、ブルドン出身と伝えられていたことはわかる。またこれに続く部分で、彼が在職中に各地の多くの修道院や土地をモワサックの傘下におさめたことが記されているが、そのなかに「彼の出身地であるブルドンからはすばらしい土地を、その地の教会と付属する物件とともに」[55]ともある。

デュラン修道院長がクリュニーからモワサックに派遣された一〇四八年は、クリュニー修道院を飛躍的に発展させたオディロン修道院長の最晩年にあたっている。一〇四九年にオディロン修道院長は没してユーグ修道院長が後を継ぎ、その六十年にわたる在職期間がクリュニー修道院の社会的、宗教的、経済的な全盛期となった。ユーグ着任直後の教皇レオ九世の勅書に Ecclesia Cluniacensis（クリュニー修道会）の語が初出し、クリュニー修道院を中心とする組織が教会の公認となり、その支院は最大で八百～千にも及んだといわれる。一〇九五年には、クリュニー修道士出身の教皇ウルバヌス二世が、第一回十字軍の遊説中にクリュニー修道院を訪れ、当時建築中だった修道院聖堂の祭壇を祝福し、翌年にはクリュニー修道会において支院の本院に対する従属を確認する勅書を発行している。クリュニー修道院に従属する支院には格の違いがあり、モワサック修道院は abbaye とよばれる半ば独立した存在で、みずからも周辺に支院をもった。[56] これ以外に prieuré とよばれる、本院への従属関係が強い小規模な修道院も数多く存在した。さらに直接クリュニー修道会に所属しないものの、生活慣習だけを導入した修道院も少なからず、十二世紀の半ばになるまで関係する組織の長を集めた総会などもひらかれなかったため、クリュニー修道会の全貌は不明確な要素が多い。ペック（Poeck, Dietrich）は教皇の特許状に記載された従属修道院の確認事項をもとに、十世紀から十一世紀までのクリュニー修道会の実態を把握した。[57] 加えてクリュニー修道院で作成された証書からも、各地域の修道院が編入される過程を読み取ることが出来る。[58]

『修道院長年代記』はカオール司教ベルナール（Bernard Ⅲ在任一〇三七～一〇五五年）がオディロ修道院長をカルナックに招いたことをクリュニーの南西フランス進出とモワサックの編入の契機として描いていた。クリュニー修道院で作成された証書[59]においても、この司教がクリュニーにカルナック修道院と寄進したことが次のように記録されている。

「我、主の御名によってカオール司教であるベルナールは、我が弟ロベールとその妻マトフレダ、その子ピエールと娘とともに、最後の裁きの日を恐れる魂によって、我らと我らの親族、さらに生者と死者にかかわらずすべてのキリスト教徒の魂の救済のために、主と聖ペテロのために、オディロン修道院長が頭をつとめるクリュニーへ、カオール司教区の町カルナックにあって聖サテュルヌスに捧げられた我らが所有する教会を、それに付随するすべてのものとともに譲渡する」

刊本の編集者はこの証書の成立年代を一〇三一年ころとしているが、ミュースィヒブロートも指摘しているように、司教ベルナールが一〇三七年に着座したことを考えると、少々後の成立と考えられる。一〇六〇年代にカオール司教ジェラールは数件の寄進を行っているが、たとえば「神とクリュニーの聖ペテロ、さらにカルナックと呼ばれる地へ寄進する」(60)という文言に示されるように、当地の施設であるカルナックのみならず、クリュニー修道院本院に対する寄進であることが明記されている。一〇七五年の教皇グレゴリウス七世の勅書にカルナック修道院 monasterium Carnacum と明記され、(61)教皇文書としては初めて当修道院の存在が確認される。

オディロン没後一〇四九年にクリュニー修道院長に着任したユーグは、同年にアジャンを訪問した。この地では副伯（?）ギヨーム・アルナルディからクリュニー修道院にモワラクス Moirax をはじめ多大な寄進が贈られるが、(62)寄進文書がこの時に成立したとする編者の説をミュースィヒブロートは否定する。(63)文書には「主の降誕より一〇四九年」という年代が記されているものの、寄進の証人の一人として記載されているデュラン司教 episcopi Durandi は、想定される限りこの時期に同文書の署名をし得ないというのが理由である。ミュースィヒブロートはこの文書の成立を一〇五九年ころと考え、モワサック修道院のクリュニー導入と改革が先行し、これに触発されてモワラクスの改革が行われたと考えた。

四　デュラン修道院長の就任と、モワサック修道院のクリュニー編入

上述のように、カオール司教ベルナールはクリュニーのオディロン修道院長を招いた折にクリュニーに修道院

を建てるための寄進を行い、モワラクスはその十年後に寄進が行われて新たに修道院が建てられたが、すでに長い伝統を有していたモワサック修道院はどのように改革を受け入れたのだろうか。この点についてはミュースィヒブロートが、「譲渡の結果よりも経緯を考察する」ことを旨として[64]、カオール司教、トゥールーズ伯、モワサック修道院、クリュニー修道院の各側面に配慮した研究を初めて行った。

カオール司教ベルナールは、ボーリュー Beaulieu の修道院長をつとめていた時に、俗人修道院長のユーグ・ド・カステルノーとの軋轢を乗り越えて修道院改革を遂行した実績があった。クリュニー修道院やオディロ修道院長との関係を構築した経緯については不明で、この司教をクリュニー修道士出身とする仮説についてミュースィヒブロートは否定的である[65]。十一世紀半ばから後半にかけて、教区内の修道院改革を推進した司教が多く輩出し、教皇庁から派遣される特使と連絡してグレゴリウス改革と連動することもあったが、この司教の方策はその初期に属するものと考えられる。この司教の名がモワサック修道院の「周年記念禱名簿」に記載されていることから[66]、ミュースィヒブロートは司教がモワサック修道院で晩年をすごしたと推測し、同修道院の役職者 prior であった可能性もあるとしている。改革を推進した修道院や、司教区内の創立を援助した修道院に、司教が短期間滞在して修道院生活を行った例はほかにもあり、グルノーブル司教ユーグ（在任一〇七九〜一一三二年）がラ・グランド・シャルトルーズ修道院（一〇八四年創立）に自室をもっていて、しばしば滞在したことが知られている[67]。

なお肝心のモワサック修道院の受け入れに対する姿勢がどのようなものであったかを伝える史料はない。ミュースィヒブロートは、修道院長ピエールと俗人修道院長ゴスベールがカオール司教ベルナールの寄進証書に署名していることから[68]、クリュニー導入に積極的であったとしているが推察の域を出ない。一〇四八年のデュラン修道院長着任を伝える史料はわずかである。その五年後の一〇五三年六月二十九日に、トゥールーズ伯ポンスがモワサック修道院をクリュニーに譲渡することを記した文書が発給され、クリュニーの証書集に収められている。[69] カオール司教ベルナールや俗人司教ゴスベールも立ち会っていることから、地域で公認されていたことも推察される。またその前年の一〇五二年一月付けで発給されて、現在はタルン・ガロンヌ県立文書館に所蔵されている寄進証書には、ポムヴィック Pommevic のサン・ドニ教会が、モワサック修道院とクリュニー修道院の双方を受領人として寄進する旨が記されており、[70] この時点ではモワサック修道院がクリュニーの一員として認識されていたことを窺わせる。一〇五六年のトゥールーズ教会会議では、一八人の司教と二人の教皇特使、アルルのライバルドゥス（Raimbaldus d'Arles）とエクスのポンティウス（Pontius d'Aix）が出席して、以下のようにクリュニー修道院が教皇に直属していることと、モワサックのクリュニー編入を次のように確認した。

「クリュニー修道院がペテロとその後継者に各地に保有している土地とともに与えられ、デュラン修道院長が頭をつとめるモワサックの地もまた、あまねく名誉とともにクリュニー修道院に従うことを喜ばしく思う」。[71]

一〇五八年には教皇ステファヌス九世が発給したクリュニーの所有一覧に、「カオールの地にモワサックのサン・ピエール修道院をつつがなく所有すべきことを、使徒座の権威によって確認し、讃える」とある。[72]

一〇六三年六月九日に俗人修道院長ゴスベールが、モワサック修道院に関する法的な権利を放棄した文書を発給している。[73] この段階でモワサック修道院のクリュニーに対する法的譲渡が完了したとする説（マニュ＝ノルティエなど）[74] に対して、ミュースィヒブロートは前述の一〇五三年のトゥールーズ伯の文書において実質的な譲渡は完了していて、一〇六三年の文書は de jure と考えた。[75]

このクリュニー導入の結果として、デュラン修道院長の就任後数十年の間に、モワサック修道院とその従属修道院において、寄進の多さ、修道士の数で南西フランスの修道院組織の中心になった。[76] とくにトゥールーズ伯ポンスはクリュニー修道院に対してみずから教会や、トリエーヴ Trièveとディオワ Dioisの諸物件の寄進を行っていて[77]、その後歴代の伯はモワサック修道院の保護者となってゆく。そしてモワサックに従属する支院が次々と増えてゆき、クリュニー修道会内にモワサックを中心とする地域グループが出来あがる[78]。

デュラン修道院長はモワサック修道院を単にクリュニー修道会 Ecclesia Cluniacensis の一員としたのではなく、クリュニーの修道院長ユーグとも親しく交流し、修道院生活においてもクリュニー的要素を導入し、有力者の協力のもとに地域におけるクリュニー修道会の拠点としていったことが各種史料から窺える。前述したように、クリュニー本院と従属する修道院の関係については、この時期には総会や巡察の制度が無かったために、クリュニー本院の修道院長の訪問を探ることで、関係の一端を窺い知ることが出来る。ユーグのモワサック初訪問は院長就任四年後の一〇五三年のことで、これはモワサック修道院の従属を確認するためであった。第二回目となる一〇五九年の訪問は、モワサックをクリュニー修道会と教会の地域拠点とする意味をもったと考えられる。この時にモワサック修道院はモワラックス Moirax やデュラヴァル Duraval などの修道院を寄贈され[79]、ユーグ修道院長やカオール司教フルクが立ち会った。これより一〇七二年まで修道院の寄贈が続き、いわばモワサック修道院共同体が成立する[80]。なかでも有力なレザ Lézat 修道院の改革や拠点都市トゥールーズに六つのプリウレを建てたことなどは重視されよう。

何より重要なのは、ユーグ訪問の前後にデュランがモワサック修道院長在職のままトゥールーズ司教に選出されたことである[81]。その後デュランは文書に「デュラン、修道院長にして司教」もしくは「デュラン、司教にして修道院長」と記すようになり、その後デュランは改革派司教と親交を深める一方で修道院長として寄進を集めてゆく。ユーグの三回目の訪問となった一〇六二年には、司教たちとユーグのラングドックの旅に同行して司教としての権威を確立するとともに、俗権に対する優位を得た。このユーグのモワサック滞在中に、ユノー（Hunaldus）から受けた寄進証書は、物故者の命日に祈禱を行うことが要請されていて、モワサック修道院がクリュニー的な典礼を行っていたことを窺わせる。[82] 一〇六八年にはユーグ修道院長がトゥールーズで改革派の司教と修道院長の会合を開き、そのあとオーシュに司教たちと向かい、デュランもこれに同行した。この時にもモワサック修道院には多くの寄進が贈られ、[83] ユーグ修道院長はクリスマスをモワサック修道院ですごしたものと推察される。死者祈禱と聖人礼拝に関する史料を校訂し、刊行したミュースィヒブロートによれば、モワサック修道院（デュラヴァル修道院）の『周年記念禱名簿』はモワサック修道院とクリュニー修道院で、死者記念の交流があったことを示しているし、『殉教者名簿』は、この時期のモワサック修道院の聖人礼拝にブルゴーニュ的な要素があることが認められる。[84]

上記のようにデュラン修道院長の在職期間には、クリュニーへの従属と同化が進み、ユーグ修道院長との協力を進めることが寄進の増加と地域の拠点修道院化を導いたことが認められる。ミュースィヒブロートは、ユーグ修道院長が教皇特使であったとの仮説のもとに、南西フランスへのクリュニー拡大とモワサックの拠点化への影響力を示唆している。[85]

一方で地元の聖俗有力者の関係については、詳細については検討の余地がのこる。たとえばモワサック修道院の地元であるカオール司教の立場について、上述のようにデュラン就任時のベルナール（三世）は元修道士であった可能性も高く、モワサックのクリュニー改革を支持し、デュラン修道院長の着任式を行っている。[86] 次のフルク司教は、少なくともデュラヴァル修道院のモワサック寄進の折には協力をしたことが知られている。ただ一〇六三年十一月に修道院の新建築献堂式を記念した碑文は、出席した司教の名前が記されているが、その内容は次のように興味深い。[87]

「十一月のイドゥス八日（十一月六日）、この家 domus は祝福され、次のような名高い司教たちにお越しいただいた。オーシュはオスタンド Austinde、ルクトゥールはレーモン Raymond、アジャンはギヨーム Guillaume のそれぞれ司教を送り、コマンジュはギヨーム、アジャンはギヨーム司教を任じ、ビゴール（タルブ）は良きエラクリウスに Héraculius に欠席しないよう頼み、オロロンはエティエンヌ、エールはピエール、トゥールーズは保護者にしてわれらのデュランを送った。しかしカオール司教区を統べるフルクは、シモニアに手を染めたため、除外された」。

この新しい教会と修道院は、やがて装飾が施され、回廊とともにラングドックのロマネスク彫刻の傑作と讃えられるまでになる。

トゥールーズ伯、トゥールーズ伯妃をはじめとして、俗人有力者の寄進や援助についても、詳しい検討が必要とされる。デュラン修道院長の時期においては、トゥールーズ伯妃アダルモディスの立場が注目される。一〇五三年の修道院譲渡文書にも名が記載され、トゥールーズのサン・ピエール・デ・キュイズィーヌ S. Pierre-des-Cuisines をプリウレとして建て、一〇六六年にはサン・ジル修道院をクリュニーに譲渡し、一〇六八年のヘローナ教会会議では夫のトゥールーズ伯とバルセロナ伯とともに教会改革に尽力した。彼女の名はモワサック・デュラヴァルの「周年記念禱名簿」の十一月二十三日に、伯妃の肩書きとともに記載されている。なお残念なことにモワサック修道院の修道士数などは不明で、その従属修道院との具体的な交流や関係などもわかっておらず、このあたりも今後の課題である。デュランは一〇七二年五月八日に没し、その名はクリュニー諸修道院とスペインのリポイ（Ripoll）修道院の「周年記念禱名簿」に、司教と修道院長の肩書きで記載され、記念された。

五　ユノー修道院長とクリュニー化の促進

デュラン没後、レラックのユノー（Hunaud de Layrac）がモワサック修道院長となった。トゥールーズ司教はイザルンが着座し、修道院長の司教兼務は解消された。ユノーの家系はベアルンの領主で、モワサック修道院に寄進を行っていたものと見られ、[88]一〇六二年にユノーが修道士としてモワサック修道院に入った時に、みずから建てたレラック修道院をはじめいくつかの修道院を寄進している。[89]この寄進はモワサック修道院の証書と、[90]クリュニー修道院の証書集とに収められているが、[91]双方のテクストは異なり、前者のみが文書の日付（六月十二日）、ユノーの入会と聖マルタンの祝日（十一月十一日）に十ソリドゥスの寄進の支払いを記している。同年の四月から五月にクリュニー修道院長ユーグがモワサック修道院に滞在していたため、ユノーはユーグの前で誓いを立てた可能性もある。

一〇七二年にユノーはモワサック修道院長となるが、選出の経緯は不明である。[92]彼は就任後に、さらなるクリュニー化を進めた。就任直後の一〇七二年もしくは七三年にクリュニーの死者祈禱を導入し、周年記念禱名簿を作成した。また寄進の受領文書についても、以前のようにクリュニーとモワサック双方に寄進する書き方から、クリュニーが寄進先でモワサックは署名のみという形式に移行する。トゥールーズのラ・ドラード修道院がプリウレとしてモワサックに寄進されたのもこの時であった。

『修道院長年代記』はユノー修道院長がモワサック修道院の改築を行ったことを記している。

「礼拝堂のアーチにあるすばらしい芸術とともに、この繊細でとても美しい建築を行なったのはユノーであったにちがいない。なぜならば、信仰篤き何人かの人々から、ユノーは自ら建てたレラックのサン・マルタン修道院と似ているものを作らせたと聞いたからである」。[93]

ユノー修道院長は一一八五年に辞職するが、これは修道院共同体と軋轢が生じたことによる実質上の解任ともいわれる。[94]修道院長年代記には次のようにある。

「私はこの修道院の古い文書で読んだのだが、やがてユノーは修道院とモワサックの町ともはや同意できなくなった。ある日、彼は武器を使って町に火をつけ、町や修道院を略奪し、レラックに隠遁した。彼はそこで亡くなった」。

もちろんユノー修道院長辞職の実際の経緯は『修道院長年代記』の記すように単純なものでなく、クリュニー改革導入後もモワサック修道院と世俗社会の間には微妙な関係と軋轢が存在したことが、その背景にあったと推察される。当時ユノー修道院長は「ベアルン副伯の兄弟ユノー」Hunaldus,frater commitis Bearnis とよばれていたように、地域社会との関係が緊密であったことを窺わせ[95]、拡大しつつあるモワサック修道院の社会的位置づけを探るうえで材料を提供している[96]。

地域社会との軋轢は、トゥールーズのサン・セルナン教会の改革をめぐって起こった。一〇八二年もしくは八三年に、ユノーはトゥールーズ司教イザルン、クリュニー修道院長ユーグとともに、『サンティアゴ・デ・コンポステラ巡礼案内書』にも記載されているこの町を代表する教会を、修道院教会に変えようとし、トゥールーズ伯ギヨーム五世もこれに同意した[97]。しかし当時のサン・セルナンの聖職者（参事会員）はこれを拒否してトゥールーズを離れ、カオール司教ジェラールに助けを求めた。サン・セルナン教会は、毎年十ソリドゥスの支払いと引き換えに教皇から保護の約束を受けており[98]、加えて司教たちの支持を集めることが出来た。一〇八三年七月二十三日にトゥールーズ伯はサン・セルナン側の主張を認める決定を下した[99]。

一方ユノー修道院長の時期には、ナルボンヌとイベリア半島にモワサック修道院共同体が拡大した。これにはベザル伯ベルナールが一〇七三年（Curbières-en-Rasez）と一〇七八年（S. Paul-de-Fouillet, Arles-sur-Tech, Campredon）に修道院を寄進するなど多大な貢献を行った[100]。

ただモワサックをふくめてクリュニー修道会は、この地域の有力な修道院連合（S. Pons de Thomières, La Grasse, S. Victor de Marseille）とは関係をもたなかったため、この地域への影響は限定的であったと考えられている[101]。そのほかにアジャン司教区のサン・モーラン（S. Maurin）修道院を編入するなど、モワサック修道院は徐々に発展を遂げていくが、なぜ前述の史料の語るようなユノーと修道院の軋轢が生じたのだろう。『修道院長年代記』はあまりにも記述に乏しいため、ユノーが解任されて暴力的に反抗したとする記述に素直な説や、後任は穏便に決まって静かに隠遁したと記述を疑う解釈もあった。[102]ミュースィヒブロートは、これらの解釈はユノーが入会してから修道士たちと軋轢があったことと、サン・セルナンとの抗争、とくにクリュニーのユーグ院長の支持を失っていたことを見落としていると指摘し、とくに一〇八三年のサン・セルナンとの軋轢で権威を失墜したことを重視する。[103]そして一〇八五年五月十七日の証書でユナールが「院長」と記され、[104]後任のアンスキティリウスAnsquitilius の名が一〇八五年の教皇グレゴリウス七世在職中（同年五月没）に初出することから、辞職は同年の五月もしくは六月と考える。[105]すでに前年にユノーは院長としての活動をしていなかった。

六　アンスキティリウス修道院長[106]、ロジェ修道院長

アンスキティリウスについては、その名前がノルマン系であるということ以外に、[107]出自がまったくわからない。上記のように、院長就任をめぐっては前任者との軋轢があり、最終的な解決は一〇八八年に教皇ウルバヌスが介入するのを待たなければならなかった。着任時の困難な状況にかかわらず、アンスキティリウスの在職期間には多大な寄進が贈られ、ことにモワサックの傘下に入る教会が増えたが、その地理的範囲はデュラン修道院長期の枠内であった。また一〇九五年に十字軍遊説中のウルバヌス二世が立ち寄り、二つの祭壇を祝福したが、[108]モワサック修道院が第一回十字軍出発において果たした宣伝活動や支援については議論がある。[109]この時期にモワサックの修道士ジェラールが、トレド大司教ベルナルドゥスに同行してイベリア半島へ向かい、一〇九六年にブ

ラガ大司教に昇ったが（一一〇八年没、その後列聖）、これは例外的な事例で、かならずしも同修道院の教会内の地位向上を示すものではない。

デュラン修道院長によって始まった修道院改築工事が完了し、これを記念した下記の碑文が現在にも回廊にのこされている。

「永遠の主が降誕して一一〇〇年、アンスキティリウス修道院長のとき、この回廊 claustrum は建てられた」(110)

クリュニー修道院長ユーグは、一〇九一年と一一〇一年の二度、モワサック修道院を訪れている。一一〇九年にクリュニー修道院長に就任したポンスがモワサック修道院を訪れたのは一一一九年のことで、モワサックは次のロジェ修道院長（在任、一一一五〜一一三五年）に代替わりしていた。一一二五年、すなわちロジェ修道院長の在職中、当時の俗人院長ゴスベール二世（Gauzbertus de Fumel）の修道院における権益が証書に記され(111)、俗人院長は一年に二度修道院に滞在する許可を保有し、金銭の支払いを年に一度行う一方、修道院に対する封建的な権利を失い、俗人院長の地位が変化した。

一一三五年にロジェ修道院長からギヨーム修道院長に代わるが、ギヨーム修道院長はクリュニー修道院で役職キャリアをつとめた経験のある修道士で、モワサック修道院長の経歴としては異例であった。ギヨームはほどなくシャーリュー修道院の院長として転出するが、一一四五年に規律に厳格な方針に反発した修道士によって殺害されたことが、当時の修道院長ピエールの著作に記されている(112)。一一四〇年に修道院長に就任したジェラールはモワサックとデュラヴァル修道院の「周年記念禱名簿」に記された最後の修道院長で（九月十五日）、ここにクリュニー改革とともに歩んだモワサック修道院はひとまず終りを告げる。

おわりに——小括と展望

一一〇〇年ころにモワサック修道院は百人近い修道士を擁し、ロマネスク芸術の粋を集めた教会と回廊が完成し、ラングドック地方を中心に三十を越す支院を従えるまでになった。原因の一つはクリュニー修道会の傘下に入った直後に、ユーグ修道院長がモワサック修道院をクリュニー修道会の西南フランス進出政策の拠点として重視し、支援したことである。一方クリュニーに編入する前のモワサック修道院は、写本作成活動や蔵書が豊富であったことなどから、中世後期に書かれた修道院長年代記が語るような廃墟と化すまでに衰退していたのではないこともわかった。クリュニー編入後の「周年記念禱名簿」や「殉教者祝日表」に、モワサック修道院古来の典礼が残存していることから、モワサック修道院は固有の地域的伝統を保持しつつ、クリュニー改革を導入したのであろう。地域の有力者の寄進も、地元の有力な修道院としてのモワサックへの期待があってのことと思われる。

したがって、今後の研究は地域社会との関連を詳細に考察してゆくべきであろう。中世後期の支院について、アヴリルがファンジョーの研究集会で報告したものがあるが[113]、個々の支院についてさらに研究を進めることが必要である。また教区と修道院の関係については、ユノー修道院長がトゥールーズのサン・セルナン教会に介入して失敗したという事例はよく知られているが、モワサックの小教区教会（Saint-Michel, Saint-Jacques, Sainte -Catharine, Saint-Martin）や近隣の小教区教会との日常的な関係についての理解が進められるべきである[114]。このところ中世初期の研究が進み、十世紀後半の寄進文書から、この時期の修道院は聖ペテロに捧げられて礼拝を主目的としたものと、大天使ミカエルに捧げられた修道院墓地からなり、後者は俗人も埋葬可能であったという[115]。モワサックの町に建てられた同名のサン・ミシェル教会は、修道院の脇に住民が集まる最初の拠点となり、十三世紀に出来たほかの小教区教会もおなじコンセプトであった[116]。これは神聖な墓地に埋葬されることを希望する願いが、修道院の周辺の居住を招いた可能性もあるという興味深い仮説が提示されている[117]。また人口増加にともなってモワサック修道院は十一世紀後半から十三世紀にかけて五つの sauvetés 建設に関与し（Belmont 現 Monbel, Saint-Sernin de Sieurac 現 Saint-Maffre de Buniquel, la Salvetat-Majuze, La Salvetat du Saint Sépulchre en Lauragais）[118]、十二世紀のモワサックの慣習法には、修道士は騎士と住民とともに町の prud'homme を勤めるよう conseil から要請されたと記されている[119]。地域社会の形成史についてトゥールーズ大学の研究機関 FRAMESPA（France méridionale et Espagne）が、歴史、考古学、美学、古文書学などの連携によって研究を進めているが、モワサック修道院の研究についても、今後はその成果がおおいに期待されるところである。

付記　本稿作成にあたって、トゥールーズ在住で美術史研究者のチャプリツキ春名浩美さんから、文献についての貴重な情報をお寄せいただいた。心より感謝申し上げたい。

（1）柳宗玄『サンティアーゴの巡礼路』八坂書房、二〇〇五年、二二九頁。
（2）タルン・ガロンヌ県立文書館（以下 ADTG と略）蔵写本 Série G.583. 教皇ヨハネス二十二世が公認。
（3）Marion, Jules, L'abbaye de Moissac, *Bibliothèque de l'Ecole de chartes*, 11, 1849, pp. 89–147; Lagzère-Fossat, Adrien, *Etudes historiques sur Moissac*, 3vols, Paris, 1870, 1872. 1874; Rupin, Ernest, *l'abbaye et les cloîtres de Moissac*, Paris, 1897.
（4）Moissac et l'Occident au XIe siècle, Actes du colloque international de Moissac *Annales du Midi*, tom75, 1963, fascicule 4.
（5）*Das Martyrolog-Necrolog von Moissac/Duraval*, Münstersche Mittelalter Schriften, Bd. 40, 1988.
（6）*Die Abtei Moissac 1050–1150, Zu einem Zentrum cluniacensischen Mönchtums in Südwestfrankreich*, Münstersche Mittelalter

Schriften, Bd. 58, 1988.

（7） *Apogée de Moissac, L'abbaye clunisienne Saint-Pierre de Moissac à l' époque de la construction de son cloître de son grand portail*, Maastricht/Moissac, 1995.

（8） *La bibliothèque et le scriptorium de Moissac*, Genève/Paris, 1972; La composition de la bibliothèque de Moissac à la lumière d'un inventaire du XVIIe siècle nouvellement découvert, *Scriptorium* 35, 1981, 175-226.

（9） Cluture monastique au début du XIe siècle: le cas de scriptorium de Moissac.（http://www.art-roman-fr/ressources. html）

（10） *Moissac,histoire d'une abbaye*, Cahors, 2006.

（11） Dossat, Y., L'abbaye de Moissac à lépoque de Bertrand de Montaigut, *Cahiers de Fanjeaux*, 19, pp. 117–151. 1984; Scellès, M., Sire, M.-A., E. Ugaglia, *La ville de Moissac en Tarn et Garonne*, Toulouse, 1986; Ricalens, H. *Moissac, du début du règne de Louis XIII à la fin de l'Ancien régime*, Toulouse, 1994; Laflorentine, C., L'abbaye de Moissac à la fin du Moyen Age et ses rapports avec la communauté, 2vols, Maîtrise d'Histoire sous la direction de Michelle Fournié, 1997, Université de Toulouse-Le Mirail, 1997. Hautefeuille, F., *Structure de l'habitat rural et territoires paroissiaux en bas-Quercy et faut-Toulousain du VIIe au XIVe siècle*, 10 vols, Université Toulouse-le Mirail, 1998; Peña, N. de, *Les moines de l'abbaye de Moissac de 1295 à 1331*, Brepols, 2001.

（12） Riche, D., les clunisiens et la ville: l'exemple de l'abbaye de Moissac（XIIIe–XIVe siècles）, Presentation du programme des journees de Fanjeaux. *Moines et religieux dans la ville*（*XIIe–XVe siècles*）Sous la présidence de N. Beriou（Université Lumiè-re-Lyon II）, du 7 au 10 juillet 2008. *Moines et religienx dans la ville*（*XIIe–XVe siècle*）, Privat, 2009.

（13） Schapiro, M., *La sculpture de Moissac*, trad. par A. Jaccottet, Paris 1985; Durliat, M., *La sculpture romane de la route de Saint-Jacques, de Conques à Compostelle*, Mont-de-Marsan, 1990; Calvet, A., De la pierre au son, archéologie musicale du tympan de Moissac, Graulhet, 1999. Cazes. Q. et Scellès, M., *Le cloître de Moissac*, Bordeaux, 2001.

（14） ADTG, Série G.

（15） フランス国立図書館蔵写本 collection Doat 以下 collection Doat と略 pp. 128–131.

(16) *Die Abtei Moissac 1050–1150*.

(17) Les anciennes chartes du monastère de Moissac, édition critique, Position des thèses de l'Ecole nationale des Chartes, 1974.

(18) 通し番号と写本の対照表は *Die Abtei Moissac 1050–1150*, pp. 363–373.

(19) D'Alouzier, L., Obituaire de Moissac, un martyrologe et un obituaire de l'abbaye de Moissac, *Bulletin de la société archéologique de Tarn-et-Garonne* 85, 1959, pp. 8–14.

(20) Ein cluniacensisches Totenbuch aus der Zeit Hugos von Cluny, *Frühmittelalterliche Studien* 1, 1967, pp. 406–443. ほか。

(21) Wollasch, J.,（Hg.）*Synopse der cluniacensischen Necrologien*, 2Bde. München, 1982.

(22) Bibliothèque nationale de France, ms. lat. 5548. 周年記念禱名簿は82r-96v. 殉教者祝日表は1r–81v.

(23) *Das Martyrolog-Necrolog von Moissac/Duraval*.

(24) Ibid., XXIX–XXX.

(25) たとえばリモージュのサン・マルシアル修道院のように、特有の埋葬儀礼などを伝える史料は無い。J. L. Lemaitre, *Mourir à Saint-Martial: la commémoration des morts et les obituaires à Saint-Martial de Limoges*, Limoges, 1989.

(26) *La bibliothèque et le scriptorium de Moissac*；モワサック典礼の従属院やブラガへの流布など。Les manuscrits liturgiques de Moissac, *Cahiers de Fanjeaux* 17（Liturgie et Musique）Privat, 1980.

(27) Pérès, M., Répertoires acquitains XIe et XII siècles, l'incarnation du verbe. cf *Moissac, histoire d'une abbaye* p. 122. 十八世紀の Evariste Andurandy が記した図書目録も使用。cf. *Moissac, histoire d'une abbaye*, pp. 124–125.

(28) Fraïsse, Les saints honorés à Moissac durant le Moyen Age, *Bulletin de la société archéologique de Tarn-et-Garonne*, CXXVII, 2002.

(29) *Chronique des Abbés de Moissac,* Bibliothèque nationale de France, ms. lat. 5288, 61r et v, 152v–178v.

(30) *Die Abtei Moissac 1050-1150*, p. 6.

(31) *Chronique des Abbés de Moissac*, p. 23.

(32) *La bibliothèque et le scriptorium de Moissac.*

(33) *Moissac, histoire d'une abbaye,* とくに第六章 pp. 197–245.

(34) *Chronique des Abbés de Moissac*, p. 122.

(35) *Chronique des Abbés de Moissac*, p. 118.

(36) *Chronique des Abbés de Moissac*, p. 292.

(37) loc. cit.

(38) *Chronique des Abbés de Moissac*, p. 68.

(39) ADTG, G. 570, Doat, 128, f. 39r–40v, ADTG, G 569. cf. *Die Abtei Moissac 1050–1150*, pp. 30–31.

(40) *Chronique des Abbés de Moissac*, p. 68.

(41) *Chronique des Abbés de Moissac*, p. 70.

(42) *Chronique des Abbés de Moissac*, pp. 202–213.

(43) *Chronique des Abbés de Moissac*, p. 202.

(44) *Die Abtei Moissac 1050-1150*, p. 40.

(45) Cf. ibid., p. 39. 注140に主要な研究が掲載されている。

(46) loc. cit.

(47) *Chronique des Abbés de Moissac*, p. 72.

(48) ADTG, Série G1. cf. *Die Abtei Moissac 1050–1150*, p. 32.

(49) Cluture monastique au début du XIe siècle, フランス国立図書館 lot.17002, fol. 221 v.

(50) フライスは二種類の聖人伝など写本の分析からフランス国立図書館 lat. 17002 et 5304、写字生が多かったと推察している。Cluture monastique au début du XIe siècle, p. 28.

(51) Sackur, E., *Die Cluniacenser in ihrer kirchlishcen und allgemeingeschichtlichen Wirksamkeit bis zur Mitte des elften Jahrhun-*

derts, 2vols, Halle, 1892–94, Bd., 2, pp. 63, 71; Hourlier, J., L'entrée de Moissac dans l'ordre de Cluny, *Moissac et l'Occident* pp. 25-35; Dufour, J., *La bibliothèque et le scriptorium de Moissac*, p. 4.

(52)　*Die Abtei Moissac 1050–1150*, p. 60.

(53)　Mehne, J., Cluniacenserbischöffe, *Frühmittelalterliche Studien* 11, 1977, p. 259; *Die Abtei Moissac 1050–1150*, pp. 75–76.

(54)　*Chronique des Abbés de Moissac*, p. 84.

(55)　loc. cit.

(56)　モワサック修道院長は修道士の誓願を受けて入会を許す権限をもち、十二～十三世紀の修道士数は八十人から百人ほどであったと思われる。修道士の数について cf. Laflorentie, *L'abbaye de Moissac à la fin du Moyen Age et ses rapports avec la communauté*, 2vol, Université de Toulouse-le Mirail 1997.

(57)　クリュニー修道会の全体像と支院について研究したものとした代表的なものは Poeck, D., *Cluniacensis Ecclesia. Der cluniacensische Klosterverband*（*10.–12. Jh*）München, 1997（Münstersche Mittelalter Schriften71）.

(58)　史料批判の問題が指摘されつつ、創立前後から十三世紀までの証書を集めた刊本がある。Bernard, A. et Bruel, A., *Recueil des chartes de l'abbaye de Cluny*, 6 vols., Paris, 1876–1903.（以下 BB と略。）

(59)　charte 2856, BB. vol 4, pp. 55–56, 1888.

(60)　dono Deo et Sancto Petro de Cluniaco et ad locum qui dicitur Carnacus, charte 3419, BB. vol 4, pp. 530–531, 1888.

(61)　Santifaller, L.,（hrsg.）, *Quellen und Forschungen zum Urkunden-und Kanzleiwesen Papst Gregors VII, Urkunden, Regesten, Facsimilia*（Studi e testi, 190）, Vatican, 1959, Nr. VII.

(62)　charte 2978, BB. vol 4, pp. 175–176, 1888.

(63)　*Die Abtei Moissac 1050–1150*, p. 60.

(64)　*Ibid.*, pp. 65.

(65)　Dufour, *La bibliothèque et le scriptorium de Moissac* などの仮説。

（66） 四月七日の Bernardus episcopus k（aturencis）と三月二十二日の Bernardus epiccopus prior moysiaco の二つの可能性をミュースィヒブロートは示唆し、後者だとするとモワサック修道院の prior ということになる。*Die Abtei Moissac 1050-1150*, p. 68. ほかのクリュニー修道院の「周年記念禱名簿」もベルナルドゥス司教の名が三月二十一日と二十二日に見られる。*Synopse der Cluniacensischen Necrologien*, Bd.(èd.) 2 p. 160. なお証書三八番も傍証としてあげている。

（67） Guigo, *Vita Sancti Hugonis episcopi Gratianopolitani*, Migne *Patrologia cursus completus, series latina* 153, 1854, col. 759–784.

（68） charte 2856, BB. vol. 4, pp. 55–56, 1888.

（69） charte 3344bis, BB. vol. 4, pp. 825–827, 1888.

（70） ADTG Série G, n. 31. *Die Abtei Moissac 1050–1150*, p. 71. に本文掲載。

（71） Mansi, G. D., *Sacrorum conciliorum nova et amplissima collectio*, Firenze-Venezia, vol. 19, 854–856; Martène, E. et Durand, U., éd., *Thesaurus novus anecdotorum*, vol. 4, Paris, 1742（1969）89f.

（72） *Bullarium sacri ordinis cluniacensis*, ed. by Simon, P., Lyon, 1680, p. 16; Jaffe, Ph. und Löwenfeld, S., Kaltenbrunner, F. und Ewald, P. hrsg., *Regesta Pontificum Romanorum ab condita ecclesia ad annum post Christum natum*, Leibzig 1885–1888（Graz 1956）, 4385.

（73） ADTG Série G, n. 31.

（74） Magnou-Nortier, E., *La société laique et l' église dans la province de Narbonne*（*zone cispirénéenne*）*de la fin du VIIIe à la fin du XIe siècle*, Toulouse 1974, p. 509.

（75） *Die Abtei Moissac 1050–1150*, pp. 93–96.

（76） *Die Abtei Moissac 1050–1150*, p. 70.

（77） chartes 2947, 2948, 2951. BB. vol. 4, pp. 147-149, 151, 1888.

（78） 初期（一〇五九～一〇七二年）の「モワサック共同体」について Cf. *Die Abtei Moissac 1050–1150*, pp. 87–93.

（79） 証書四六番、collection Doat 128, f. 48r–51r.

(80)　『修道院長年代記』ではデュラン修道院長の章の終り近くに、傘下に置かれた修道院が列挙されている。*Chronique des Abbés de Moissac*, p. 84.

(81)　修道院長着任の年については諸説あり、一〇五七年、一〇五九年、一〇六〇年など。

(82)　chartes 3385, BB. vol. 4, 1888, pp. 481–483, esp. 483 omni annno. . . aniversarium diem memoriter agrere. . .

(83)　chartes 3414, 3416, BB. vol. 4, 1888, pp. 523–524, 526–527.

(84)　*Die Abtei Moissac 1050–1150*, p. 97.

(85)　*Die Abtei Moissac 1050–1150*, とくに pp. 82–84.

(86)　chartes 3344bis, BB. vol. 4, 1888. デュラン以降の修道院長就任式をどの司教が執行したかは不明である。Cf. Mehne, Cluniacenserbischöffe p. 281.

(87)　現在も教会後陣に大理石の碑文が残っていて、『修道院長年代記』に「判読が難しい」と断り書きした上で、テクストが掲載されている。*Chronique des Abbés de Moissac*, pp. 80–82. Labande, E.-R. éd., *Corpus des inscriptions de la France médiévale*, vol. 8, 1982 ,p. 131.

(88)　一〇六四年十一月に弟 Hugo、母 Adalais、親戚 Petrus の寄進が記録されている。charte, 3401, BB. vol. 4, 1888, pp. 503–504.

(89)　『修道院長年代記』によれば Layrac に従属していた六修道院と付随する諸物件。*Chronique des Abbés de Moissac*, pp. 112–114.

(90)　証書一四八番。*Chronique des Abbés de Moissac*, pp. 80–82. にも掲載。

(91)　charte 3385, BB. vol. 4 1888, pp. 481–483.

(92)　ユーグ修道院長からモワサック修道院に宛てた手紙があるが（Cowdrey, H. E. J., *Two Studies in Cluniac History*, Studi Gregoriani, 11, 1978, p. 144f）、ミュースィヒブロートはその信憑性を疑っている。cf. *Die Abtei Moissac 1050–1150*, p. 117.

(93)　*Chronique des Abbés de Moissac*, p. 118. レラック修道院は教皇ウルバヌス二世に祝福されたが、現存する教会は一一五〇年～六〇年に再建されたものである。回廊の柱頭彫刻など、モワサックに類似したものも認められる。*ibid.*, p. 119, n. 2.

（94）*Die Abtei Moissac 1050–1150*, p. 145.

（95）*Chronique des Abbés de Moissac*, p. 118.

（96）ユノー修道院長の在職期間は偽書作成が目立って多かった。De la Haye, Regis, Moines de Moissac et faussaires（I）～（IV）, *Bulletin de la Société Archéologique de Tarn et Garonne*, CXXI–CXXIV, 1996–1999. 九世紀の文書を改ざんして、所有の古さと正当性を主張するなどした。

（97）証書一七四番に記載。cf. Magnou, E., *L'introductuon de Réforme Grégorienne à Toulouse*, Toulouse, 1958. pp. 33–47.

（98）サン・セルナンのカルチュレールに記録があるが教皇側にはない。Duais, C. éd, *Cartulaire de Saint-Sernin de Toulouse* (*844-1200*), Paris, Toulouse, 1887, pp. 473–474, Santifeller éd, *Urkunden Gregors VII*.

（99）*Cartulaire de Saint-Sernin de Toulouse*, pp. 204–205.

（100）クリュニー修道会の南西フランス拡大や、サンティアゴ巡礼を関係する説明もある。Bautier, R.-H., Les origines de prieuré de Layrac et l'expansion clunisienne, *Bulletin de la société nationale des antiquaires de France*, 1970, pp. 28–65.

（101）Griffe, E., La réforme monastique dans les pays audois, *Moissac et l'occident*, pp. 133–145, Mundo, A., Cluny et les mouvements monastiques, *Moissac et l'occident*, pp. 229–251.

（102）前者 Lagreze-Fossat. Etuides historiques, vol. 3, 32f；後者 Rupin, *Moissac*, p. 63; Bautier, pp. 46–49.

（103）*Die Abtei Moissac 1050-1150*, p. 142.

（104）証書一五〇番　ADTG SérieG. II folio 15v.

（105）証書八七番　collection Doat 128, folio 193r–194v.

（106）文書の表記は Ansquitilius, Ansquilius, Asquitilius, Asquitinius, Ansquitil など多様で、『修道院長年代記』の著者 Aymeric de Peyrac は Ansquitil としている。

（107）*Cf. La bibliothèque et le scriptorium de Moissac*, p. 6; *Die Abtei Moissac 1050–1150*, p. 146.

（108）　祭壇を祝福したテクストは *Die Abtei Moissac 1050–1150*, p. 120. collection Doat 128, f. 255r–256v.

（109）　*Die Abtei Moissac 1050–1150*, p. 151.

（110）　*Die Abtei Moissac 1050–1150*, p. 123.

（111）　証書五五番、collection Doat 129, folio, 5r.–6v.

（112）　*Petri Cluniacensis Abbatis, De Miraculis libri duo*, Corpus Christianorum continuatio mediaevalis, LXXXII, Brepols, 1988, tom. II, pp. 142–146.

（113）　Avril, J., Les dépendances des abbayes（prieurés, églises, chapelles）. Diversité des situations et évolutions dans *Les moines noirs*（XIIIe– XIVe）siècles, Cahiers de Fanjeaux 19, pp. 309–333.　ほかに Peña, N. de, *Les moines de l'abbaye de Moissac de 1295 à 1334*, Brepols, 2001.

（114）　Hautefeuille, F., *Structures de l'habitat rural et terrtoires paroissiaux en Bas-Quercy et Haut-Toulousain du XIIe au XIVe siècle*, t. 5, annex et vol. 3, pp. 717–733.

（115）　*Moissac, histoire d'une abbaye*, pp. 60–61.

（116）　Pousthomis-Dalle, N., Un groupe monastique à Moissac au Xe siècle, *Hommages et pays de Moyenne Garonne, Congrès de la Fédération historique de Midi-Pyrénées et du Sud-Ouest* 2005, p. 79.

（117）　Pousthomis-Dalle, N., A *l'ombre de moustier,morphogenèse des bourgs monastgiques en Midi toulousain*, thèse d'habilitation, Toulouse-le-Mirail.

（118）　Mousnier, M., Peoplement et paysages agraires: St-Niaolas de la Grave et St-Aignan au début du XIIe siècle, *Bulletin de la société archéologique de Tarn-et-Garonne*, 156, 1991, p. 125.

（119）　De la Haye, R., *les coutumes de Moissac*, Maastricht/Moissac, 2002,（dact）. *cf. Moissac, histoire d'une abbaye,* P.61.

執筆者紹介（執筆順）

川《かわ》 越《ごえ》 泰《やす》 博《ひろ》　研究員　中央大学文学部教授
妹《せ》 尾《お》 達《たつ》 彦《ひこ》　研究員　中央大学文学部教授
新《しん》 免《めん》　康《やすし》　研究員　中央大学文学部教授
松《まつ》 田《だ》 俊《とし》 道《みち》　研究員　中央大学文学部教授
五十嵐《いがらし》 大《だい》 介《すけ》　客員研究員　東京大学大学院人文社会系研究科特任研究員
杉《すぎ》 崎《ざき》 泰一郎《たいいちろう》　研究員　中央大学文学部教授

アフロ・ユーラシア大陸の都市と宗教
中央大学人文科学研究所研究叢書　50

2010年3月30日　第1刷発行

編　者　中央大学人文科学研究所
発行者　中央大学出版部
代表者　玉造竹彦

〒192-0393　東京都八王子市東中野742-1
発行所　中央大学出版部
電話 042(674)2351　FAX 042(674)2354
http://www2.chuo-u.ac.jp/up/

奥村印刷㈱

ISBN978-4-8057-4212-9

中央大学人文科学研究所研究叢書

1 五・四運動史像の再検討
A5判 五六四頁
（品切）

2 希望と幻滅の軌跡 反ファシズム文化運動
様々な軌跡を描き、歴史の壁に刻み込まれた抵抗運動の中から新たな抵抗と創造の可能性を探る。
A5判 四三四頁
定価 三六七五円

3 英国十八世紀の詩人と文化
A5判 三六八頁
（品切）

4 イギリス・ルネサンスの諸相 演劇・文化・思想の展開
A5判 五一四頁
（品切）

5 民衆文化の構成と展開 遠野物語から民衆的イベントへ
全国にわたって民衆社会のイベントを分析し、その源流を辿って遠野に至る。巻末に子息が語る柳田國男像を紹介。
A5判 四三四頁
定価 三六七〇円

6 二〇世紀後半のヨーロッパ文学
第二次大戦直後から八〇年代に至る現代ヨーロッパ文学の個別作家と作品を論考しつつ、その全体像を探り今後の動向をも展望する。
A5判 四七八頁
定価 三九九〇円

7 近代日本文学論 大正から昭和へ
時代の潮流の中でわが国の文学はいかに変容したか、詩歌論・作品論・作家論の視点から近代文学の実相に迫る。
A5判 三六〇頁
定価 二九四〇円

中央大学人文科学研究所研究叢書

8 ケルト　伝統と民俗の想像力

古代のドイツから現代のシングにいたるまで、ケルト文化とその稟質を、文学・宗教・芸術などのさまざまな視野から説き語る。

A5判　四九六頁
定価　四二〇〇円

9 近代日本の形成と宗教問題〔改訂版〕

外圧の中で、国家の統一と独立を目指して西欧化をはかる近代日本と、宗教とのかかわりを、多方面から模索し、問題を提示する。

A5判　三三〇頁
定価　三一五〇円

10 日中戦争　日本・中国・アメリカ

日中戦争の真実を上海事変・三光作戦・毒ガス・七三一細菌部隊・占領地経済・国民党訓政・パナイ号撃沈事件などについて検討する。

A5判　四八八頁
定価　四四一〇円

11 陽気な黙示録　オーストリア文化研究

世紀転換期の華麗なるウイーン文化を中心に二〇世紀末までのオーストリア文化の根底に新たな光を照射し、その特質を探る。巻末に詳細な文化史年表を付す。

A5判　五九六頁
定価　五九八五円

12 批評理論とアメリカ文学　検証と読解

一九七〇年代以降の批評理論の隆盛を踏まえた方法・問題意識によって、アメリカ文学のテキストと批評理論を多彩に読み解き、かつ犀利に検証する。

A5判　二八八頁
定価　三〇四五円

13 風習喜劇の変容　王政復古期からジェイン・オースティンまで

王政復古期のイギリス風習喜劇の発生から一八世紀感傷喜劇との相克を経て、ジェイン・オースティンの小説に一つの集約を見るもう一つのイギリス文学史。

A5判　二六八頁
定価　二八三五円

14 演劇の「近代」　近代劇の成立と展開

イプセンから始まる近代劇は世界各国でどのように受容展開されていったか、イプセン、チェーホフの近代性を論じ、仏、独、英米、中国、日本の近代劇を検討する。

A5判　五三六頁
定価　五六七〇円

中央大学人文科学研究所研究叢書

15 現代ヨーロッパ文学の動向　中心と周縁

際だって変貌しようとする二〇世紀末ヨーロッパ文学は、中心と周縁という視座を据えることで、特色が鮮明に浮かび上がってくる。

A5判　三九六頁
定価　四二〇〇円

16 ケルト　生と死の変容

ケルトの死生観を、アイルランド古代／中世の航海・冒険譚や修道院文化、またウェールズの『マビノーギ』などから浮かび上がらせる。

A5判　三六八頁
定価　三八八五円

17 ヴィジョンと現実　十九世紀英国の詩と批評

ロマン派詩人たちによって創出された生のヴィジョンはヴィクトリア時代の文化の中で多様な変貌を遂げる。英国十九世紀文学精神の全体像に迫る試み。

A5判　六八八頁
定価　七一四〇円

18 英国ルネサンスの演劇と文化

演劇を中心とする英国ルネサンスの豊饒な文化を、当時の思想・宗教・政治・市民生活その他の諸相において多角的に捉えた論文集。

A5判　四六六頁
定価　五二五〇円

19 ツェラーン研究の現在　詩集『息の転回』第一部注釈

二〇世紀ヨーロッパを代表する詩人の一人パウル・ツェラーンの詩の、最新の研究成果に基づいた注釈の試み、研究史、研究・書簡紹介、年譜を含む。

A5判　四四八頁
定価　四九三五円

20 近代ヨーロッパ芸術思想

価値転換の荒波にさらされた近代ヨーロッパの社会現象を文化・芸術面から読み解き、その内的構造を様々なカテゴリーへのアプローチを通して解明する。

A5判　三二〇頁
定価　三九九〇円

21 民国前期中国と東アジアの変動

近代国家形成への様々な模索が展開された中華民国前期（一九一二～二八）を、日・中・台・韓の専門家が、未発掘の資料を駆使し検討した共同研究の成果。

A5判　六〇〇頁
定価　六九三〇円

中央大学人文科学研究所研究叢書

22 ウィーン　その知られざる諸相
もうひとつのオーストリア
二〇世紀全般に亘るウィーン文化に、文学、哲学、民俗音楽、映画、歴史など多彩な面から新たな光を照射し、世紀末ウィーンと全く異質の文化世界を開示する。
Ａ５判　四二四頁
定価　五〇四〇円

23 アジア史における法と国家
中国・朝鮮・チベット・インド・イスラム等における古代から近代に至る政治・法律・軍事などの諸制度を多角的に分析し、「国家」システムを検証解明する。
Ａ５判　四四四頁
定価　五三五五円

24 イデオロギーとアメリカン・テクスト
アメリカン・イデオロギーないしその方法を剔抉、検証、批判することによって、多様なアメリカン・テクストに新しい読みを与える試み。
Ａ５判　三二〇頁
定価　三八八五円

25 ケルト復興
一九世紀後半から二〇世紀前半にかけての「ケルト復興」に社会史的観点と文学史的観点の双方からメスを入れ、複雑多様な実相と歴史的な意味を考察する。
Ａ５判　五七六頁
定期　六九三〇円

26 近代劇の変貌　「モダン」から「ポストモダン」へ
ポストモダンの演劇とは？　その関心と表現法は？　英米、ドイツ、ロシア、中国の近代劇の成立を論じた論者たちが、再度、近代劇以降の演劇状況を論じる。
Ａ５判　四二四頁
定価　四九三五円

27 喪失と覚醒　19世紀後半から20世紀への英文学
伝統的価値の喪失を真摯に受けとめ、新たな価値の創造に目覚めた、文学活動の軌跡を探る。
Ａ５判　四八〇頁
定価　五五六五円

28 民族問題とアイデンティティ
冷戦の終結、ソ連社会主義体制の解体後に、再び歴史の表舞台に登場した民族の問題を、歴史・理論・現象等さまざまな側面から考察する。
Ａ５判　三四八頁
定価　四四一〇円

29
ツァロートの道　ユダヤ歴史・文化研究
一八世紀ユダヤ解放令以降、ユダヤ人社会は西欧への同化と伝統の保持の間で動揺する。その葛藤の諸相を思想や歴史、文学や芸術の中に追究する。
A5判　四九六頁
定価　五九八五円

30
埋もれた風景たちの発見　ヴィクトリア朝の文芸と文化
ヴィクトリア朝の時代に大きな役割と影響力をもちながら、その後顧みられることの少なくなった文学作品と芸術思潮を掘り起こし、新たな照明を当てる。
A5判　六六〇頁
定価　七六六五円

31
近代作家論
鷗外・茂吉・『荒地』等、近代日本文学を代表する作家や詩人、文学集団といった多彩な対象を懇到に検証、その実相に迫る。
A5判　四三二頁
定価　四九三五円

32
ハプスブルク帝国のビーダーマイヤー
ハプスブルク神話の核であるビーダーマイヤー文化を多方面からあぶり出し、そこに生きたウィーン市民の日常生活を通して、彼らのしたたかな生き様に迫る。
A5判　四四八頁
定価　五二五〇円

33
芸術のイノヴェーション　モード、アイロニー、パロディ
技術革新が芸術におよぼす影響を、産業革命時代から現代まで、文学、絵画、音楽など、さまざまな角度から研究・追求している。
A5判　五二八頁
定価　六〇九〇円

34
剣と愛と　中世ロマニアの文学
一二世紀、南仏に叙情詩、十字軍から叙事詩、ケルトの森からロマンスが誕生。ヨーロッパ文学の揺籃期をロマニアという視点から再構築する。
A5判　二八八頁
定価　三一五五円

35
民国後期中国国民党政権の研究
中華民国後期（一九二八～四九）に中国を統治した国民党政権の支配構造、統治理念、国民統合、地域社会の対応、対外関係・辺疆問題を実証的に解明する。
A5判　六五六頁
定価　七三五〇円

36 現代中国文化の軌跡

文学や語学といった単一の領域にとどまらず、時間的にも領域的にも相互に隣接する複数の視点から、変貌著しい現代中国文化の混沌とした諸相を捉える。

A5判 三四四頁
定価 三九九〇円

37 アジア史における社会と国家

国家とは何か？ 社会とは何か？ 人間の活動を「国家」と「社会」という形で表現させてゆく史的システムの構造を、アジアを対象に分析する。

A5判 三五四頁
定価 三九九〇円

38 ケルト 口承文化の水脈

アイルランド、ウェールズ、ブルターニュの中世に源流を持つケルト口承文化――その持続的にして豊穣な水脈を追う共同研究の成果。

A5判 五二八頁
定価 六〇九〇円

39 ツェラーンを読むということ

詩集『誰でもない者の薔薇』研究と注釈

現代ヨーロッパの代表的詩人の代表的詩集全篇に注釈を施し、詩集全体を論じた日本で最初の試み。

A5判 五六八頁
定価 六三〇〇円

40 続 剣と愛と 中世ロマニアの文学

聖杯、アーサー王、武勲詩、中世ヨーロッパ文学を、ロマニアという共通の文学空間に解放する。

A5判 四八八頁
定価 五五六五円

41 モダニズム時代再考

ジョイス、ウルフなどにより、一九二〇年代に頂点に達した英国モダニズムとその周辺を再検討する。

A5判 二八〇頁
定価 三一五〇円

42 アルス・イノヴァティーヴァ

レッシングからミュージック・ヴィデォまで

科学技術や社会体制の変化がどのようなイノヴェーションを芸術に発生させてきたのかを近代以降の芸術の歴史において検証、近現代の芸術状況を再考する試み。

A5判 二五六頁
定価 二九四〇円

中央大学人文科学研究所研究叢書

43 メルヴィル後期を読む

複雑・難解であることで知られる後期メルヴィルに新旧二世代の論者六人が取り組んだもので、得がたいユニークな論集となっている。

A5判 二四八頁
定価 二八三五円

44 カトリックと文化 出会い・受容・変容

インカルチュレーションの諸相を、多様なジャンル、文化圏から通時的に剔抉、学際的協力により可能となった変奏曲（カトリシズム（普遍性））の総合的研究。

A5判 五二〇頁
定価 五九八五円

45 「語り」の諸相 演劇・小説・文化とナラティヴ

「語り」「ナラティヴ」をキイワードに演劇、小説、祭儀、教育の専門家が取り組んだ先駆的な研究成果を集大成した力作。

A5判 二五六頁
定価 二九四〇円

46 档案の世界

近年新出の貴重史料を綿密に読み解き、埋もれた歴史を掘り起こし、新たな地平の可能性を予示する最新の成果を収載した論集。

A5判 二七二頁
定価 三〇四五円

47 伝統と変革 一七世紀英国の詩泉をさぐる

一七世紀英国詩人の注目すべき作品を詳細に分析し、詩人がいかに伝統を継承しつつ独自の世界観を提示しているかを解明する。

A5判 六八〇頁
定価 七八七五円

48 中華民国の模索と苦境 1928～1949

二〇世紀前半の中国において試みられた憲政の確立は、戦争・外交・革命といった困難な内外環境によって挫折を余儀なくされた。

A5判 四二〇頁
定価 四八三〇円

49 現代中国文化の光芒

文字学、文法学、方言学、詩、小説、茶文化、俗信、演劇、音楽、写真などを切り口に現代中国の文化状況を分析した論考を多数収録する。

A5判 三八八頁
定価 四五一五円

定価に消費税５％含みます。